전략으로서의 노자

SENRYAKU SHO TO SHITENO ROUSHI
by Tsutomu Harada

Copyright © 2025 Tsutomu Harada
Illustrations © TRAVAdesign
All rights reserved.

Original Japanese edition published by TOYO KEIZAI INC.
Korean translation copyright © 2025 by Writing House
This Korean edition published by arrangement with TOYO KEIZAI INC., Tokyo,
through Imprima Korea Agency, Seoul.

이 책의 한국어판 저작권은 Imprima Korea Agency를 통해 TOYO KEIZAI INC.과의
독점계약으로 ㈜라이팅하우스에 있습니다.
저작권법에 의해 한국 내에서 보호를 받는 저작물이므로 무단 전재와 무단 복제를 금합니다.

전략으로서의 노자

비즈니스 전장에서 승리하는 3,000년의 공략법

하라다 쓰토무 지음 | 오시연 옮김

라이팅하우스

일러두기
- 각 장 말미에 붙인 미주는 저자의 주석입니다.
- 본문 안의 각주는 역자가 독자들의 이해를 돕기 위해 단 주석입니다.

====== 들어가는 말 ======

이 책에서 나는 동양철학의 진수인 『노자 도덕경老子 道德經』을 텍스트 삼아, 그 가르침을 삶과 비즈니스에서 어떻게 전략적으로 활용할 수 있는지에 대해 설명하려 한다.

'노자'라고 하면 흔히 세상과 거리를 둔 무위자연을 따르는 소극적 은둔자의 이미지를 떠올리기 쉽다. 그러나 노자의 텍스트에는 '천하를 얻는다', '천하를 다스린다'는 표현이 여러 차례 등장한다. 이는 통치가가 어떻게 천하를 취하고 국가를 다스려야 하는지를 설명하는 부분이며, 노자는 결코 소극적인 은둔 생활만을 설파한 철학가가 아님을 반증한다.

노자의 사상을 현대 경영에 적용해 보면 그것은 한마디로 '셀프 매니지먼트(Self-Management)'가 된다. 이는 자신의 일은 스스로 통제하고 책임지며, 타인의 일은 철저히 타인에게 맡기는 방식이다. 다시 말해, 자신은 물론 타인에 대해서도 자율과 자기관리의 원리를 추구하는 것이 노자 사상의 본질이다.

경영학의 대가인 피터 드러커도 셀프 매니지먼트의 중요성을 강조했다. 사실 노자의 가르침과 드러커의 매니지먼트 이론은 여러 면에서 공통점이 많다. 어떤 의미에서 노자는 셀프 매니지먼트론의 선구자라고도 할 수 있다.

　노자의 텍스트를 기준으로 오늘날의 경영 스타일을 분류하고 등급을 매겨 볼 수도 있다. 자세한 내용은 제9계에서 다루겠지만, 먼저 그 순위를 공개하면 다음과 같다.

1위　셀프 매니지먼트형 경영

2위　리더십 중심 경영

3위　규칙 기반 경영

4위　파벌 중심 경영

　아마 대다수 기업이 3위인 규칙 기반 경영, 즉 매뉴얼과 규칙, 내부 규정을 중시하는 경영 방식을 따르고 있을 것이다. 2위는 스티브 잡스나 일론 머스크 같은 카리스마적 리더십에 의해 주도되는 경영을 말한다. 위기에서 탈출하고 V자 회복을 이룬 기업들이 여기에 해당하는 경우가 많다.

　그러나 노자가 가장 중시한 것은 셀프 매니지먼트형 경영이다. 조직 내의 위계질서를 최소화하고 규칙과 제도 또한 과감히 걷어낸 넷플릭스와 같은 유연한 기업들이 여기에 해당한다.

　『도덕경』 73장의 유명한 말, '하늘의 그물은 넓고 성긴 듯하지만 하나도 빠뜨리지 않는다'는 죄인을 굳이 벌하지 않아도 하늘의 이치에 맡겨두면 자연스럽게 해결된다는 뜻이다. 이를 현대적으로 해석하면, 조직 내에 규칙 위반자가 나오더라도 그것을 통제하기 위한 별도의 규정이나 감시체계는 필요 없다는 주장이 된다. 다시 말해 단속을 위한 세부 규칙들을 끊임없이 만들 시간에 자율에 기반한 셀프 매니지먼트를 철저히 구현하라는 의미이다.

물론 내가 이렇게 말하면, 과연 그런 방식이 실제로 가능할까, 규칙이 없으면 조직은 제대로 기능하지 못하고 결국 와해되는 것이 아닐까? 하는 의문이 들 것이다. 분명히 일리 있는 생각이다. 그러나 노자가 비현실적인 이상론만을 펼친 것은 아니다. 노자는 인위적인 규칙 없이도 자연스러운 '기세'를 잘 활용하면 조직의 질서를 유지하고 오히려 더 큰 동력을 이끌어낼 수 있다고 보았다. 억지로 통제하기보다 자연스러운 흐름에 맡기는 것, 이것이 바로 노자가 말한 '무위자연(無爲自然)'의 경영 철학이다.

노자의 텍스트는 단순히 규범이나 지침으로 환원하기엔 너무나 심오하고 복합적이다. 그러나 그 핵심 원리를 오늘날의 비즈니스 현장에 적용하는 것은 가능하다. 그러기 전에 먼저 다음의 다섯 가지 원칙만은 꼭 기억할 필요가 있다.

1 탁월한 리더는 아무것도 하지 않는다
2 목표하는 방향의 반대로 나아간다

3 힘을 빼고 흐름에 맡긴다
4 쉬운 일에만 손댄다
5 통제하려는 욕망을 내려놓는다

탁월한 리더에게 필요한 덕목이 '아무것도 하지 않는 것'이라니! 그뿐만이 아니다. 성공하는 리더가 목표로 삼아야 할 방향은 '반대로 나아가기'이며, 최대한 '힘을 빼고' 일에서 손을 떼는 것이다. 또 크고 어려운 일은 피하며 '작고 쉬운 일'에 집중하며, 조직을 통제하려는 욕망은 과감히 '내려놓는' 것이다. 이렇게 해서 경영에 대한 효율을 극대화하는 것이 노자식 매니지먼트의 본질이다(이 책에서는 열한 가지 핵심 원칙을 다루지만, 그것을 압축하면 이 다섯 가지로 요약된다). 피터 드러커조차 이 정도로 급진적인 주장을 하지는 않았다.

하지만 이 주장들은 결코 현실과 동떨어진 이상론이 아니다. 탁월한 기업과 뛰어난 리더[노자의 표현대로라면 성인(聖人)]들이 지금도 실천하고 있는 전략이다. 이 책을 쓰는 나의 미션은, '들어가는 말'을 읽고 반신반의하는 독자 여러분에게 그런 실제의 사례들을 소개하고, 이 핵심 요체가 충분히 실행 가능하고 현실적인 삶의 지혜임을 보여주는 데 있다.

이 다섯 가지 원칙은 누구나 실천할 수 있는 것들이다. 그리스 신화에 나오는 영웅처럼 초인적인 능력을 요구하지도 않는다. 노자가 말하는 '성인'이란 특별한 재능을 지닌 사람이 아니라, 단지 누구나

할 수 있는 일을 '꾸준히 실천하는 사람'이다. 그리고 그런 사람이야 말로 진정한 리더다.

만약 노자의 리더상에 관심이 생기고 그 전략을 한번 실천해 보고 싶다는 생각이 든다면, 이 책을 꼭 읽어 보시기 바란다. 분명 여러분에게 새로운 통찰을 제공할 것이다.

여기서 말하는 리더란 조직의 수장만을 의미하지 않는다. 셀프 매니지먼트의 관점에서 보면, 우리는 모두 자기 삶의 리더다. 따라서 이 책에서 말하는 리더의 모습은 독자 한 사람 한 사람 모두에게 해당된다. 독자 여러분이 이 책에서 소개된 노자의 11가지 계책을 비즈니스와 삶의 핵심 전략으로서 활용할 수 있게 된다면, 이 책은 그 소임을 다한 것이라 하겠다.

나는 왜 MBA에서 노자를 가르칠까?

그렇다면 『도덕경』의 저자인 노자는 어떤 사람이었을까? 이에 관해서는 여전히 많은 부분이 베일에 싸여 있다. '노자'라는 인물이 실제로 존재했는지도 확실하지 않다. 그의 존재를 뒷받침하는 유일한 사료는 사마천의 『사기(史記)』에 남겨진 기록이다. 이에 따르면 노자는 초나라(현재의 후베이성) 출신으로 성은 이(李), 이름은 이(耳), 자는 백양(伯陽) 또는 담(聃)이며 일반적으로는 '노담(老聃)'이라 불렸다. 노담은 당시 주나라 왕실이 있던 낙양에서 궁중 도서관인 서고를 관리하는 사서(도서관장)로 일했다. 공자는 서른 살 무렵 낙양을 찾아가 노담을 만나 예법에 관해 가르침을 받았다고 한다. 이 기록이 사실이라면, 노자는 공자보다 연장자였던 셈이다.

노담은 주나라의 국력이 쇠퇴하는 것을 느끼고 은둔을 결심하여 낙양을 떠났다. 함곡관(函谷關)을 지나던 길목에서 관문을 지키던 윤희(尹喜)와 마주쳤는데, 노담이 범상치 않은 인물임을 직감한 윤희는 그의 가르침을 글로 남겨달라고 간청했다. 노담은 마지못해 5천 자 남짓한 글을 남기고 떠났으며, 이후 그의 행방은 알려지지 않았다. 『사기』에는 '그가 어디로 갔는지 아는 이가 없다'고 기록되어 있다.

그러나 이는 후대에 전해지는 이야기일 뿐, 오늘날 이것을 역사적 사실로 받아들이는 사람은 거의 없다. 『노자 도덕경』의 저자와 정확한 완성 시기는 최근 중국에서 발굴된 여러 자료(마왕퇴 백서, 곽점 초간, 베이징대 죽간 등)를 통해 상당 부분 밝혀지고 있지만, 여전히 불분명한 부분이 많다.

하지만 이 책에서 중요한 것은 노자가 어떤 인물이었고 『노자 도덕경』이 언제 쓰였는지와 같은 역사적 사실이 아니다. 핵심은 노자의 가르침이 오늘날 우리에게 어떤 의미를 가지며, 우리가 이를 어떻게 이해하고 적용할 수 있는가 하는 점이다. 나는 MBA에서 노자로부터 우리가 어떤 지혜를 얻을 수 있는지를 가르치고 있다. 바로 그것이 이 책이 주목하고자 하는 지점이다.

『손자병법』은 노자의 철학으로부터 나왔다

이 책은 노자 사상을 경영의 실제에 적용하고자 하는 비즈니스 리더와 관리자, 혹은 노자를 비롯한 동양철학에 관심을 갖고 이를 삶의 전략으로써 활용하고 싶은 일반 독자를 대상으로 한다.

기존의 노자 학술 주석서는 노자 해석에만 치중해 그 가르침을 현실에서 어떻게 활용할 수 있을지에는 별다른 관심을 두지 않았다. 물론 노자를 인생론이나 경영론의 틀로 재해석한 책도 다수 존재한다. 그러나 이들 중 상당수는 노자의 핵심 개념인 '무위(無爲)'에 대한 해석이 모호해 일관성이 부족하고, 실천 지침도 다소 추상적이거나 전체 사상과 온전히 부합하지 않는 경우가 많았다.

이 책이 여타 서적들과 차별화되는 특징은 '무위'를 단순히 소극적인 태도가 아니라 '무(無)의 작용', 구체적으로는 '기세'로 해석했다는 점이다. 이런 독창적인 관점을 통해 우리는 '무위에 따른다'를 곧 '기세에 따른다'로, '무위로써 이루지 못할 것이 없다'를 '기세에 따름으로써 큰일을 해낼 수 있다'는 뜻으로 일관되게 해석할 수 있었다. 이 점이 이 책의 독창적인 부분이다.

물론, 이 해석이 전적으로 개인의 독창적인 발상은 아니다. 노자의 영향을 강하게 받은 『손자병법』에서도 이와 유사한 관점이 등장한다. 이 책은 노자와 손자의 공통점에 주목하면서 손자의 전략적 사고를 통해 노자의 철학을 보완하고 구체화하는 방식으로 전개된다. 이를 통해 노자의 시적이고 추상적인 언어들이 독자들에게 좀 더 현실적인 의미로 다가올 것이다.

다만, 이 책은 노자의 가르침을 군사 분야가 아닌 경영 전략의 관점에서 해석하고 이에 부합하는 다양한 현실 사례를 제시하는 데 집중했다. 그럼에도 여전히 추상적으로 느껴지는 부분이 있을 수 있다. 그럴 경우, 독자 스스로 깊이 고민하고 자신의 상황에 맞게 적용해 보길 부탁드린다.

덧붙이자면, 이 책의 초고는 『노자 도덕경』의 거의 모든 내용을 아우르며 원문과 구결문, 전 문장의 해석은 물론 기존 주요 주석서들의 해석을 검토한 학술적 고찰까지 비교적 상세하게 담고 있었다. 개인적으로는 그 원고를 그대로 출간하고 싶었지만, 좀 더 나은 전달 방식을 모색하기 위해 고베대학교 MBA 과정에 재학 중인 여러 비즈니스에 종사하는 임원들에게 검토를 요청했다. 그 결과, 내용이 상당히 난해하며, 특히 노자에 대한 학술적 해설 부분이 읽기 어렵다는 의견이 지배적이었다.

이들의 피드백을 받아들여, 좀 더 쉽게 다가갈 수 있도록 구성과 표현을 대폭 수정했다. 『노자 도덕경』의 원문 인용은 엄선된 일부 장으로 제한하고, 그중에서도 논의와 관련된 핵심 부분만 발췌해 현대어 번역으로 제시했다. 또한, 학술적 해설은 최소화하고, 그 대신 비즈니스 현장에서 참고할 만한 사례를 풍부하게 담아내며 표현도 한층 부드럽게 다듬었다.

그렇게 완성된 것이 지금의 이 책이다. 초고와는 구성 면에서 큰 변화가 있었지만, 일반 독자에게는 훨씬 더 이해하기 쉬운 내용이 되었으리라 확신한다. 혹시『노자 도덕경』의 원문이나 구결문에 대한 더 깊이 있는 해석을 원한다면, 관련 학술 서적이나 온라인 자료를 통해 얼마든지 확인할 수 있으니 참고하시기를 바란다.

2025년 2월
하라다 쓰토무

===== 차례 =====

들어가는 말　　　　　　　　　　　　　　　　　　　　　　　　5

1부　경영의 전략으로서 노자를 읽다

제1계 ──
탁월한 리더는 아무것도 하지 않는다 | **여백의 효력** |　　21

맹장이 패한 유일한 전투 | 리더는 '그늘에 숨어 있는 존재'다 | 무(無) 속에 무한한 가능성이 숨어 있다 | '방해하지 않음'으로 타인의 행동을 이끈다 | 집은 공간이 있기에 쓰임이 있다 | 부하를 따르는 것이 최선이다 | 드러커가 말하는 진정한 리더십

제2계 ──
강자는 약자를 이길 수 없다 | **유약함의 효력** |　　47

다투지 않기 때문에 패배하지 않는다 | '고객 만족 따위는 집어치워라'로 흑자 경영을 이루다 | 모든 것은 부드럽고 약한 곳에 모인다 | 강함이 아니라 약함이 부하의 신뢰를 얻는다 | 유약함의 어려움 | 유약한 조직의 매니지먼트 | 노자의 성인이 행하는 '무형의 전략'이란 무엇인가?

제3계 ──
형태로 기세를 만든다 | 고요한 과정 | 71

발상의 원천 – 피카소가 본 전망 | 모든 것은 고요한 과정에서 태어난다 | 구르는 공의 기세를 키우는 것이 리더의 역할 | 화와 복은 서로 엉킨 실과 같다 | 고요한 과정을 진자 운동으로 생각해 본다 | 결단이 빠른 리더는 진자 운동을 의식한다

제4계 ──
목표 방향의 반대로 간다 | 현자의 선택 | 95

채워지기를 바라지 마라 | 나무는 휘어야 오래 산다 | '강함'을 실현하려면 먼저 '약함'의 방향으로 나아가라 | 중권과 중화 – 결단의 기준 | 나설 것인가, 도망칠 것인가 | 화합하지만 동화되지 않는다 – 화이부동

제5계 ──
힘을 빼고 흐름에 맡긴다 | 과소의 효과 | 121

서비스 정신이 넘칠수록 고객은 떠난다 | 과소의 효과 – 시작점에서 저점까지의 전략 | 승자의 저주에서 어떻게 벗어날 것인가? | 전략적 힘 빼기의 두 가지 유형 | '족함을 아는 사람은 부유하다'의 비즈니스적 해석 | 아무도 눈치채지 못한 플랫폼

제6계 ──
성공에 집착하면 파멸한다 | 과잉의 역효과 | 143

다케다 신겐의 '7할 승리' | 과잉의 역효과 – 저점에서 종점까지의 전략 | 배를 채우고 눈

을 채우지 않는다 | 왜 높은 지성을 지닌 경영자가 실패하는가 | 분석 마비 증후군을 피하라 | 평범한 리더는 일만 하다가 결국 소진된다

제7계 ─
배우지 않고도 본질을 간파한다 | 창조의 기점 |　　　163

창조에 센스가 필요할까? | 직각으로 비즈니스의 싹을 읽어 낸다 | 고정관념에서 자유로운 인재를 존중하라 | 공부를 할수록 범인이 된다? | 고객 니즈의 통찰은 번뜩임에서 비롯된다 | 징조에 대응할 때는 최소의 노력으로 최대의 효과를 발휘한다 | 잼의 법칙-과도한 정보는 판단을 흐리게 한다

제8계 ─
쉬운 일에만 손댄다 | 창조의 핵심 |　　　195

그리스 신화의 영웅과 노자의 성인 | 자신의 강점에 레버리지를 활용한다 | 대중이 경멸하고 무시하는 것에서 배운다 | 왜 통찰 없는 창조는 실패하는가? | 노자의 세 가지 보물-자애로움, 검약함, 세상에 앞서려 하지 않음

제9계 ─
통제하려는 욕망을 내려놓는다 | 무위의 경영 |　　　213

노자가 말하는 매니지먼트의 순위 | 직위가 아니라 역할에 권한을 부여한다 | 천하통일에 기여한 조참이 날마다 한 일 | 조직의 종말을 예고하는 징후 | 가마 삶기형은 폐지해야 하는가 | 무엇이 성공이고 무엇이 실패인지는 미리 알 수 없다 | 일부러라도 규칙을 깨라

제10계 ──
탁월한 리더는 부드러움에 머문다
| 위는 부드럽고 아래는 강한 조직 | 237

규칙보다 상식을 중시한다 | 상황에 기민하게 대처하는 조직 | 훌륭한 지도자는 분할하지 않는다 | 뛰어난 리더는 루틴을 진화시킨다

제11계 ──
하류에서 사람을 움직인다 | 마음을 얻는 비결 | 261

바람이 불어오는 아랫자리에 서라 | 작은 생선을 삶듯이 다스린다 | 이상적인 조직 매니지먼트 | 조직 장악의 요체

2부   노자의 전략을 실전에 적용하다

사활 문제 1 ──
조직을 어떻게 활성화할 것인가?   285

직원의 삶의 질을 개선하여 생산성을 높인다 | 기세를 방해하는 요소를 제거한다 | 뛰어난 리더는 아무것도 하지 않는다

사활 문제 2 ――

조직을 어떻게 재생시킬 것인가? 296

과잉 상태를 최적의 수준으로 되돌린다 | 수비에서 공격으로 전환하기 위한 조건 | 뛰어난 리더는 목표하는 방향과 반대편으로 간다

사활 문제 3 ――

어떻게 성장을 지속할 것인가? 304

승리의 공식에 따른다 | 플랫폼을 구축한다 | 루틴을 설정한다 | 유능한 리더는 힘을 뺀다

사활 문제 4 ――

어떻게 신규 사업을 시작할 것인가? 318

작은 실험을 통한 피벗의 반복 | 단순한 아이디어에서 출발하라 | 탁월한 리더는 쉬운 일만 한다

사활 문제 5 ――

어떻게 자율적으로 움직이는 조직을 만들 것인가? 326

플랫폼에 토핑을 더하다 | 행운은 준비된 마음에 깃든다 | 탁월한 리더는 조직을 통제하려는 욕망을 내려놓는다

나가는 말   335
감사의 말   337

1부

경영의 전략으로서 노자를 읽다

제1계

탁월한 리더는
아무것도 하지 않는다

여백의 효력

천지는 무심하다
【천지불인 天地不仁】

천지는 바람을 일으키는 풀무와 같다.

그 안은 비어 있지만 움직이면 움직일수록 바람이 나오듯이,

천지는 무한히 만물을 생성한다.

맹장이 패한 유일한 전투

지금처럼 한 치 앞도 내다보기 어려운 시대에 탁월한 리더라면 과연 어떤 모습이어야 할까?

아마도 조직을 혁신하고, 새로운 사업에 과감히 뛰어들며, 현장에서 진두지휘하는 리더의 모습을 떠올릴 것이다. 한마디로 말해, '솔선수범형 리더'이다.

특히 성실하고 의욕적인 경영자일수록 '무언가 행동으로 보여줘야 한다'는 압박감을 느끼기 쉽다. 직접 앞장서서 움직이고 현장을 지휘하는 것을 이상적인 리더상으로 여기는 것이다. 이러한 리더십을 발휘한 대표적인 인물로는 나폴레옹, 미나모토노 요시츠네(源義經)*, 항우(項羽) 등을 꼽을 수 있다. 이들은 모두 전장에서 앞장서 싸우며 압도적인 전투력을 발휘한, 전형적인 솔선수범형 리더였다.

예를 들어, 항우는 유방과 패권을 다퉜던 초한전쟁에서 연전연승

---

* 미나모토노 요시츠네(源義經, 1159~1189). 일본 헤이안 시대 말기와 가마쿠라 시대 초기의 무장으로, 일본에서 비극적인 영웅으로 널리 알려져 있다. 직접 전장에 나서서 병사들을 이끌고 수많은 전투에서 승리를 거두었지만, 전쟁 후 형 요리토모와의 갈등으로 인해 쫓기게 되었고, 결국 자결하여 생을 마감했다.

을 거두었다. 특히 팽성 전투에서는 유방이 이끄는 56만 연합군을 불과 3만 명의 병력으로 격파해 한군을 해체 직전까지 몰아넣기도 했다.

그러나 항우가 패한 유일한 전투가 있었으니, 바로 '사면초가'로 잘 알려진 해하 전투였다. 이 전투에서 초나라 병사들은 대거 유방 진영으로 이탈해 초나라의 노래를 부르며 초군을 포위했고, 결국 항우는 그곳에서 자결로 생을 마감했다.

항우와 나폴레옹, 요시츠네는 모두 탁월한 군사적 재능을 지녔으며 직접 전선에 나서 연전연승을 거두었다. 이는 뒤집어 말하면, 그들이 직접 관여하지 않은 전장에서는 승리를 거두지 못했다는 의미이기도 하다. 결국 부하와 동맹국의 이탈을 막지 못했고, 국지전에서는 승리했을지 몰라도 전체적인 판세에서는 패배에 이르렀다.

여기서 우리는 다음과 같은 점을 배울 수 있다.

솔선수범형 리더는 결국 실패한다.

피터 드러커 또한 카리스마형 리더에 대해 회의적인 시각을 보였다. 그는 다음과 같이 말했다.

"성과를 내기 위해 반드시 전형적인 '리더'가 될 필요는 없다. 해리 트루먼 대통령에게는 카리스마가 전혀 없었지만, 그는 미국 역사상 가장 위대한 대통령 중 한 사람이었다. 내가 지난 65년간 컨설팅하며 만난 최고 경영자들 대부분도 우리가 흔히 생각하는 '리더형 인간'이 아니었다."[1]

리더는 '그늘에 숨어 있는 존재'다

그렇다면 뛰어난 리더는 무엇을 해야 할까? 그 힌트는 노자의 가르침에서 찾을 수 있다.

노자가 말하는 '성인(聖人)', 즉 비즈니스 언어로 치환하면 '탁월한 리더'는 솔선수범형 리더가 아니다. 성인은 직접 전면에 나서기보다 한 걸음 물러서서 조직의 흐름을 자연스럽게 이끌어 간다.

노자는 이상적인 리더를 다음과 같이 묘사한다.

가장 뛰어난 리더는 아랫사람들이 그 존재만을 알고 있을 뿐이다 【태상 하지유지 太上 下知有之】

태고에 백성들은 군주가 존재한다는 사실만을 알 뿐이었다. 군주가 유연하고 간섭하지 않으면, 백성들은 스스로 공을 세우고 일을 완수하며, '우리 스스로 이렇게 한 것이다'라고 말한다. _도덕경 17장

노자가 그리는 리더는 영웅이나 카리스마 넘치는 인물이 아니다. 오히려 그늘에 숨어 있는 존재다. 구성원들은 리더의 존재만을 인식

할 뿐이고 리더의 구체적인 지시 없이도 자연스럽게 성과를 낸다.

전장에서 직접 싸우며 부하들의 신망을 얻은 요시츠네와 달리, 요리토모(源賴朝)는 은혜와 신뢰를 바탕으로 부하들에게 권한을 위임하는 리더십을 실천했다. 오히려 요리토모야말로 노자가 말한 성인에 가까운 리더라 할 수 있다. 요컨대 이런 것이다.

노자의 성인은 아무것도 하지 않는다. 그런데도 부하들이 스스로 좋은 결과를 낸다.

물론 현실, 특히 기업 경영의 관점에서 보면 지나친 이상론으로 들릴 수 있다. 리더가 아무것도 하지 않아도 구성원들이 자발적으로 움직여 성과를 낸다는 것은 현실적으로 쉽지 않기 때문이다.

그러나 노자의 가르침에는 '아무것도 하지 않아도 성과가 나기 위한' 중요한 전제조건이 있다. 바로 '무위(無爲)의 도를 따르는 것'이다.

무위의 도를 따른다면, 리더는 적극적으로 나서지 않고 한 걸음 물러섬으로써 더 나은 결과를 이끌어낼 수 있다. 노자의 철학을 비즈니스에 적용하려면 무엇보다 이 전제를 제대로 이해해야 한다.

예를 들어 노자의 유명한 가르침에는 '도는 언제나 무위하지만 이루지 못하는 것이 없다'라는 구절이 있다. 무위로 있기 때문에 모든 것을 이룰 수 있다는 뜻이다. 매우 역설적인 표현이지만 그만큼 깊은 울림을 주며 동시에 이해하기 까다로운 개념이기도 하다.

도는 언제나 무위하다 【도상무위 道常無為】

도(道)는 언제나 무위(無為)하며, 스스로 아무것도 하지 않지만 이루지 못하는 일이 없다. 만약 사람 위에 서는 군주가 이를 잘 지킨다면, 만물은 저절로 자라나게 될 것이다. _도덕경 37장

'무위'는 문자 그대로 '위함(為)이 없음(無)'이라는 뜻이다. 즉 일차적으로는 '아무것도 하지 않음'으로 해석된다.

하지만 정말 아무 행동도 하지 않는다면 아무것도 이룰 수 없지 않은가? 이런 의문이 들 수밖에 없다.

실제로 노자에 대한 다양한 주석서들 가운데, 무위를 '부작위(不作為)', 즉 아무 행위도 하지 않는 상태로 보는 경우는 드물다.[2] 대부분은 '인위적이지 않은 행위'와 같이, 어떤 부정을 통해 그 개념을 설명한다. 즉 '~이 아닌 것'으로 해석하는 방식이다. 그러나 이 '인위적이지 않은 행위'가 정확히 무엇을 의미하는지 명확하게 정의된 경우는 많지 않다.

나 역시 처음 노자를 읽었을 때, '무위'를 어떻게 해석해야 할지 몰라서 책을 덮었던 기억이 있다. 그러다 우연히 노자 연구자 이후쿠베(伊福部) 선생의 저서를 접하게 되었다. 그는 '무위'의 '무(無)'를 주어로 삼아 '무가 행한다', 다시 말해 '무(無)의 작용'으로 해석

했다.[3]

눈이 번쩍 뜨이는 이 새로운 관점 덕분에 그 후 노자의 가르침 대부분을 논리적으로 설명할 수 있게 되었다.

예를 들어, 노자의 유명한 구절인 '언제나 무위하며, 스스로 아무것도 하지 않지만 이루지 못하는 일이 없다'도 '무(無)의 작용에 따르면, 어떤 일이든 이룰 수 있다'라는 의미로 해석할 수 있다.

이렇게 생각하면 이 구절은 단순한 역설이 아니라 무의 작용이 얼마나 위대한지 칭송하는 표현으로 이해할 수 있다.

노자의 가르침을 '이해'하는 데 그친다면 이 정도로도 충분할 것이다. 그러나 그 가르침을 현실에 적용하려면 다음과 같은 질문을 할 수 있어야 한다.

"그렇다면 무(無)의 작용이란 과연 무엇인가?"

이 물음에 답하기 위해서는 먼저 노자 사상의 핵심 개념인 '무(無)'란 무엇인지부터 살펴봐야 한다.

이제부터는 다소 추상적인 이야기로 이어지겠지만, 노자를 제대로 이해하기 위해 반드시 짚고 넘어가야 할 기본적인 내용이므로 끝까지 읽어 주었으면 한다. 한 번에 이해하지 못해도 괜찮다.

이 책은 노자의 가르침을 삶의 전장에서 어떻게 적용할 수 있을지 하나하나 구체적으로 풀어갈 예정이다. 책을 끝까지 읽고 나서 이 부분을 되짚어 보면, 노자의 본질인 '무(無)'에 대해 한층 더 깊이 있게 이해할 수 있을 것이다.

무(無) 속에 무한한 가능성이 숨어 있다

선(禪)에서 전해지는 가르침 가운데 '무일물중무진장(無一物中無盡藏)'이라는 구절이 있다. 무(無) 속에 무한한 가능성이 숨어 있다는 뜻이다. 이 구절을 좌우명으로 삼는 경영자들도 적지 않다. 노자의 '무(無)'도 이와 비슷하다. 오히려 선에서 말하는 무의 개념이 노자의 사상에 뿌리를 두고 있다고 할 수 있다.[4]

도라고 말할 수 있는 도(道)는 참된 도가 아니다
【도가도비상도 道可道非常道】

세상에서 말하는 도는 진정한 도가 아니다. 세상에서 말하는 이름도 진정한 이름이 아니다.

무(無)는 천지의 시작이요, 유(有)는 만물의 어머니다.

그러므로 언제나 무에서 유를 낳는 작용에서 도의 오묘함을 보고,

언제나 유가 무로 돌아가는 작용에서 도의 경계를 본다.

무와 유, 이 둘은 같은 근원에서 나왔으며, 작용하는 곳에 따라 이름만 다를 뿐이다.

이 둘을 함께 '현'(玄)이라 한다. 바로 이 현묘하고 또 현묘한 곳에서 만물이 비롯된다. _도덕경 1장

노자의 '무(無)'는 단순히 아무것도 없는 상태, 즉 부재(不在)를 의

미하지 않는다. 그것은 만물의 근원이며 그 안에는 모든 것이 포함되어 있다.

  이해를 돕기 위해 나무의 씨앗을 생각해 보자. 겉으로는 아무것도 없는 듯한 작은 씨앗 안에는 줄기, 뿌리, 잎, 꽃이 이미 유전 정보로 온전히 담겨 있다. 씨앗에서 싹이 나고, 자라서 나무가 된다. 이 씨앗에 해당하는 것이 바로 '무'이며, 그로부터 자라난 나무가 '유'이고 곧 만물이다.

  노자는 만물의 근원을 '도(道)'라고도 불렀다. '도'는 곧 '무'와 동의어라고 할 수 있다.[5]

  이 만물의 근원에서 생겨나는 작용을 노자는 무위라 했고, 무위에 따른다는 것은 '무의 작용에 순응한다'는 뜻이다.

  노자는 도와 무의 작용을 계곡에 비유하기도 했다.

골짜기의 신은 죽지 않는다 【곡신불사 谷神不死】

골짜기의 신은 영원히 죽지 않으니, 이를 '현빈(玄牝)'이라 부른다. 이 문(門)은 천지의 근원이다. 끊임없이 만물을 낳으며 지치거나 멈추는 법이 없다. _도덕경 6장

  여기서 말하는 골짜기는 단순한 지형이 아니다. 골짜기는 천지의 근원이자 모든 강물이 흘러드는 곳이며 만물이 태동하는 원천이다. 어쩌면 고대인들은 만물이 골짜기에서 비롯되었다고 여겼을지 모른다.

노자는 무를 떠올릴 때 바로 이 골짜기의 이미지를 그렸다. 그는 이를 '골짜기의 신'이라 부르며 그 창조적 작용을 '현빈(玄牝)', 즉 신비로운 여성의 자궁에 비유했다. 아마도 여성의 출산에서 영감을 얻은 표현일 것이다.

한편, 일본 무로마치 시대(15세기)의 대표적인 선승인 잇큐(一休) 선사*는 다음과 같은 시**를 남겼다.

> 비와 우박, 눈과 얼음이 서로 다르다 하여도
> 녹아 흐르면 모두 같은 계곡물일 뿐

겉모습이 다른 비와 우박, 눈, 얼음도 결국 녹으면 모두 같은 계곡물이 된다는 뜻이다.

이런 관점은 대승불교의 고전 『대승기신론(大乘起信論)』에서 말하는 '체상용(體相用)' 삼대설과도 일맥상통한다. 잇큐의 시에서 체는 골짜기의 '물'이고 비·우박·눈·얼음은 물이 '상(相)'과 '용(用)'으로 나타난 다양한 모습들이다. 즉 형태와 작용은 서로 달라도 그 본질은 모두 물이며 이 차이는 단지 고체, 액체, 기체와 같은

---

* 잇큐(一休, 1394~1481): 일본 무로마치 시대(15세기)를 대표하는 선승(禪僧)으로, 본명은 잇큐 소준(一休宗純)이다. 파격적이고 자유로운 구도자로, 당시 권력과 형식에 얽매인 불교계를 신랄하게 비판하는 시와 행적으로 유명했다. 일본 다도(茶道)와 하이쿠(俳句) 등 문화에도 큰 영향을 끼쳤으며, 대중적인 캐릭터로도 사랑받고 있다.
** 와카(和歌): 일본 고유의 5·7·5·7·7 음수율로 이루어진 전통 정형시.

일시적인 상태의 차이에 불과하다.

노자가 말한 도(道) 혹은 무(無)도 '물'에 해당한다. 무는 형체가 없지만, 그 자체로 모든 가능성을 품고 있다. 마치 물이 다양한 형태로 세상에 드러나 만물이 되는 것처럼, 무에서 유가 생겨난다는 것은 본질이 다양한 형태로 나타나는 것을 의미한다.

꽃씨도 그렇다. 씨앗은 도나 무에 해당하고, 그 씨앗에서 싹이 트고 풀과 나무로 자라 아름다운 꽃을 피운다. 이처럼 만물은 '무'라는 씨앗이 다양한 형상으로 전개된 결과물이라 할 수 있다.

'방해하지 않음'으로 타인의 행동을 이끈다

무위에 따르는 구체적인 방법은 무엇일까? 그 출발점은 의외로 단순하다. 바로 '아무것도 하지 않는 것'이다.

노자에 따르면, 이 '아무것도 하지 않음'이야말로 진정한 무위의 실천이다. 여기서 핵심은 '기세(勢)'다. 무언가를 억지로 하려고 하지 않으면서도, 오히려 상대방의 기세를 자연스럽게 북돋우는 것. 이것이 바로 무위에 따르는 것이며, 무(無)의 작용에 순응하는 태도다.

이런 무위의 과정에 대해서는 제3계에서 더 깊이 다루겠지만 지금은 이렇게 정리할 수 있다.

기세를 북돋우는 것이 곧 무위에 따르는 것이다.

여기서 말하는 '아무것도 하지 않음'이 가져오는 작용을 '무(無)의 효력'이라고 부르기로 하자. 이는 겉으로는 개입하지 않지만, 실제로는 타인의 행동, 특히 기세에 깊은 영향을 미치는 힘이다.

좀 더 구체적으로 말하자면, 타인의 자율성을 존중하고 방해하지 않음으로써 그들의 기세가 자연스럽게 커지도록 환경을 조성하는 것이다. 마치 자석처럼 자신은 아무것도 하지 않지만 그 존재만으로 옆에 있는 타인을 움직이게 하는 힘, 이것이 바로 무의 효력이다. 이러한 무의 효력을 발휘하려면 반드시 적절한 '형태(形)', 즉 구조와 시스템 설계가 선행되어야 한다.

노자의 사상 속에서 무의 효력은 크게 두 가지 형태로 나타난다.

❶ 여백의 효력 — 공간의 효용
❷ 유약함의 효력 — 물의 효용

노자는 '공간'과 '물'이라는 비유를 통해 이 두 가지 효력을 설명한다. 다만 여기서 공간이나 물 자체가 곧 도(道)나 무(無)를 뜻하는 것은 아니다. 이들은 오히려 무의 성질이 어떻게 작동하는지를 드러내는 매개체에 가깝다.

여백의 효력에서 말하는 '여백'은 서예나 회화에서 아무것도 그

려지지 않은 부분, 즉 공백을 뜻한다. '여백의 미(美)'라는 표현처럼, 이 여백은 그림이나 글씨의 아름다움을 한층 더 돋보이게 한다.

비즈니스 관점에서 여백은 주도적인 개입을 자제하고 타인의 자유로운 활동을 존중하는 태도를 의미한다. 나아가, 여백의 효력은 타인의 기세를 더욱 빛나게 해주는 역할을 한다고도 볼 수 있다.

집은 공간이 있기에 쓰임이 있다

여백의 효력은 다음 노자의 가르침을 읽으면 더 깊이 이해할 수 있다.

서른 개의 바큇살【삼십폭三十輻】

서른 개의 바큇살이 하나의 바퀴통에 모이지만, 그 중심이 비어 있기에 수레로서의 쓸모가 생겨난다.

흙을 빚어 그릇을 만들 때도, 그 안이 비어 있기에 그릇으로서의 쓸모가 생겨난다. 문과 창을 내어 방을 만들 때도, 그 안이 비어 있기에 방으로서의 쓸모가 생겨난다. 이처럼 모든 형태 있는 것의 효용은 이 '무(無)의 쓰임'에서 비롯된다. _도덕경 11장

수레바퀴는 서른 개의 바큇살(스포크)이 중심의 바퀴통(허브)에 연결되어 작동한다. 이 허브에 빈 공간이 있기에 스포크를 끼울 수

있고 수레는 제대로 굴러갈 수 있다.

그릇도 마찬가지다. 속이 비어 있어서 음식을 담을 수 있고, 집 역시 벽과 지붕이 감싸고 있는 '빈 공간' 덕분에 사람이 거주할 수 있다. 이처럼 겉으로는 '아무것도 없는 것'이 실제로는 쓰임을 만들어 낸다. 노자가 말한 '무의 쓰임'이란 바로 이러한 '비어 있음'이 주는 효용, 즉 여백이 가진 힘을 의미한다.

이제 공간이라는 개념을 다시 생각해 보자. 우리는 흔히 방 안의 공간, 방 밖의 공간처럼 나누어 생각하지만, 실제로 존재하는 공간은 단 하나뿐이다. 그렇게 나뉘어 보이는 것은 인간의 인식일 뿐이며, 우주는 하나의 연속된 공간으로 연결되어 있다. 공간은 어디에나 존재하며, 공간이 아닌 곳은 어디에도 없다.

이런 점에서 무(無)는 공간과 닮았다. 어디에나 존재하지만 어떤 형상도 띠지 않고, 분리될 수도 없다. 무는 만물의 근원이며, 그로부터 생겨난 유(有)는 무에 의해 지탱된다. 무가 있기에 모든 것이 자유롭게 생겨날 수 있다. 만약 무에 고정된 형태나 공간적 경계가 있었다면, 지금과 같은 다양하고 창조적인 세상은 존재하지 않았을 것이다.[6]

이를 캔버스에 비유해 보자. 하얗고 평평한 캔버스는 어떤 그림이든 자유롭게 그릴 수 있는 무한한 가능성을 품고 있다. 만약 캔버스 표면이 거칠거나 이미 채색되어 있다면 표현에 제약이 생길 것이다. 그래서 르네상스 시대의 화가들은 그림을 그리기 전에 캔버스를 곱게 갈아 표면을 매끄럽게 다듬는 데 공을 들였다.

이상적인 캔버스는 자신을 드러내려 하지 않는다. 창작이 일어날 수 있도록 그저 조용히 배경으로 존재할 뿐이다. 영화 스크린도 마찬가지다. 스크린에 색이나 무늬가 있다면 영상이 제대로 투영되지 못할 것이다.

만물의 근원인 무는 캔버스와 스크린보다 더 절제되어 있고 다른 것을 제한하거나 방해하지 않는다. 따라서 무는 가장 겸허하고 절제된 존재라고 할 수 있다.

이 원리는 리더십에도 그대로 적용된다. 조직이나 비즈니스 현장에서 구성원들이 자율적으로 움직일 수 있는 이유는 바로 이 '여백의 효력' 덕분이다. 리더가 과도하게 개입하지 않고, 겸손하고 절제된 태도로 뒤에서 공간을 만들어 줄 때, 사람들은 스스로 판단하고 주도적으로 행동하게 된다.

물론 무(無)로부터도 작용과 기세(勢)가 생겨난다. 그러나 그 힘은 억지 개입이나 통제가 아니라 간섭하지 않음에서 비롯된다. 바로 이 비개입이 구성원 각자의 상황과 특성에 맞는 자율적 움직임을 가능하게 한다.

부하를 따르는 것이 최선이다

노자는 도(道)의 본질이 '비어 있음'에 있다고 강조한다.

도는 비어 있으나 【도충道沖】

도는 그 속이 비어 있지만, 그 쓰임은 무궁무진하다. 그것은 깊은 연못과도 같아서 만물이 그곳에서 샘솟는다. 자신의 날카로움을 드러내지 않고, 모든 다툼의 근원을 풀어낸다. 자신의 빛을 부드럽게 감추고 세상의 모든 티끌과 하나가 된다(和光同塵). 그 모습은 미묘하면서도 아득하다. 나는 도가 어디서 비롯되었는지 알지 못한다. 그러나 그것은 천지를 주재하는 존재보다 먼저 있었음은 분명하다.

_도덕경 4장

도는 비어 있지만, 그 안에는 만물의 근원과 잠재적인 기세가 존재한다. 이는 앞서 말한 씨앗과 같다. 겉보기에는 아무것도 없어 보이지만 꽃과 잎, 열매를 맺을 모든 가능성이 내재되어 있다. 마찬가지로 만물은 도에서 비롯된다. 씨앗에 생명력이 깃들어 있듯, 도에도 형체 없는 기세가 잠들어 있다.

이 잠재적 상태인 '무[無, (道)]'의 단계에서 무는 자신을 드러내지 않는다. 날카로움을 누르고 본질을 감추며, 빛을 거두어 세속의 티

끝과 하나가 된다. 이를 노자는 '화광동진(和光同塵)*'이라 불렀다.

불교에서는 이 표현을 부처가 중생을 구제하기 위해 본래의 지혜와 덕의 빛을 감추고 세속에 몸을 드러낸다는 의미로 사용한다. 그러나 이 표현의 원전은 노자이며, 여기서는 보살이 아닌 '무의 존재 방식'을 설명한다는 점에서 차이가 있다.

즉, 화광동진은 무의 비차별적이고 미분화된 상태를 의미한다. 무의 단계에서는 어떤 형상도 드러나지 않기 때문에 모든 것이 하나로 통합된 채 존재한다. 여기서는 각각의 구성 요소를 식별할 수 없다. 마치 식물의 씨앗이 아직 싹도, 꽃도, 나무도 구분되지 않은 상태로 존재하는 것과 같다.

따라서 우리는 이렇게 말할 수 있다.

무 또는 도는 오감으로 인식할 수 없다.

바로 그렇기 때문에, 화광동진이라는 무(無)의 상태는 그 안에 생성된 만물의 흐름을 방해하지 않는다. 무에서 생겨난 만물은 기세와 가능성을 부여받지만, 그 이후의 과정은 자율적이며 무의 간섭을 받지 않는다.

마치 꽃이 씨앗에서 피어나지만, 씨앗이 꽃이 피는 것을 통제하

---

* 도덕경 41장

지 않는 것과 같다.

이러한 맥락에서 무(無)와 도(道)는 적극적으로 개입하지 않는 존재, 그림자 속에 숨은 은둔자와도 같다. 그 덕분에 만물은 자기 방식대로 자유롭게 전개될 수 있다.

따라서 화광동진은 도가 눈에 보이지 않을 뿐 아니라, 그 안에서 펼쳐지는 만물의 흐름을 억누르지 않는다는 의미로 해석할 수 있다. 이를 노자는 '도는 자연을 본받는다'[*]라고 표현했다.

여기서 말하는 '자연'은 단순한 자연환경이 아니라 만물을 의미한다. 도는 만물의 흐름을 거스르지 않고 따른다는 뜻이다. 만물은 도에서 비롯되지만, 이후의 전개는 각자 고유한 리듬과 방식에 따라 자연스럽게 이루어진다. 도는 이를 통제하거나 개입하지 않고, 그저 조용히 지켜볼 뿐이다.[7]

이와 같은 태도는 조직 내 리더십에서도 유사한 방식으로 적용될 수 있다. 이를테면, 리더가 방향만 제시한 뒤, 구체적인 실행은 구성원에게 맡기고 사후에 결과만 보고받는 방식이다. 이를 '도법자연'의 리더십으로 해석한다면, 이렇게 표현할 수 있다.

상황이 잘 돌아갈 때는 리더가 부하를 따르는 것이 최선이다.

---

[*] 도덕경 25장

여백의 효력을 조직에 적용한다면, 권한 위임, 셀프 매니지먼트, 목표 중심의 관리 등이 해당할 것이다. 구성원 각자가 창의성과 자율성을 충분히 발휘하려면 이처럼 여백의 효력이 필요하다.

그러나 현실에서 리더는 종종 이런 여백을 주는 것을 두려워한다. 부하에게 맡기기보다는 직접 개입하는 것이 더 빠르고 정확하다고 생각하기 때문이다.

그 결과, 리더의 시야 안에서는 모든 일이 효율적으로 돌아가지만, 그 시야에서 벗어난 영역에서는 문제가 발생하기 쉽다. 이것은 나폴레옹, 미나모토 요시츠네, 항우 등 역사 속 영웅들이 공통적으로 보여준 특징이기도 하다. 탁월한 전술 능력을 갖추었음에도 전략적 관점에서 실패를 거듭한 이유는 '모든 것을 스스로 통제하려는' 그들의 리더십 스타일 때문이었다.

셀프 매니지먼트와 반대되는 개념이 마이크로 매니지먼트(micro-management)다. 물론, 부하의 자율성보다 정확성, 재현성, 획일성이 중요한 업무에서는 일정 수준의 세부 관리가 필요할 수 있다. 하지만 분명한 것은 여백이 없는 조직은 돌발 상황에 유연하게 대응할 수 없다.

중국 선종 불교의 고전 『벽암록(碧巖錄)』 제3칙에는 다음과 같은 말이 나온다.

'큰 작용이 눈앞에 펼쳐질 때는 정해진 틀에 얽매이지 않는다'

(대용현전 무용궤칙 大用現前, 無有軌則)

이것은 노자가 말한 무(無)의 작용, 즉 인위적으로 정한 규칙이 아니라 무위에 순응해야 한다는 사상과 통한다. 그러기 위해서는 조직 안에 '여백'이 존재해야 한다.

드러커가 말하는 진정한 리더십

따라서 전적으로 맡길 때와 세밀하게 지도해야 할 때를 상황에 맞게 구분하는 것이 중요하다. 노자의 가르침은 양극단 중 하나를 고집하거나, 중간에서 타협하라고 하지 않는다. 그보다는 상황에 따라 양극단을 자유롭게 오가는 능력을 높이 평가한다. 이때, 판단의 기준은 '양극단 중 어떤 선택이 조직의 기세를 더 크게 북돋울 수 있는가'에 두어야 한다.

천지는 무심하다 【천지불인 天地不仁】

천지는 바람을 일으키는 풀무와 같다. 그 안은 비어 있지만 움직이면 움직일수록 바람이 나오듯이, 천지는 무한히 만물을 생성한다. 이것을 말로 다 설명할 수는 없다. 그저 말없이 그 '비어 있음(空)'의 작용을 지키는 것이 가장 낫다.

천지의 근원으로서의 '무(無)'는 옛날의 송풍장치인 풀무, 혹은 현대의 피스톤에 비유할 수 있다. 피스톤은 내부가 비어 있기 때문에 공기의 흐름을 방해하지 않으며, 오히려 강하게 압축해 분출하는 역할을 한다.

수레바퀴의 바큇살 중심, 그릇의 속, 방 안의 공간처럼 피스톤 내부도 비어 있으며 다른 것들의 움직임을 방해하지 않는다.

특히 피스톤의 사례는 '비어 있음'이 단순히 방해하지 않는 것에 그치지 않고, 오히려 외부의 기세를 더욱 강하게 북돋는 촉매 역할을 한다는 점을 잘 보여준다.

이처럼 '여백의 효력'은 다음 두 가지 핵심 기능으로 요약된다.

❶ 타인을 방해하지 않는다
❷ 그럼으로써 타인의 기세를 증폭시킨다

사실, 피터 드러커가 제창한 현대적 매니지먼트가 바로 이 '여백의 효력'이다.

드러커는 경영 관리의 핵심 수단으로 다음 세 가지를 강조했다.

❶ 권한 위임 (Delegation of Authority)
❷ 목표관리제도 (MBO, Management by Objectives)
❸ 셀프 매니지먼트 (Self-management)

이 모든 방식은 관리자가 직원을 직접적으로 통제하지 않기 위한 장치들이다.

일을 부하에게 맡기고, 각자 스스로 책임을 지며 일하도록 유도하는 구조가 바로 권한 위임이고, 목표관리제도이며 셀프 매니지먼트다. 관리자는 부하의 모든 행동을 일일이 감시할 필요가 없다. 중요한 것은 부하 직원과 '미션'이나 '목표'를 깊이 있게 공유하는 것이다. 그렇게만 된다면, 이후에는 전적으로 맡기고 신뢰하는 것이 최선이다.

이때 '여백의 효과'를 실현하는 형식적 장치가 바로 권한 위임과 목표관리제도다. 이러한 형식 속에서 관리자는 구성원의 업무에 개입하지 않으며, 자율적인 흐름을 존중하고 따라간다.

관리자가 해야 할 일은 부하의 자율성을 북돋는 일이다. 그러기 위해 '미션의 의미'를 반복적으로 전하고, 그 중요성을 꾸준히 상기시켜야 한다. 이것이 바로 '피스톤을 누르는 행위'에 해당하며, 그 결과 공기가 힘차게 분출되듯 부하의 역량과 동기가 자연스럽게 분출된다.

따라서 관리자는 직접적으로는 아무것도 하지 않지만, 미션의 의미, 권한 위임, 목표관리제도라는 '형식'을 통해 부하의 동기와 역량, 즉 '기세'를 이끌어낸다.

드러커는 진정한 리더십이란 카리스마가 아니라 '효율적인 조직을 구축하는 능력'에 있다고 강조한다. 지금까지의 논의를 바탕으로 보면 '조직'을 '형식(시스템)'이라는 표현으로 바꿔 생각하는 편이 더 이해하기 쉬울 것이다. 즉 리더에게는 '여백의 효력'에 적합한 시스템을 설계하고 구축하는 능력이 요구된다.

이러한 형식이 제대로 갖춰지면, 관리자는 굳이 전면에 나서지 않아도 마치 자석처럼 구성원에게 자연스럽게 영향을 미치며 자율적인 행동을 유도할 수 있다. 이러한 관리사는 솔선수범형 리더와는 다르다. 스스로 앞장서서 끌고 가는 것이 아니라, 기세를 강화하고 그 기세에 '순응'하는 존재다.

> 제1계에서 배우는 노자의 가르침
>
> - 탁월한 리더는 아무것도 하지 않는다.
> - 무위(無爲)에 따름으로써 모든 일을 할 수 있다.
> - 진정한 리더십이란 부하의 자율성을 북돋는 일이다.

| 주 |

1   피터 드러커 저, 우에다 아츠오 번역, 『경영자의 조건』, 다이아몬드사, 2006년, 2쪽. (※ 한국어 번역서 : 『피터 드러커 자기경영노트』, 한국경제신문사)

2   예를 들어, 노장사상의 대표적 연구자들이 집필한 『노장사상을 공부하는 사람을 위하여(老莊思想を学ぶ人のために)』에서는 무위에 대해 다음과 같이 설명한다.
'인간의 의도적인 작위를 부정하는 사상', "무위"는 위대한 사업의 완성에 이르기 위한 수단이며, 작위를 감춘 무위로서 현실 정치나 처세에 응용할 수 있다.'
[가지 노부유키(加地伸行) 편, 『노장사상을 공부하는 사람을 위하여(老莊思想を学ぶ人のために)』, 세카이시소샤, 1997년, 193쪽.]

3   무위를 '무(無)의 작용'으로 해석하는 저서는 내가 아는 한, 이후쿠베 다카히코(伊福部隆彦) 『노자 도덕경 연구(老子道德經研究)』(이케다쇼텐, 1995년)과 오하마 아키라(大濱晧) 『노자의 철학(老子の哲学)』(케이소쇼보, 1986년)뿐이다.

4   인도에서 불교 경전이 전해지고 번역 작업이 국가적 사업으로 추진되던 시기, 가장 해석에 어려움을 겪은 개념이 바로 '공(空)'(산스크리트어로 순냐(śūnya))이었다. 이 '공'을 해석하는 데 참고된 것이 바로 노자와 장자의 사상, 즉 노장사

상(老莊思想)에 등장하는 '무(無)'였다.
인도에서의 공이 부재나 부정을 강조하는 개념이었다면, 중국에서의 무는 근원성과 창조성을 지닌 긍정적이고 실재적인 의미로 해석되었다.
이는 곧 '제법공상(諸法空相)'(모든 존재는 공하다)에서 '제법실상(諸法實相)'(모든 존재에는 참된 실상이 있다)으로의 전환이라 할 수 있다. 이처럼 노장사상을 바탕으로 해석된 불교를 '격의불교(格義佛敎)'라 하며, 선종도 여기에 포함된다.

5 노자에 '무(無)'와 '도(道)'를 명확히 동의어로 사용한 구절은 없다. 다만 의미상으로는 '도=무'로 해석하는 것이 논리적 일관성이 있다. 이런 해석은 삼국시대 위나라의 철학자 왕필(王弼)이 처음 주장했으며, 이후 많은 주석서에서 널리 채택되었다.

6 유(有)는 무(無)의 전개이며 실재하는 것은 오직 무뿐이다. 굳이 무와 유(또는 만물)를 구분하자면, 형태가 없는 것이 무이고, 형태가 있는 것이 유라고 할 수 있다. 예를 들어 눈과 얼음이 서로 달라도 그 본질은 모두 물인 것처럼, 만물은 겉모습은 달라도 그 본질은 무에 있다. 존재론적으로 보면 무와 유는 별개가 아니며, 오직 무만이 실재한다. 하지만 무의 작용을 논의할 때는 형태의 유무에 따라 무와 유를 구분하는 것도 의미가 있다. 즉 존재론적 관점이냐 기능론적 관점이냐에 따라 해석이 달라지며, 두 입장은 모순이 아닌 관점의 차이일 뿐이다. 이 책에서는 주로 기능론적 관점에서 노자를 해석한다. 만약 노자를 종교적으로 해석하려 한다면 존재론적 관점이 필요할 것이다.

7 여기서도 존재론의 관점에 따르면, 만물은 도 그 자체이며 도의 전개에 지나지 않기 때문에, '도가 만물에 따른다'는 표현은 성립하지 않는다. 그러나 기능론적 관점에서는 도와 만물을 '형태의 유무'로 나누기 때문에 이런 표현이 가능하다. 이를 존재론적으로 표현한다면, 도와 만물은 본질적으로 동일하며, 다만 '자연의 기세'에 따를 뿐이라고 할 수 있다.

제2계

강자는 약자를
이길 수 없다

유약함의 효력

최상의 선은 물과 같다
【상선약수 上善若水】

최상의 선(善)은 물처럼 되는 것이다.

물은 만물을 이롭게 하면서도 다투지 않고

모두가 싫어하는 낮은 곳에 머문다.

그러므로 물은 도(道)의 작용에 가장 가깝다.

다투지 않기 때문에 패배하지 않는다

여백의 효력은 방해하지 않음으로써 타인의 자발적인 행동을 유도하는 힘이다. 그런데 여기서 질문이 생긴다.

"방해하지만 않으면 정말로 기세가 생기는가?"

내가 노자를 공부하기 시작했을 때, 여백의 효력으로 떠올린 이미지는 경제학의 '보이지 않는 손'이었다. 신고전파 경제학은 기본적으로 시장에 맡기는 것이 가장 효율적이며, 정부가 개입하는 것은 오히려 역효과를 낸다고 생각한다. 정부가 '방해만 하지 않으면', 보이지 않는 손에 의해 시장은 균형을 이루고 사회적 후생이 극대화된다는 것이다. 이는 방해하지 않으면 기세가 더해진다는 여백의 논리와 매우 유사하다.

하지만 현실은 어떨까? 이후 경제학의 발전으로, 오늘날 이 '보이지 않는 손'을 전적으로 믿는 경제학자는 거의 없다. 정보의 비대칭성, 외부효과 등의 이유로 인해, 시장에 맡겨두기만 해서는 최적의 결과가 나오지 않는다는 사실이 이미 널리 알려져 있다.

즉, '보이지 않는 손'이 제대로 작동하려면 여러 가지 조건이 충족되어야 한다. 이와 마찬가지로, 여백의 효력이 실제로 작동하려면 또 다른 어떤 조건이 더해져야 한다.

그 조건이 바로 '유약함의 효력'이다. 여백의 효력에 유약함이 더해져야 비로소 기세가 생긴다. 그 결과, 유약한 것이 강한 것을 이기는 일도 가능해진다.

여기서 '유(柔)'는 유연함을 뜻하고, '약(弱)'은 유연함으로 인해 변화무쌍할 수 있음을 의미한다. '유약함'이란 어떤 고정된 형태나 입장에 집착하지 않는다는 뜻이며, 오히려 그런 태도야말로 끝까지 버틸 수 있는 '강함'으로 이어진다. 유약함의 효력이란 '겉으로는 약하지만 결국에는 이길 수 있는 힘'을 뜻한다.

노자는 이 유약함의 대표적 실례로 물을 지목한다.

최상의 선은 물과 같다 【상선약수 上善若水】

최상의 선(善)은 물처럼 되는 것이다. 물은 만물을 이롭게 하면서도 다투지 않고 모두가 싫어하는 낮은 곳에 머문다. 그러므로 물은 도(道)의 작용에 가장 가깝다.

물은 거처를 정할 때는 사람들이 꺼리는 낮은 땅을 좋다고 여기고, 마음은 깊은 연못처럼 고요하다. 인간관계에서는 착하고 어질게 대하며, 말에는 거짓이 없고 정치에서는 바르게 다스린다. 일할 때는 유능하고 행동할 때는 적절한 때를 따른다.

이처럼 다투지 않기 때문에 허물을 남기지도 않는다. _도덕경 8장

물은 물질 중에서도 가장 부드럽고 약한 것 중 하나이다. 중국 당나라 시인 백거이의 시 중에서 '물은 네모나거나 둥근 그릇을 따라 형태를 바꾼다(水隨方圓器)'*라는 구절이 있듯이, 물은 그릇의 모양에 따라 자유자재로 형태를 바꾼다.

이 부드러움(유약함)의 본질은 '다투지 않음'에 있다. 즉 다투지 않기 때문에 패배하지도 않는다.

물은 항상 높은 곳에서 낮은 곳으로 흐른다. 대다수가 좋아하는 높은 곳이 아니라 사람들이 꺼리는 낮은 곳으로 향해 그곳에 머무른다. 사람들이 모두 좋아하는 높은 곳에 머물고자 한다면 다툼과 경쟁이 생길 것이다. 하지만 물은 그런 다툼에 관여하지 않고 기꺼이 사람들이 꺼리는 자리로 향한다.

'고객 만족 따위는 집어치워라'로 흑자 경영을 이루다

일본 오사카에 위치한 금속 스프링 제조업체 '도카이 바네 공업(東海バネ工業)'은 특별한 기업이다. 이 회사는 '고객 만족 따위는 집어치워라'라는 도발적인 사명(社命)을 내걸고 있다. 일본에는 스프링 제조업체가 약 3,000개나 있으며 그중에는 최첨단 기술이나 저비

---

* 중국 당나라 시인 백거이(白居易, Bai Juyi)의 《放言五首 其五》(방언 5수, 그 다섯 번째)에 나오는 구절이다.

용을 내세우는 선도기업도 많다.

이런 경쟁 환경 속에서 도카이 바네 공업은 스스로를 '한참 뒤처진 후발주자'라고 소개한다. 비용 절감도 제대로 하지 못하고, 가격 경쟁력 또한 업계 최하위 수준임을 인정한다.

그럼에도 이 회사는 높은 이익률과 안정적인 흑자 경영을 지속하고 있다. 후발주자임에도 '다투지 않음'을 실천하고 있기 때문이다.

이런 경영 방식은 와타나베 요시키 전(前) 사장이 유럽을 시찰하면서 얻은 경험에서 비롯되었다. 그는 독일의 스프링 제조업체를 방문해 그 회사 담당자에게 가격을 어떻게 정하는지 문의했다.

"고객으로부터 견적 의뢰가 오면 필요한 작업 공수*를 계산하고, 그에 당사 기준의 단가를 곱한 뒤, 원재료비 및 제반 원가를 더하고, 마지막으로 고객에게 받아야 할 이익을 더해 가격을 정합니다."

일본의 제조업체에서도 일반적으로 이루어지는 절차였다. 하지만 와타나베가 진짜 알고 싶었던 것은 그것이 아니었다.

"고객이 가격이 비싸다고 불만을 제기했을 때는 어떻게 대응하죠?"

와타나베는 이 점이 궁금했다.

이 질문에 대해 독일 측 담당자는 이상한 질문도 다한다는 표정

---

* 공수(工數) : 일정한 작업에 필요한 인원수를 노동 시간 또는 노동일로 나타낸 수치.

으로 이렇게 답했다.

"가격이 맞지 않으면, 거기서 거래는 끝입니다."

와타나베는 이렇게 물었다.

"가격을 깎아서 파는 일은 없습니까?"

담당자는 단호하게 답했다.

"아까 공장을 보셨죠? 수작업으로 만드는 걸 보셨을 겁니다. 수제 스프링을 어떻게 계속 싸게 팔 수 있겠습니까. 당사는 절대로 값을 깎지 않습니다."

다음으로 그는 프랑스를 방문해, 한 금속 용기 제조업체를 견학했다.

그곳에는 50여 명의 작업자가 열악한 환경에서 일하고 있었고, 그중 약 3분의 1은 젊은 여성이었다.

이상하게 생각한 그는 "왜 이렇게 많은 젊은 여성들이 이 힘든 작업 환경에서 일하고 있나요?"라고 물었다. 그러자 안내원이 이렇게 대답했다.

"임금이 높기 때문이죠."

당시 일본에서는 현장 근로자보다 사무직의 임금이 높았다. 왜 현장 근로자의 임금이 높은지 재차 묻자, 안내원은 이렇게 말했다.

"누구도 하려고 하지 않으니까요. 사람들이 꺼리는 일이기에 급여를 높게 줘야 일합니다."

와타나베 사장은 이 두 가지 경험을 통해 도카이 바네의 경영 방침이 완전히 잘못되어 있다는 사실을 깨달았다고 한다.

지금까지는 가능한 한 저렴한 스프링을 만들어 고객에게 팔려고 했다. 그 방침을 완전히 바꿔, 앞으로는 사람들이 꺼리는 일을 맡아, '제값을 받아도 고객이 사는 제품과 서비스'를 제공하는 방향으로 전략을 전환했다.

스프링 제조업체의 주요 고객은 자동차, 전자, 가전, 정보통신 업계 등 4대 산업이다. 이들은 전체 스프링 수요의 약 85%를 차지하고, 대량 구매와 함께 치열한 가격 인하 요구를 한다.

대부분의 스프링 제조업체는 이들과 거래하며 치열한 가격 경쟁을 벌였고 이익률은 전반적으로 낮았다. 하지만 도카이 바네 공업은 이들과 다른 길을 택했다. 수요가 적고, 수년에서 수십 년 간격으로 구매가 이루어지는 발전소나 공작기계, 일반 소비자의 주문 제작 스프링에 특화한 것이다. 이러한 고객들은 대부분의 스프링 제조업체엔 돈이 안 되는 고객이기 때문에, 주문을 받아 주는 곳이 거의 없다.

도카이 바네는 이렇게 언뜻 보면 수익성이 없어 보이는 고객을 타깃으로 삼고 있다. 따라서 경쟁사도 존재하지 않고, 부르는 값에 팔 수 있다.

이것은 곧 다수(경쟁사)가 싫어하고 꺼리는 곳을 타깃으로 삼아, 고객의 요구에 유연하게 대응함으로써 수익을 창출한 사례라 할 수 있다. 다른 기업들이 꺼리는 분야에 특화함으로써 '다투지 않음'을 실현했고, 결과적으로는 시장에서 승리한 것이다.

모든 것은 부드럽고 약한 곳에 모인다

물은 고유한 형태가 없기 때문에 어떤 공간에도 들어갈 수 있다. 따라서 어떤 것과도 다투지 않는다. 이러한 부드럽고 약한 성질(즉, 유약함) 때문에 오히려 이길 수 있다.

천하에 물보다 더 부드럽고 약한 것은 없다
【천하막유약어수 天下莫柔弱於水】

천하에 물보다 더 부드럽고 약한 것은 없다. 그러나 단단하고 강한 것을 물리치는 데는 물보다 나은 것이 없다.
약한 것이 강한 것을 이기고, 부드러운 것이 강한 것을 이기는 것. 세상에 알지 못하는 사람이 없지만 이를 실천할 수 있는 자는 없다.
그러므로 성인은 말한다. "나라의 치욕을 기꺼이 감당하는 자가 나라의 주인이 되고, 나라의 불행을 기꺼이 감당하는 자가 천하의 왕이 된다." 바른말은 거꾸로 들리는 법이다. _도덕경 78장

그렇다면 부드럽고 약한 성질이 어떻게 실제 승리로 이어질까?

노자는 그 구체적인 메커니즘을 말하지는 않았다. 하지만, 손자(孫子)는 이 점에 대해 명확히 설명했다.

> 무릇 군대의 형태는 물의 형상을 닮아야 한다. 물에는 일정한 형태가 없다. 적군의 변화에 따라 변화하여 승리를 거두는 자, 이를 신의 경지라고 한다.
> ― 손자병법(孫子兵法) 허실편(虛實篇)

손자는 물처럼 형태를 지니지 않는 유연성이 승리의 열쇠라고 말한다.

좀 더 구체적으로 설명하자면, 전쟁에서 아군이 유연하게 움직일 수 있고 적군이 고정된 형태를 취하고 있다면, 적은 모든 방향을 방어해야 하기에 병력이 분산된다. 반면, 아군은 병력을 하나의 목표에 집중할 수 있다. 아군이 '열'의 힘으로 '하나'를 공격하는 형세가 되어, 상대적으로 아군은 다수(강대함)가 되고 적은 소수(약함)가 되어 확실히 승리할 수 있는 구조를 형성하는 것이다.

그래서 손자병법은 '무형(無形)의 전략', 즉 형태가 없는 유동적인 전술을 권장한다.

무형이란, 물처럼 상황에 따라 변화무쌍하게 형태를 바꾸는 것을 의미한다.

또한 손자는 무형의 전략에 '속임수의 도(道)'를 더한다. 다음은 그의 사상을 잘 보여주는 유명한 구절이다.

병법이란 속임수다. 그러므로 강하더라도 적에게는 약하게 보이게 하고, 용감하더라도 적에게는 겁먹은 것처럼 보여야 한다.

— 손자병법 계편(計篇)

이 구절은 강함과 약함 사이를 자유롭게 넘나드는 유연성의 중요성을 강조한다. 예를 들어, 적에게는 약하게 보이지만 실제로는 강하고, 반대로 강하게 보이게 하면서도 실제로는 약한 상태를 유지할 수 있어야 한다. 핵심은 적을 속여 오판을 유도하는 것이다.

또한, 적이 강할 경우, 직접 맞서기보다 힘을 약화시키는 방식으로 대응해야 한다. 그러기 위해서는 실제 전투에 돌입하기 전 단계에서부터 다양한 수단을 쓰는 지혜가 필요하다. 손자는 그 우선순위를 다음과 같이 제시한다.

최상의 전쟁은 적의 모략을 깨뜨리는 것이고, 그다음은 적이 맺은 외교 관계를 파괴하는 것이며, 그다음은 적의 군대를 공격하는 것이고, 가장 하책은 적의 성을 공격하는 것이다.

—『손자병법』제3편 모공편(謀攻篇)

이는 강한 적을 약화시키기 위한 전략적 우선순위다. 첫 번째는 계략으로 적을 무너뜨리는 것이고, 두 번째는 외교를 통해 적의 힘을 약화시키는 것이다. 이 두 가지는 실제 전투에 앞서 승리를 거두는 전략이다. 반면, 병력을 동원한 직접 교전은 차선책이며, 최악의 선택은 견고한 적의 성을 공격하는 작전이다.

계략과 외교를 통한 방법에는 적의 일부를 회유하여 아군으로 만드는 전략도 포함된다. 이를 위해서는 스스로 몸을 낮추고 모두가 꺼리는 곳에 머물며 이를 통해 '다투지 않는 도(道)'를 실천하는 태도가 필요하다.

이것을 물에 비유해 보자. 강의 상류는 그 흐름이 약하지만, 수많은 강줄기의 물이 모이면서 거대한 기세가 형성된다. 그리고 하류에 이르면 누구도 그 물길을 막을 수 없게 된다. 그 결과, 이길 수밖에 없는 상황에서 승리하게 된다.

부드럽고 약한 존재는 그 유약함 덕분에 기세를 키울 수 있는 기회를 최대한 살릴 수 있다. 모든 것이 부드럽고 약한 곳으로 모여드는 경향이 있기 때문이다. 이렇게 모인 것들은 하나의 큰 흐름이 되어 강력한 힘을 발휘한다.

강함이 아니라 약함이 부하의 신뢰를 얻는다

아마도 일본 전국시대의 패자가 될 수 있었던 자와 그렇지 못한 자의 차이는 이 점에 있을 것이다.

오다 노부나가는 적을 철저하게 섬멸하는 것을 상례로 삼았다. 반면 도쿠가와 이에야스는 노부나가의 손에 멸망한 이마가와 가문과 다케다 가문의 유신(유민)들을 자신의 가신으로 받아들였으며, 도요토미 히데요시가 멸망시킨 호조 가문의 유신들도 대거 등용했다.

『삼국지』에서 패자가 된 조조 또한 마찬가지다. 그의 경쟁자였던 원소, 손권, 유비가 황건적의 난에서 적을 철저히 토벌한 데 비해, 조조는 그들을 오히려 아군으로 끌어들여 세력을 확장해 나갔다.

적을 포섭하려면 강경함이 아니라, 유약함(예를 들어 삼고초려와 같은)이 열쇠이다. 그렇지 않으면 투항한 적의 충성을 얻을 수 없다.

따라서 노자의 '약한 것이 강한 것을 이긴다'는 구절은 다음의 세 가지 메커니즘으로 구체화할 수 있다.

❶ 무형(無形)의 유연함을 통해 승리한다
❷ 약하게 보이게 하면서 실제로는 강한 '기만 전략'으로 승리한다
❸ 유약함으로 아군을 늘리고, 기세로 상대를 압도해 승리한다

이 중 첫 번째와 두 번째는 주로 교전 단계의 전술에 가깝다. 반면 세 번째는 실제 싸움이 벌어지기 전부터 판세를 유리하게 만드는 전략적 차원에 해당한다.

이 원리를 오늘날의 조직 경영에 적용해 보자. 성공은 위(上)에 있고, 실패는 아래(下)에 있다. 누구도 실패라는 '아래'에 머무르고 싶어 하지 않는다. 하지만 만약, 실패의 책임을 기꺼이 짊어지고 모든 비난과 부담을 감수하는 리더가 있다면? 사람들은 자연스럽게 그런 리더를 믿고 따를 것이다. 이런 유연한 리더야말로 부하의 신뢰를 얻고, 그들의 기세를 한데 모아 큰 힘을 발휘할 수 있다.

반대로, 실패를 꾸짖고 누군가를 탓한다면? 그것은 '다투지 않음의 도'가 아니라 '다툼'이며, 약함이 아니라 '억지스러운 강함'이다.

노자는 이를 '겸하의 덕(謙下之德)'*이라 표현했다. 즉 스스로 몸을 낮추었을 때 비로소 발휘되는 영향력이다. 그러나 노자가 강조한 겸하, 곧 '하류에 몸을 두는 것(제11계 참조)', 유약함, 다투지 않음, '모든 사람이 꺼리는 곳에 머무는 것'은 어느 정도 이상의 책임과 권한을 지닌 사람에게 해당하는 덕목이라는 점을 기억해야 한다. 오늘날로 말하면 정치가, 관료, 경영자, 리더와 같은 위치의 인물에게 주는 가르침이다.

---

* 노자의 도덕경 원문에 직접적으로 겸하(謙下)라는 단어는 등장하지 않는다. 학계나 후대 주석에서는 '겸손하고(謙) 낮추는(下) 태도'를 묶어 설명하여 '겸하의 덕(謙下之德)'이라는 개념어로 표현한다.

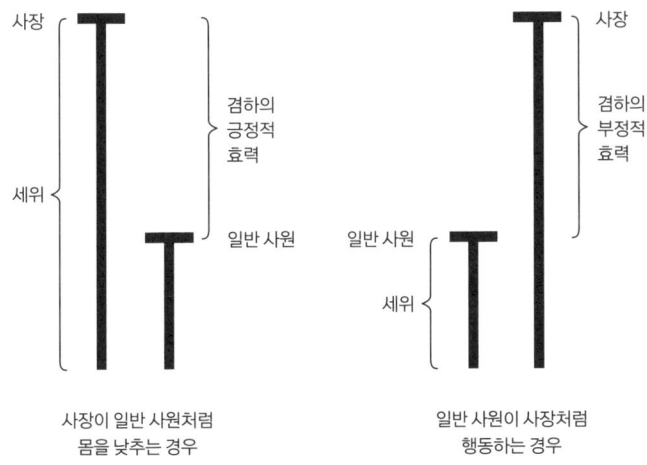

중국 사상에서는 지위에 수반되는 기세를 '세위(勢位)'라고 부른다.[1] 오늘날의 '헤드십(Headship)' 개념과도 통한다. 지위에는 권한이 따르기 때문에 세위는 일종의 강제력을 수반한다. 이러한 세위가 있는 사람이 몸을 낮추면, 그만큼 큰 효력이 발생한다. 예를 들어, 사장이 일반 사원처럼 겸손하게 행동하면, 그 격차에서 오는 효력이 부하에게 커다란 영향력을 미치게 된다. 반대로, 일반 사원이 사장처럼 행동하면 오히려 부정적인 결과만 초래할 수 있다.

유약함의 어려움

그러나 유약함이 항상 '개입하지 않음'을 의미하는 것은 아니다. 다투지 않는다는 전제하에 현장에 개입하는 것도 가능하다.

이 점에서 제1계에서 언급한 여백의 효력과는 결이 다르다. 마치 윤활유가 기계의 구석구석에 스며들듯, 부드럽고 유연한 개입은 유약함과 충돌하지 않는다. 오히려 리더의 이런 윤활유와 같은 역할 수행은 더 큰 기세를 만들어 낼 수 있다.

그뿐만이 아니다. 타인의 자율성에 맡겼는데 바람직하지 않은 방향으로 일이 흘러갈 수도 있다. 예를 들어, 현장에 전권을 위임했더니 자율이 자만으로 변질되어 통제 불능의 상태에 빠지는 경우도 있다. 이런 순간에는 리더가 명확하게 제동을 걸어야 한다.

이것은 분명한 개입이다. 어떤 상황에서도 '아무것도 하지 않는 태도'만을 고집하며 현장을 방임해서는 안 된다. 따라서 일의 과정에는 직접적으로 개입하지 않더라도, 결과에 대해서는 책임감 있게 통제해야 한다.

자연계에서는 모든 것이 결국 무(無)로 되돌아가는 흐름을 따른다. 물이 증발했다가 비로 내려오듯, 자연은 스스로 균형을 맞춘다. 그러나 인간 사회는 그렇지 않다. 조직 내에는 이해관계, 감정, 오판, 과욕이 얽히기에, 자연의 흐름과 어긋나는 일이 생긴다. 이럴 때 리더는 의식적으로 '무'의 상태로 되돌리는 역할을 해야 한다. 즉 불균형한 흐름을 멈추고 다시 처음부터 시작할 수 있도록 개입하는 것이다.

이것은 결코 무위에 반하는 인위적인 것이 아니라, 오히려 자연의 이치에서 벗어난 흐름을 바로잡아 새로운 시작을 가능하게 하는 행위이다.

이를 통해 새로운 기세를 일으킬 수 있다.

뒤에서 자세히 살펴보겠지만, 노자는 고요한 과정이라 불리는 무위의 프로세스에서 바람직한 궤도를 벗어나는 상황에 대해 다소 낙관적인 태도를 보인다. 모든 것을 자연에 맡기면 된다는 원칙을 주로 강조하는데, 이는 『도덕경』의 다음 구절에서 잘 나타난다.

하늘의 그물은 넓고 성긴 듯하지만 하나도 빠뜨리지 않는다
【천망회회 소이불실天網恢恢疏而不失】 _도덕경 73장

그러나 현실의 조직 경영에서는 이야기가 다르다. 현장에서 문제가 명확하게 드러났음에도 무조건 맡겨두는 것은 분명 큰 문제가 될 수 있다. 이럴 때는 사태가 커지기 전에 적절히 대응하는 것이 중요하다. '하늘의 그물'에 맡긴다는 것은 상황이 이미 돌이킬 수 없을 만큼 악화되었을 때 결과를 받아들인다는 의미이다. 따라서 그 전에 신속하게 대처하는 일은 노자의 철학에도 어긋나지 않는다.

물론 이 과정에서 업무를 추진하는 담당자와 갈등이 생길 수도 있다. 그렇다면 '다투지 않음'과 모순된 게 아닐까? 하지만 노자가 말한 '다투지 않음'은 사람과의 직접적인 충돌을 피하는 것이 아니라 기세와 다투지 않는다는 뜻이다. 현장의 기세가 바람직한 궤도

에서 벗어났다면, 이는 자연의 기세에 반하는 상태다. 이것을 조율하고 바로잡는 것이야말로 기세와 다투지 않는 길이다.

이처럼 유약함은 오히려 더 많은 기세를 끌어모으는 힘이 되며, 때로는 자연의 흐름을 거스를 때 그것을 멈추게 한다. 결국, 강함보다 약함이 더 큰 우위에 있다는 점은 분명하다.

그러나 현실에서 이런 '유약함의 힘'을 지속적으로 유지하기란 결코 쉬운 일이 아니다. 우리는 흔히 성공은 자신의 공으로 돌리고, 실패는 타인의 책임으로 전가하려는 경향이 있다. 또한, 윤활유처럼 현장에 부드럽게 스며들어 조율자 역할을 하는 것도 생각처럼 간단하지 않다. 경청자의 태도를 유지하려 했지만, 어느새 불필요한 지시나 개입을 무심코 해버리는 경우도 흔하다.

무엇보다도, 어떤 사안을 중단시키는 '불편한 역할'을 자처하는 일은 누구에게나 큰 부담이 된다.

유약한 조직의 매니지먼트

그렇다면, 이상적인 유약한 매니지먼트란 구체적으로 어떤 모습일까?

여기서 세계지도를 한번 떠올려 보자. 사람들은 대개 자신의 나라를 중심으로 세계지도를 생각한다. 그래서 외국에서 자기 나라를

'동쪽'이나 '서쪽'이라 불러도 크게 개의치 않는다. 자신의 머릿속에서는 이미 자기 나라가 세계의 중심이기 때문이다. 그런데 유럽에서 만든 세계지도를 보면 당연히 유럽이 중심에 있고, 한국이나 일본 같은 나라는 오른쪽 끝에 위치하게 된다.

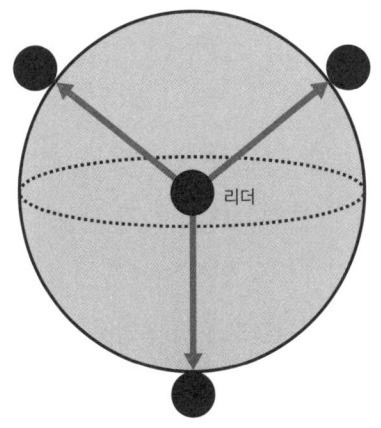

이번에는 지구본을 떠올려 보자. 세계지도와는 달리 지구본에는 중심에 위치한 나라라는 것이 없다. 모든 나라가 중심으로부터 등거리로 연결되어 있을 뿐이다.

이러한 중심이 바로 '구체(球體) 조직'의 리더에 해당한다. 이 리더는 모든 구성원과 같은 거리로 연결되어 있다. 특정 국가를 중심으로 세계지도를 그리면 그 국가가 중심이 되고 다른 나라는 그 나라를 지원하는 역할을 하게 된다. 반면, 구체 조직에서는 모든 구성원이 (지도상의) 중심이 되어 서로를 돕는 네트워크를 형성한다.

노자의 성인이 행하는 '무형의 전략'이란 무엇인가?

이처럼 '무(無)의 효력'은 불필요한 개입을 줄여서 얻는 '여백의 효력'과 약함과 다투지 않음으로써 기세를 모으는 '유약함의 효력'으로 구성된다.

어느 경우든, 이 효력을 추구하려면 '아무것도 하지 않는(무위) 자세'가 필요하다. 그러나 그 '아무것도 하지 않음'이 실질적인 효력을 발휘하기 위해서는, 기세를 강화하는 어떤 '형태'가 선행되어야 한다.

그 형태란 바로 '무형의 형태'이다. 즉 형태가 없는 형태를 통해 무의 효력을 발휘하고 그로 인해 얻어진 기세를 바탕으로 승리를 거두는 것이다. 이것이야말로 노자가 말하는 성인(聖人), 오늘날의 비즈니스 언어로 표현하자면 탁월한 리더가 구사하는 '무형의 전략'이라 할 수 있다.

바르게 길을 가는 사람은 수레 자국을 남기지 않는다
【선행무철적 善行無轍跡】

바르게 길을 가는 사람은 수레 자국을 남기지 않는다. 말을 잘하는 사람은 말에 허물이 없고, 셈을 잘하는 사람은 산가지를 쓰지 않는다. 잘 잠근 문은 빗장과 자물쇠가 없어도 열리지 않는다. 잘 묶은 매듭은 꽉 졸라매지 않아도 풀 수 없다. _도덕경 27장이 가르침에는 노자 특유의 역설적인 표현이 곳곳에 담겨 있다.

'셈을 잘하는 자는 산가지(계산 도구)를 사용하지 않는다'는 구절은 무슨 뜻일까?

이것은 비유적 표현으로, 여기서 산가지는 형태를 가진 도구를 의미한다. 즉 유형의 도구를 사용하지 않는다는 것은, 문제가 형태로 드러나기 전, 즉 무형의 잠재적인 기세 단계에서 이미 대응하고 처리한다는 뜻이다. 노자의 표현을 빌리자면 '무형(無形)으로써 형태에 대처한다'는 것이다.

또한 '잘 잠근 문은 빗장과 자물쇠가 없어도 열리지 않는다'는 말은, 애초에 그 문이 무형임을 뜻한다.

비슷한 설명이 『손자병법』에도 등장한다.

> 수비를 잘하는 자는 땅속 깊은 곳에 숨고, 공격을 잘하는 자는 하늘의 가장 높은 곳에서 움직인다.
> —『손자병법』형편(形篇)

방어는 눈에 보이는 형태가 아니라 외부의 시야에 포착되지 않는 '무형(無形)의 방어'여야 한다는 뜻이다. 문이 실제로 존재하지 않거나, 존재해도 '보이지 않기 때문에' 열 수 없는 것이다. 다시 말해, 적이 공격할 대상을 인식조차 할 수 없는 상태, 그것이 바로 무형의 힘이다.

'잘 묶은 매듭은 꽉 졸라매지 않아도 풀 수 없다'는 구절은 물리적인 줄로 묶지 않았는데도 절대로 풀 수 없는 상태를 말한다. 다시 말해 강력한 심리적 유대 등 눈에 보이지 않는 것으로 이어져 있어, 물리적인 힘으로는 절대로 끊어 낼 수 없는 상황을 비유한다.

이처럼, 잘 다니고 잘 말하고 잘 계획하고 잘 방어하고 잘 결속하는 모든 작용은 본질적으로 형태가 없다. 즉 무(無)의 효력을 활용하고 거기서 파생되는 기세를 활용하는 것이 핵심이다.

직접 나아가지 않고, 말하지 않으며, 전략을 세우지 않고, 방어하지 않으며 결속조차 하지 않는다. 이 모든 것을 '하지 않음'으로써, 오히려 더 뛰어난 결과를 이끌어낸다. 이것이 바로 무위(無爲)의 기세를 활용해 모든 것을 이루는 방식이다.

'무위이되, 이루지 못하는 것이 없다.'* 이 말은 '아무것도 하지 않음'을 통해 오히려 모든 것을 가능하게 만든다는 뜻이다.

다시 강조하자면, 뛰어난 리더는 아무것도 하지 않는다. 그렇게 함으로써 오히려 기세를 강화한다.

구체적으로는 타인을 방해하지 않음으로써 여백의 효력을 발휘하고, 상황에 따라 유연하게 대처할 수 있는 유약함의 효력을 끌어낸다. 그 결과, 무위에 따르는 리더십이 실현된다.

이것이 바로 노자가 말하는 뛰어난 리더의 핵심이다.

여기서 한 가지 오해가 생길 수 있다.

---

* 도덕경 제37장

"아무것도 하지 않는다면, 리더는 도대체 왜 필요한가?"

그렇지 않다. 리더가 아무것도 하지 않아도 효력을 발휘하는 것은 잠재적 기세를 강화하는 '형태'를 만들어 놨기 때문이다(자세한 내용은 제3계 참조). 피터 드러커가 지적했듯이, 이 '형태'를 구축하는 능력이야말로 오늘날 리더에게 요구되는 핵심 역량이다.[2]

잠재적인 기세가 무엇인지, 그것이 어디서 시작되며 어떻게 하면 높일 수 있는지는 결국 리더 스스로 판단하고 결정해야 할 문제다. 그렇다면 뛰어난 리더십 판단을 내리려면 어떤 조건이 갖춰져야 할까?

이 질문에 답하기에 앞서, 반드시 필요한 두 가지 사전 준비가 있다.

첫째, 노자가 강조한 '고요한 과정'에 대한 이해.

둘째, 상반된 양극단 사이에서 일어나는 순환 운동에 대한 통찰.

자세한 내용은 제3계에서 다루겠다.

> **제2계에서 배우는 노자의 가르침**
> - 유약하면 많은 것을 모아 기세를 증폭시킬 수 있다.
> - 유약하면 이탈을 제지하고 새로운 기세를 더할 수 있다.
> - 유약하면 윤활유처럼 만물과 이어져 기세가 더욱 강해진다.

| 주 |

1   예를 들어 『한비자(韓非子)』의 「난세편(難勢篇)」을 참조. 가나야 오사무(金谷治)의 『한비자 제4책』(이와나미문고, 1994년). 여기서 신도(慎到)의 '세(勢)' 이론이 소개되어 있다. 신도의 사상에 대해서는, 가나야 오사무(金谷治)의 「신도의 사상에 대하여」(『가나야 오사무 중국사상논집(중권) 유가사상과 도가사상』, 히라카와 출판사, 1997년)에 자세히 설명되어 있다.

2   여기서 말하는 '형(形)'은 전체적인 틀, 즉 플랫폼(플랫폼 구조)을 의미하며, 손자가 말하는 '무형(無形)의 형상'과는 다르다. 손자의 '무형의 형'은 플랫폼 내에서 드러나는 구체적인 행동 양식이다. 전자는 거시적(매크로적) 관점이고, 후자는 미시적(마이크로적) 관점이라고 할 수 있다.

제3계

형태로 기세를 만든다

고요한 과정

도는 모든 생명을 낳는다
【도생지道生之】

도는 모든 생명을 낳고 덕이 그 생명을 기르며,

사물로서 형상을 갖추고,

그 생명이 가진 기세에 의해 스스로를 완성한다.

발상의 원천 – 피카소가 본 전망

피카소가 입체주의(큐비즘)라는 새로운 예술 운동을 전개하는 데 중요한 계기가 된 것은, 1909년 바르셀로나의 호텔 방에서 본 전망이었다. 피카소는 이렇게 말했다.

"모든 것은 여기서 시작되었다. 그것들은 바르셀로나 호텔의 내 방에서 본 것이었고, 내가 어디까지 갈 수 있을지를 자각한 것은 이 데생들 덕분이었다."[1]

피카소가 본 전망은 분석적 입체주의(analytic cubism)라는 발상의 원천이 되었다. 그는 호텔에서 본 형상에 영감을 받아, 그것을 여러 장 데생함으로써 입체주의라는 새로운 회화 표현 방식의 가능성을 열었다.

스티브 잡스가 초창기 스마트폰과 그 작동 방식에 불만을 품었던 이유는 기기의 형태에 있었다.

당시 스마트폰은 하단 절반가량을 물리적 키보드가 차지하고 있었는데, 그는 키보드가 아름답지도 않고 방해가 된다고 생각했다.

잡스는 이렇게 생각했다.

"만약 키보드나 물리 버튼을 없애고, 전체를 화면으로 구성할 수 있다면 훨씬 아름답고 직관적인 기기가 될 수 있지 않을까?"

그는 형태를 바꿀 수 있다면, 스마트폰에 혁신을 일으킬 수 있다고 직감했고 그렇게 수년에 걸친 연구개발 끝에 탄생한 결과물이 바로 아이폰(iPhone)이다. 이 제품은 전 세계를 뒤흔드는 획기적인 혁신의 상징이 되었다.

이러한 창조적 도약에 공통으로 작용한 본질은 무엇일까?

무(無)의 작용이 '무(無)로부터 유(有)를 창조하는 힘'이라면, 이와 같은 사례들 속에는 분명히 무의 작용이 살아 있다고 볼 수 있다.

그렇다면 이 무의 작용은 실제로 어떤 형태로 존재하며, 어떻게 인식할 수 있을까?

나는 이후쿠베 씨의 저서를 통해 무위(無爲)는 곧 무의 작용이라는 해석을 접하면서 노자 철학에 대한 이해의 깊이를 더하게 되었다(이 점은 제1계에서 이미 언급한 바 있다).

하지만 노자의 가르침을 실제 삶이나 조직에 적용하려면, 이 '무의 작용'이 구체적으로 무엇을 의미하는지, 그리고 그것을 어떻게 포착하고 실천할 수 있는지에 대한 명확한 이해가 필요하다.

이 점에서, 피카소와 잡스의 사례는 다음과 같은 점을 시사한다.

무의 작용이란 잠재적 기세이며, 형태를 통해 잠재적 기세를 직관적으로 파악하는 것이다.

피카소는 호텔 방에서 본 풍경을 여러 번 데생함으로써 입체주의의 싹, 즉 잠재적 기세를 감지했다.

잡스는 당시 스마트폰의 아름답지 못한 디자인에 대한 불만에서 버튼을 없애는 아이폰의 원형을 구상하고 그 잠재적 기세를 확신했다.

모든 것은 고요한 과정에서 태어난다

이런 관점에서 다시 한번 노자를 읽어 보면, 기존의 노자 주석서에서는 그다지 주목받지 못했던 한 가지 가르침에 눈길이 갈 것이다. 바로 이 가르침이 이 책을 집필하게 된 직접적인 동기가 되었다.

바로 '무(無)의 작용'을 '무의 기세'로 해석할 수 있게 하는 것이다.

도는 모든 생명을 낳는다 【도생지道生之】

도는 모든 생명을 낳고 덕이 그 생명을 기르며, 사물로서 형상을 갖추고, 그 생명이 가진 기세에 의해 스스로를 완성한다.

그러기에 모든 생명은 도를 존중하고 덕을 귀하게 여기지 않을 수 없다.

도를 존중하고 덕을 귀하게 여기는 것은 누군가의 명령 때문이 아니라 저절로 그렇게 되는 것이다.

그러므로 도가 모든 생명을 낳고 덕이 그것을 키우고 자라게 하고,

형상을 이루며 감싸주고 보호한다. _도덕경 51장

　도(道)는 만물의 근원이지만 그 자체는 감각으로 느끼거나 인식할 수 없다. 마치 우리가 꽃을 볼 때, 그 속에 있던 씨앗의 유전 정보를 눈으로 볼 수 없는 것과 같다. 그러나 근원인 씨앗은 스스로 변화하여, 싹이 트고 잎이 나며 꽃으로 피어난다. 즉 근원에서 무언가가 생성되고, 그것이 과정으로 펼쳐진다. 이러한 근원으로서의 도(道)는 잠재적 기세(=덕)로 나타나고, 그 기세가 형상을 갖추어 특정한 기능(用)을 수행하게 된다. 즉 도는 아래와 같은 흐름을 이룬다.

　도(道) → 덕(德, 잠재적 기세) → 형태 → 기세(표면화된 기세)

　이 일련의 흐름을 여기서는 '고요한 과정'이라고 부르겠다.
　왜 이렇게 부를까? 이 과정이 주의 깊게 보지 않으면 무심코 지나쳐 버릴 만큼 미묘하고 은밀하기 때문이다.
　도(道)는 먼저 덕(德)으로 나타나고, 그 뒤에 형태(形)와 기세(勢)로 확장되어 나간다.
　여기서 말하는 '덕'은 '도가 지닌 잠재적인 기세'로 해석할 수 있다. 식물에 비유하자면 씨앗이 지닌 생명력이 여기에 해당한다. 씨앗에 깃든 생명력은 아직 형태로 드러나지 않은 상태다.

일본 다도를 정립한 센노 리큐(千利休)는 "와비사비*란 무엇인가요?"라는 질문에 고전 시가를 인용하여 답했다고 한다.

꽃 피기를 기다리는 이에게, 산골짜기 눈 사이로 돋아난 풀잎의 봄을 보여주고 싶구나

이 시는 꽃이 피는 봄을 애타게 기다리는 사람에게, 겨우 눈 사이로 얼굴을 내민 여린 풀잎이 전하는 봄의 기운을 보여주고자 하는 마음을 담고 있다.

'눈 사이로 돋아난 풀잎의 봄'은 바로 봄을 향해 꽃을 피우려는 생명력을 상징한다. 센노 리큐는 이 생명력에 와비사비의 본질이 깃들어 있다고 보았다.

노자의 가르침으로 해석하면, 이 생명력은 도의 잠재적 기세로서의 '덕(德)'에 해당한다.

이 잠재적 기세는 봄이 되면 싹을 틔우고 꽃을 피우듯이 때가 무르익으면 형태로 드러나게 된다. 꽃이라는 형태를 갖추면, 그 모습은 사람들을 기쁘게 하고 벌과 새를 끌어들여 수분과 씨앗의 생성이라는 자연의 역할을 수행한다.

이처럼 역동성과 추진력이 겉으로 드러난 기세이며, 이를 가능하

---

* 와비사비(侘び寂び) : 일본 전통 미학 개념 중 하나로 '소박함과 고요함 속에서 느껴지는 아름다움'을 뜻한다.

형태로 기세를 만든다

게 하는 것이 바로 '형태'이다. 꽃이 많은 벌과 새를 불러 모을수록, 그만큼 수분의 기세가 커진다.

구르는 공의 기세를 키우는 것이 리더의 역할

이 고요한 과정은 '무(無)'와 '유(有)'의 관계로 보면 다음과 같이 분류할 수 있다.

- 무 —— 형태 이전 = 도(道), 덕(德)
- 유 —— 형태 이후 = 형태(形), 기세(勢)

기준은 형태의 유무에 있다. 형태가 생기기 전 상태가 '무(無)', 형태가 생긴 이후의 상태가 '유(有)'가 된다.
지금까지 '무 = 도'로 생각해 왔지만, 노자의 가르침에 입각해 보다 정확히 말하자면 '무 = 도 + 덕', 즉 도덕(道德)이 된다.
무의 작용을 의미하는 무위(無爲)란 도에서 전개되는 잠재적 기세, 즉 덕을 가리킨다. 따라서 '무위에 따른다'는 것은 곧 '도덕에 따른다'는 것을 뜻한다.
이 '도 → 덕 → 형태 → 기세'의 흐름을 비즈니스에 적용하면 다음과 같이 정리할 수 있다.

- 도(道) —— 백지상태
- 덕(德, 잠재적 기세) —— 고객의 잠재적 니즈, 기술의 잠재적 가능성, 사업의 잠재력, 아이디어
- 형태(形) —— 제품·서비스, 제도·시스템, 플랫폼 등 구체적 형상
- 기세(勢, 표면화된 기세) —— 실적 성장률, 조직의 활력, 사기, 고객 만족도

물론, 이는 대표적인 예일 뿐이며 그 외에도 다양한 사례가 있을 수 있다. 여기서 도(道)는 곧 '무(無)'의 상태로서 모든 가능성이 잠재되어 있지만 아직 어떤 징후도 드러나지 않은 상황을 가리킨다. 즉 오리무중의 상태라 할 수 있다.

잠재적 기세는 형태를 거쳐 표면화된 기세로 나타난다. 이 형태와 기세의 관계를 좀 더 구체적으로 설명하기 위해, 가파른 산비탈을 굴러가는 공의 예를 들어 보자. 여기서 겉으로 드러난 기세는 산비탈을 굴러가는 공의 힘을 말하고, 형태는 산의 경사면을 가리킨다. 잠재적 기세는 공을 굴리기 전에 공이 지닌 위치 에너지에 해당한다.[2]

애초에 위치 에너지가 작으면 산비탈이 아무리 급해도 공이 구르는 속도는 커지지 않는다. 하지만 위치 에너지가 커도 경사가 완만하면 역시 공의 기세는 크지 않다.

공이 힘차게 구르기 위해서는,

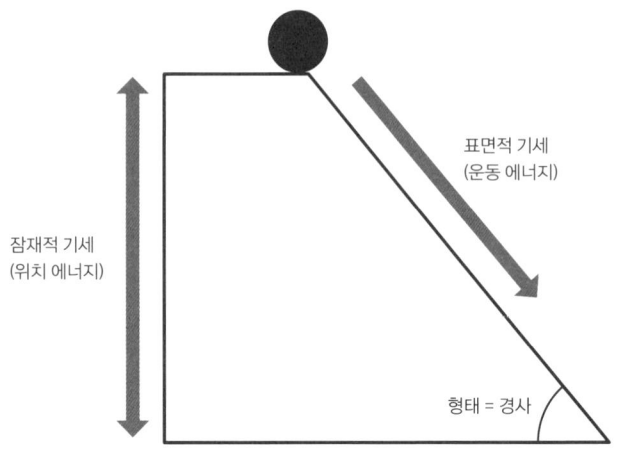

❶ 위치 에너지(잠재적 기세)가 충분히 클 것

❷ 경사가 충분히 가파를 것

이 두 가지가 갖춰져야 기세가 폭발적으로 커진다.

잠재적 기세 그 자체는 직접적으로 통제할 수 없다. 하지만 '형태'는 인위적으로 조정할 수 있다. 따라서 잠재적·표면적 기세를 키우기 위해서는 다음과 같은 점이 핵심이 된다.

기세를 키울 수 있도록 형태를 조정한다.

적절한 '형태'만 설계할 수 있다면, 그다음에는 공을 살짝 밀어 경사면에 굴리기만 하면 된다. 그 이후는 아무것도 하지 않아도 된다. 이것이 바로 노자가 말하는 리더의 역할이다.

이 책에서는 형태와 기세의 관계를 '형세(形勢)'라는 개념으로 정의한다. 이는 노자의 '고요한 과정'을 이해하기 위한 핵심적인 관점이기도 하다.

'도 → 덕 → 형태 → 기세'라는 고요한 과정은 형태를 기준으로 다음과 같이 구분할 수 있다.

❶ 잠재적 기세 → 형태
❷ 형태 → 표면적 기세

이 가운데 ❷의 표면적 기세는 감지할 수 있지만, ❶의 잠재적 기세는 쉽게 파악하기 어렵다.

그래서 앞서 언급한 피카소나 잡스처럼, 리더는 형태의 본질을 통해 기세를 포착하고(이 부분은 제7계에서 자세히 다룬다), 그 기세에 순응하며 형태를 조율해 기세를 점차 키워나가는 것이 중요하다.

화와 복은 서로 엉킨 실과 같다

예전에 어느 대기업의 경영자가 이렇게 말했던 기억이 난다.

"지금 우리는 ZD(Zero Defect, 무결점) 운동에 힘쓰고 있으며 그 결과, 불량률이 크게 감소했습니다. 하지만 이것은 어떤 의미에서는 도전 정신이 사라지고 있다는 증거이기도 하기에 큰 위기감을 느끼고 있습니다. 이제는 새로운 운동에 도전하려 합니다."

무결점 운동을 통해 조직은 강력한 추진력을 얻게 되었고 무결점이라는 성과에 도달했지만, 그 부작용으로 '도전'이라는 또 다른 기세가 사라졌다. 그래서 새로운 목표를 설정하고, 개혁에 나서 도전이라는 기세를 다시 만들어 내고 싶다는 것이 그 발언의 취지였다.

이처럼 어떤 목표를 설정하고 몰입하는 것은 조직 내부에 강한 기세를 가져온다. 반면, 그것이 형식화되어 버리거나, 부정적인 부작용을 낳을 수도 있다. 그렇기에 경영자나 리더는 조직의 기세를 주시하고, 적절한 목표, 즉 '형태'를 설정(또는 조정)하여 조직의 기세를 바람직한 방향으로 유도하는 것이 중요하다.

다만 노자의 가르침에 따르면 리더는 조직이 목표를 향해 순조롭게 나아가고 있을 때일수록 그것이 미래의 쇠퇴를 향한 조짐일 수 있음을 인식해야 한다.

반대로, 지금이 어려운 상황이라면 미래에는 반드시 도약할 수 있다는 근거 없는 확신을 지녀야 한다.

순경(順境)일 때는 미래를 염려하고, 역경(逆境)일 때는 미래를 낙관하는 식의 균형감각과 양면적 사고방식이 요구된다. 순경의 경우에는 이른바 '승자의 저주'에 주의해야 한다.

예를 들어, 코닥(Kodak)은 필름 카메라 분야에서 압도적인 성공을 거두었고, 디지털 기술 개발에서도 선두를 달리던 기업이다. 그러나 전통적인 필름 사업의 성공에 집착한 나머지, 디지털카메라로의 전환이 늦어져 결국 파산했다.

비디오 대여점의 거인이었던 블록버스터(Blockbuster) 역시 인터넷을 활용한 영상 스트리밍 서비스의 부상을 예견하면서도, 오프라인 매장 기반의 비즈니스 모델을 고수했다.

결국 유연함으로 무장한 넷플릭스가 온라인 스트리밍 시장을 장악했고 블록버스터는 시장에서 사라졌다.

반면, 역경이었기에 성공의 기회로 전환된 사례도 있다.

인스타그램(Instagram)은 원래 버븐(Burbn)이라는 위치 인식 기능 앱으로 개발되었으나 시장 반응은 미지근했다. 버븐은 다른 기능은 모두 버린 채 과감히 사진 공유 중심 앱으로 전환하고 인스타그램으로 브랜드를 바꾸면서 대성공을 거두었다.

슬랙(Slack) 또한 원래는 게임 개발회사 타이니 스펙(Tiny Speck)에서 온라인 게임 개발 중 사내용 협업 도구로 개발한 것이었다. 게임 자체는 상업적으로 실패했다. 그런데 이 툴이 매우 유용하다는 사실을 깨닫고 이를 별도의 제품으로 출시하게 되었다. 슬랙은 지금 전 세계 기업들이 사용하는 대표적인 커뮤니케이션 플랫폼으로 자리 잡았다.

이것은 '화와 복은 서로 얽힌 실과 같다'는 구절을 입증하는 사례라고 할 수 있다. 성공은 때로 실패의 씨앗이 되고, 실패는 성공의 발판이 되기도 한다. 노자 역시 다음과 같이 말한다.

화(禍)에는 복(福)이 기대고 있고, 복에는 화가 엎드려 있다.

_도덕경 58장, 본서 제9계 참조

고요한 과정을 진자 운동으로 생각해 본다

노자가 말한 조용한 과정, 즉 '도(道) → 덕(德) → 형태(形) → 기세(勢)'는 일직선상의 발전이 아니라, 그 사이를 도는 순환 운동이다. 설령 도에서 시작된 흐름이 최종적으로 기세에 도달했다 해도, 그 자리에 영원히 머무르지는 않는다. 그 기세도 점차 약화되고 사라지며, 결국 '무(無)', 즉 도(道)로 돌아가게 된다. 이 순환 운동을 정확히 이해하는 것이 중요하다.

실체는 있지만 뒤엉켜 있다【유물혼성有物混成】

형언할 수 없는 어떤 것이 있다. 그것은 천지보다 먼저 있었다. 소리도 없고 형체도 없고 변함없이 홀로 존재하고, 두루 다니지만 머무름이 없고 가히 만물의 어머니라 할 수 있는 것, 나는 그 이름을 알지 못해 임시로 '도(道)'라 부른다. 굳이 이름을 붙인다면 '크다'고 하겠다. 크다고 하는 것은 끝없이 뻗어 간다는 것이고, 끝없이 뻗어 간다는 것은 '멀리 나간다'는 것이며, 멀리 나간다는 것은 다시 원래로 돌아오므로 '되돌아가는' 것이다. _도덕경 25장

여기서 '형언할 수 없는 어떤 것'이란 바로 '도(道)'를 가리키며, 이는 '만물의 어머니'라 불린다. 도에서 고요한 과정이 시작되어, 도 → 덕 → 형태 → 기세로 전개된다.

이러한 전개는 만물에서 볼 수 있기 때문에 '크다'고 하고, 멀리까지 이르기 때문에 '멀다'고 한다. 하지만 이 과정은 결국 다시 도(道)로 돌아가므로 '돌아감'이라고도 한다.

즉 기세는 결국에는 약해지면서 도(道)로 귀결된다.

다음에 나오는 노자의 구절도 거의 같은 내용을 더욱 간결하게 남겼다.

되돌아감이 도의 움직임이다 【반자도지동反者道之動】

원래의 자리(즉, 도)로 되돌아가는 것이 도의 움직임이다. 약함이 도의 쓰임이다. _도덕경 40장

여기서도 고요한 과정은 결국 도(道)로 귀결된다. 이번에는 '약함은 도의 쓰임이다'라는 구절이 등장한다. 도의 움직임이 '약함'이라는 것은 모든 것이 도달하게 되는 종착점이 '약함'이라는 뜻이다.

예를 들어 보자. 아무리 강한 생물이라도 죽으면 결국 약한 상태가 된다. 하늘 높이 날던 물체도 언젠가는 중력에 의해 땅으로 떨어진다. 강은 상류에서 하류로 흐르고, 결국 바다에 도달한다.

강하거나 높은 위치를 유지하려면 그에 반하는 힘으로 저항해야 하지만, 그 힘이 소진되면 강함은 약함으로, 높음은 낮음으로 이동하며, 결국 약하고 낮은 곳으로 귀착한다. 이 귀착점(돌아가는 자리)이 바로 '무(無)의 자리'다.

그런데, 동시에 이 '무의 자리'에서 모든 것이 다시 창조된다.

제1계 1장에서도 노자는 다음과 같이 말했다.

언제나 유(有)가 무(無)로 돌아가는 작용에서 도의 경계를 본다.
무와 유, 이 둘은 같은 근원에서 나왔으며, 작용하는 곳에 따라 이름만 다를 뿐이다. 이 둘을 합쳐 '현(玄)'이라 한다.

여기서 도의 쓰임이란 무(無)로부터 유(有)를 창조하고, 다시 유에서 무로 돌아가는 생성과 소멸의 흐름 전체를 의미한다.

결국 이것은 분명히 '무 → 유 → 무'로 이어지는 순환 구조를 뜻하며, 노자는 이 과정을 '현묘함(玄)'이라 불렀다. 이 책에서는 이것을 '고요한 과정'이라 부르며 그 흐름은 다음과 같은 네 단계로 구성된다.

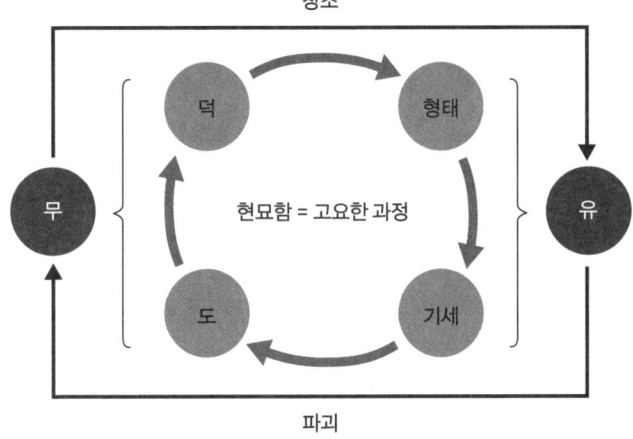

도 → 덕 → 형태 → 기세

제1계에서 언급했듯이, 노자는 종종 도를 골짜기에 비유했다(도덕경 6장 '곡신불사(谷神不死)'). 강물이 골짜기로 흘러 들어가듯 모든 것이 결국 도로 되돌아오기 때문이다. 다만, 골짜기에서 만물이 다시 생겨난다는 설명은 직관적으로 받아들이기 어려울 수도 있다.

또 노자는 '도'를 갓 벤 통나무에 비유하기도 했다. 이 표현은 28장 등 여러 곳에서 언급되었다. 통나무가 깎이고 다듬어져 그릇이 되어 특정한 쓰임을 수행한다. 그러나 기능을 수행한 후 다시 본래의 통나무 상태로 되돌아가는 순환의 원리가 이 비유로는 충분히 설명되지 않는 면이 있다.

그래서 이 순환 과정을 더 잘 설명하기 위해, 노자의 시대에는 없었을 '진자 운동'을 활용해 보겠다.

진자 운동은 어떤 시작점에서 출발하여 줄에 매달린 추가 가장 아래 지점(중간 지점)을 거쳐 반대편의 끝점까지 움직이고 다시 돌아오는 과정을 반복한다. 공기저항 등이 존재하면, 이 왕복운동은 점차 약해지다가 결국 중간 지점(가장 아래)에서 정지하게 된다. 이 지점을 우리는 '바닥'이라 부르자.

이처럼 진자 운동은 시작점 → 바닥 → 끝점 → 다시 시작점이라는 왕복 순환을 한다.

노자는 '앞으로 나아가는 도는 뒤로 물러나는 것처럼 보인다'고 말한다(도덕경 41장 '상사문도(上士聞道)'). 이는 시작점에서 끝점을 향해 나아간다는 것이 동시에 끝점에서 반전하여 다시 시작점으로 돌아오는 시기를 앞당기는 것임을 의미한다. 도(道)는 처음에는 '잠재적인 기세'로 전개된다. 형태로 드러나기 이전의 잠재적 기세는 위치 에너지가 가장 큰 시작점과 끝점에 해당한다. 이 지점에서는 운동 에너지는 0이며, 움직임은 정지된 상태이다. 그러나 바로 이 지점에서 새로운 진자 운동이 다시 시작된다.

이 시작점과 끝점에서 시작되는 운동 속에서, 진자가 매달린 지점(중간 지점)의 위치, 진자가 그리는 궤도, 그 기울기(경사면)가 형태가 되고 이때 발생하는 운동 에너지가 표면적 기세가 된다.

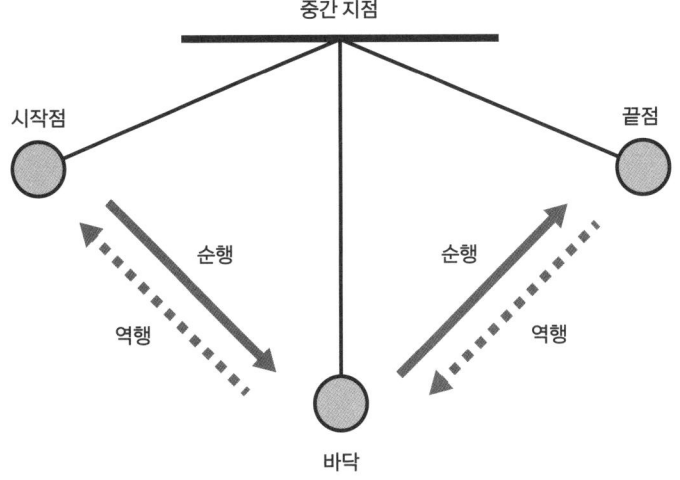

- 잠재적 기세 — 시작점, 끝점(위치 에너지가 최대)
- 형태 — 진자의 중간 지점 위치, 궤도의 기울기
- 표면적 기세 — 진자의 운동 에너지

예를 들어 보자. 신제품 아이디어는 잠재적 기세에 해당한다. 그 아이디어가 제품으로 개발되면 '형태'를 갖추게 된다. 그리고 그 제품이 시장에 출시되어 매출이 성장하는 모습(성장률)이 바로 '기세'다. 또는, 제품이 고객에게 제공하는 가치 자체를 기세로 볼 수도 있다.

따라서 성과라는 기세를 극대화하려면, 아이디어의 매력도(잠재적 기세)를 높이고 그것을 잘 형상화해 내는 것이 중요하다. 특히 제품이라는 형태는 잠재적인 기세와 표면적인 기세를 연결하는 핵심

매개체이며, 디자인에 따라 기세의 크기와 영향력이 크게 달라질 수 있다.

결단이 빠른 리더는 진자 운동을 의식한다

결단이 빠른 리더는 진자 운동을 의식한다.

  진자 운동은 점차 감쇠하다가 바닥 지점에서 멈춘다. 이것이 바로 노자가 주장한 '도'의 위치에 해당한다. 왜냐하면 '유(有)에서 무(無)로 돌아가는' 것처럼 도는 모든 것이 귀착하는 장소이기 때문이다.[3]

  '유에서 무로의 귀착'을 진자 운동으로 해석하면, 시작점에서의 잠재적 기세인 위치 에너지가 진자 운동의 횟수를 거듭할수록 줄어들고, 결국에는 시작점의 위치 에너지가 0이 되어 바닥의 위치에서 운동이 멈추게 됨을 의미한다. 한편으로 도는 동시에 만물의 근원이자 모든 것을 창조하는 장소이기도 하다. 진자 운동에서 이는 진자의 중심점이 옆으로(그림에서 보면 오른쪽 아래로) 이동함으로써 가능해진다. 그렇게 되면 원래 '바닥'이었던 장소가 새로운 진자 운동의 시작점이 되어 새로운 위치 에너지를 얻고, 시작점과 끝점 사이의 진자 순환 운동이 다시 반복되는 것이다.

  즉 도는 바닥의 위치를 가리키며, 지금의 진자 운동의 바닥은 그 운동이 감쇠하여 최종적으로 도달하는 귀착지를 의미한다. 이것이

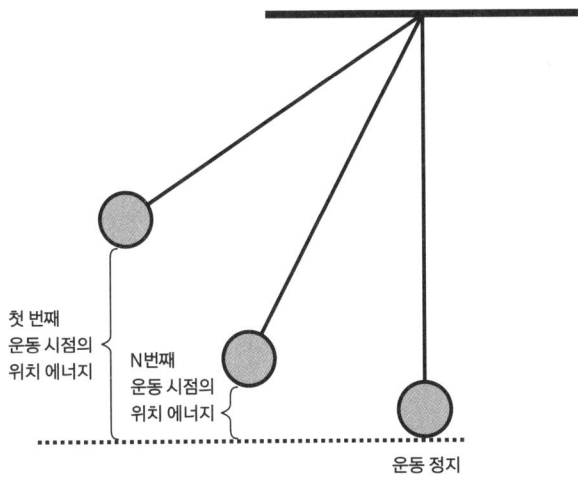

바로 '유에서 무로' 향하는 과정이다.

반면 귀착점이 되는 바닥에서 중심점이 옆으로 이동함으로써 새로운 진자 운동이 시작된다. 이 중심점이 옆으로 이동하는 작용이 무의 장소에서 이루어지는 창조이며, 이것이 '무에서 유로' 향하는 과정이 된다.

따라서 진자 운동에서 말하는 도란 '바닥'을 뜻하며, 그것은 기존의 진자 운동이 감쇠하여 귀착하는 장소인 동시에, 그곳에서 창조가 이루어져 새로운 운동이 시작되는 출발점이기도 하다.

창조는 바닥, 즉 도의 자리에서 노자가 말하는 성인이 새로운 잠재적 기세를 직관하고 그것을 전개해 나가는 행위가 된다(제7계 참고). 다시 말해, 지금의 바닥이 사실은 새로운 진자 운동의 시작점이

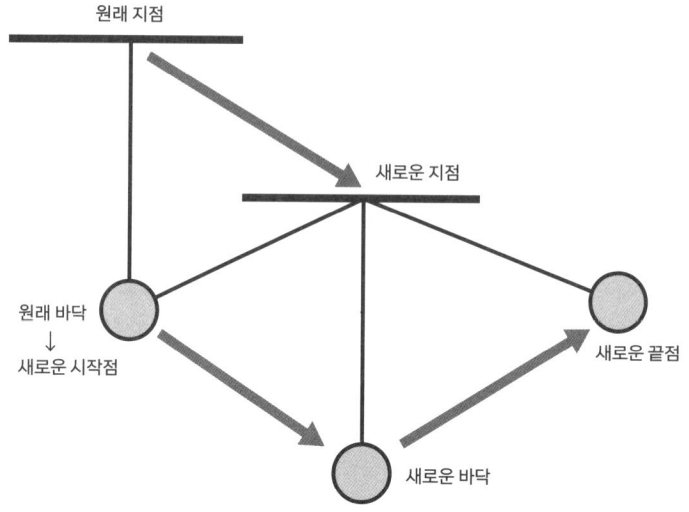

라는 것, 즉 새로운 위치 에너지(잠재적 기세)를 인식하는 것이 창조의 첫 단계가 된다.

이 점을 깨닫게 되면 진자의 중심 지점은 자동으로 오른쪽으로 이동한다. 이후에는 새로운 시작점으로 변한 그 지점에서 진자 운동을 시작하면 창조가 완결된다. 물론 인간이 개입하지 않고도 도 자체가 이러한 창조를 담당하는 경우도 있다(자연 현상 등).

이러한 순환적인 동적 프로세스가 노자가 말하는 '고요한 과정'이 된다. 이 과정은 다음과 같은 단계로 구성된다.

❶ 시작점에서 끝점으로 나아가는 순행
❷ 끝점에서 시작점으로 돌아가는 역행

❸ 바닥에서의 정지(파괴)
❹ 새로운 진자 운동을 만들어 내는 창조

즉, '순행', '역행', '정지', '창조'라는 네 단계로 진자 운동은 성립한다. 이 장과의 관련성에서 보면, 순행과 역행이 한 쌍을 이룬다는 점이 중요하다. 이것은 퍼포먼스가 상승하고 있다면 반드시 하락하는 시점이 온다는 뜻이다. 이를테면 '오만한 자는 오래가지 못한다'는 말처럼, 이 진자 운동은 '성한 자는 반드시 쇠하게 된다'는 이치를 보여준다.

탁월한 리더는 이 진자 운동을 항상 의식한다. 겉으로는 아무것도 하지 않는 것처럼 보이지만 노자의 고요한 과정에 따라 움직이는 것이다. 그래서 그들은 결단이 빠르다.

> **제3계에서 배우는 노자의 가르침**
>
> - 고요한 과정이란 도(道) → 덕(德, 잠재적 기세) → 형태(形) → 기세(勢, 표면적 기세)로 이어지는 흐름이다.
> - 형태를 조정함으로써 잠재적 기세와 표면적 기세를 바람직한 방향으로 이끌 수 있다.
> - 순행과 역행이라는 쌍방의 순환 운동이 번갈아 일어난다는 점을 늘 염두에 두어야 한다.

| 주 |

1 Pierre Daix, Le Cubisme de Picasso, Neuchatel: Ides et Calendes, 1979, p.67.

2 이 비유에서는 잠재적 기세로서의 위치 에너지가 산의 경사로서 전개되는 것이 아니기 때문에, 비유로서 한계가 있다는 점에 주의해야 한다. 다만, 잠재적 기세인 덕과 형태, 기세 사이의 관계를 이해하는 데는 알기 쉬운 예시가 된다.

3 진자 운동으로 말하자면, 무의 자리란 복원력이 작동하지 않는 평형 위치가 된다. 중력이 복원력으로서 진자를 평형점으로 되돌리려고 하듯이, '유를 무로' 되돌리려는 복원력이 작동하고 있다고 해석할 수 있다. 단, 무로부터 새로운 운동이 발생한다는 점에서는 일반적인 진자 운동과는 다르다.

제4계

목표 방향의 반대로 간다

현자의 선택

어떤 것의 힘을 약하게 하고 싶다면
【장욕흡지將欲歙之】

어떤 것의 힘을 느슨하게 하고 싶다면,

반대로 그것을 팽팽히 당겨야 한다.

약하게 만들고 싶다면, 잠시 반대로 그것을 강하게 해야 한다.

쇠퇴하게 하려면, 잠시 반대로 그것을 번성하게 해야 한다.

채워지기를 바라지 마라

앞서 언급한 '진자 운동'은 어떻게 시작점과 끝점이 정해지는 걸까? 진자 운동을 시작할 때는 먼저 시작점을 선택해야 한다. 이것도 리더의 중요한 역할이다.

그런데, 애초에 시작점과 끝점은 무엇을 의미하는 것일까? 진자 운동은 무엇을 위한 움직임일까?

노자의 가르침에서 읽을 수 있는 것은, 아름다움과 추함, 귀함과 천함, 높음과 낮음, 유약함과 강함의 양극단을 오가는 왕복운동이다. 이것은 어떤 퍼포먼스(성과나 상태)의 상한과 하한을 의미하는 것으로도 해석할 수 있다. 이 경우 시작점은 하한(아래쪽), 끝점은 상한(위쪽)이 된다.

하지만 이 운동은 일방향이 아니다. 상한에 도달하면 다시 하한으로 되돌아간다.

노자는 이렇게 말한다.

도로써 왕을 보좌하는 사람은 【이도좌인주자以道佐人主者】

도로써 왕을 보좌하는 사람은 선함이라는 목적을 달성하면 그곳에서 멈춘다. 승리에 도취하여 계속 싸우지 않는다.

승리했더라도 교만하거나 자랑하지 않고. 어쩔 수 없이 한 일에 불과하다고 생각한다. 이것을 두고 '목적을 이루었으면 더 강해지려는 욕심을 버린다'라고 한다.

사물은 그 기운이 강해지면 반드시 노쇠해진다. 극단으로 치닫는 것은 도가 아니기 때문이다.

도가 아닌 것은 빠르게 무너진다. _도덕경 30장

목표를 달성하거나 싸움에서 이겼다 해도 그 자리에 계속 머물러 강하거나 성한 상태를 유지하려 한다면 그것은 도에 어긋난 것이다. '도가 아닌 것'은 고요한 과정으로서의 진자 운동을 무시하는 태도다. '성함'은 곧바로 '노쇠함'으로 전환되므로 영원히 이길 수는 없다.[1]

여기까지는 상식적으로 이해할 수 있을 것이다. 그런데 노자는 위의 구절에서는 직접 언급하지 않았지만 도덕경 22장과 15장의 구절을 보면, '노쇠함'이 다시 새로운 '성함'으로 전환된다는 것을 알 수 있다. 즉 계속해서 지는 상황이 되어도, 다시 이기는 쪽으로 전환될 수 있다는 것이다.

왜 그런 일이 가능한 것일까?

옛날에 도를 잘 따르던 자는 【고지선위도자古之善爲道者】

누가 이 탁한 물을 고요하게 가라앉혀 다시 맑은 상태로 되돌릴 수 있을까?

누가 오래 정지해 있는 것을 다시 움직이게 하여, 사물에 맞는 작용을 일으킬 수 있을까?

이처럼 도를 따르는 자는 비어 있으면서도 채워지기를 바라지 않는다. 채워지기를 바라지 않기 때문에, 망가지더라도 다시 새롭게 생겨날 수 있다. _도덕경 15장

물의 '탁함'에서 '맑음'으로, 사물의 '안정(정지)'에서 '생성(작용)'으로의 전환을 가능하게 하는 것은 각각 '정(靜)'과 '동(動)'이다. 탁한 물을 가만히 두면, 탁함이 가라앉아 맑은 물이 된다.

멈춰 있던 사물도 움직이면, 다시 어떤 기능을 수행할 수 있게 된다.

이러한 '정'과 '동'을 통해 새로운 움직임이 시작될 수 있는 이유는 오직 자연의 도를 따르기 때문이다. 즉 고요한 과정을 따름으로써, 멈추어 있던 운동을 재개할 수 있다(자세한 내용은 제7계, 제8계에서 설명한다).

'도를 따르는 자는 채워지기를 바라지 않는다'는 것은 한 지점에 머물러 있으려 하지 않는다는 뜻, 즉 왕복운동, 상호작용을 계속한다는 의미다.

그러므로 진자 운동의 시작점과 끝점이라는 양극단은 모든 양극

단을 의미하는 것이 아니라, 성과의 상한과 하한을 의미하는 것으로 이해해야 한다. 많은 대립하는 양극단은 이와 같은 구조를 가진다. 예를 들어, 선악, 미추가 있다면, 선이나 미는 성과의 상한, 악이나 추는 하한이라 할 수 있다.

그 양극단 사이의 어느 지점에 위치하느냐에 따라 성과의 가치 평가가 가능해진다. 그리고 만약 아직 상한에 도달하지 않았다면 당분간은 상한을 향해 향상하는 것이 목적이 된다.

그렇다면 상한을 향해 나아가는 과정에서 노자가 말하는 진자 운동은 어떤 새로운 시각을 줄 수 있을까?

나무는 휘어야 오래 산다

이 점에서 노자는 다소 급진적인 조언을 하고 있다.

그것은 바로 '지향하는 바가 있다면, 그와 반대 방향으로 나아가라'는 것이다.

휘어야 오래 산다 【곡즉전曲則全】

나무는 휘어야 오래 살아남는다. 자벌레는 몸을 굽혀야 앞으로 나아갈 수 있다. 땅에 움푹 팬 곳이 있어야 그곳에 빗물이 고인다. 옷은 낡아야 새롭게 지을 수 있다. 가진 것이 적으면 얻고, 많으면 혼란을 부른다. 그래서 성인은 오직 도를 따를 뿐이며, 세상의 모범이 된다.

스스로를 드러내지 않기에 밝게 빛나고, 자신을 옳다고 여기지 않기에 그 공이 인정받게 되며, 자랑하지 않기에 명예가 오래간다.

누구와도 다투지 않으니 세상 누구도 그와 다툴 수 없다.

'휘어진 나무는 베이지 않는다'는 옛말을 보면 '휘어야 오래 산다'가 참말임을 알 수 있다. 도에 따라 천명을 다하고 마땅한 자리로 돌아가는 것이다. _도덕경 22장

보통은 나무가 곧게 자라는 것이 바람직하고 그래야 오래 산다고 생각한다.

그러나 실제로는 그 반대다. 나무는 굽어야 천수를 누릴 수 있다. 왜 그럴까? 굽은 나무는 목재로 쓸모가 없어서 베지 않기 때문이다.

같은 맥락으로 해석하자면, 자벌레는 몸을 펴서가 아니라 몸을 구부림으로써 추진력을 얻고 앞으로 나아간다. 땅에 구멍이 있으면 그곳에 비가 고이게 된다.

이 가르침에서는 '휘어야 오래 산다', '굽어야 곧다', '움푹 파여야 채워진다', '낡으면 새로워진다', '적어야 얻는다', '많으면 혼란을 부른다'라는 말이 이어진다.

이들은 반대 개념을 짝지어 보여주며, 그 개념이 결합하여 서로 통한다는 것을 가르친다.

'적으면 얻고, 많으면 혼란을 부른다'는 꼭 반의어의 조합은 아니

지만, '적으면 많고, 많으면 적다'로 확장해서 해석하면 이 구절도 대조 관계로 이해할 수 있다.

이것을 일반화하면, 'A 즉 B'란 'A이기 때문에 B가 성립한다'는 관계를 나타낸다. A와 B가 반대말이기 때문에, B가 바람직한 상태라면, 그에 도달하기 위해서는 그와 반대인 A 상태를 의도적으로 만들어야 한다는 것이다.

즉, '목표로 하는 것과는 반대 방향으로 가라'는 결론이 된다.

상식적으로 생각하면, 어떤 목표 A에 도달하려면 A를 향해 곧장 가는 것이 가장 빠르다.

그러나 노자는 우선 그와 반대 방향으로 가는 것이 더 효율적이라고 주장한다.

이는 제53장의 구절에서도 드러난다.

'큰길은 분명한데, 사람들은 지름길(사도)을 가려 한다'(도덕경 53장, 제9계 참조).

혹은 '급할수록 돌아가라'는 말과도 통한다.

또한 노자는 귀함과 천함에서는 '천함'을, 높음과 낮음에서는 '낮음'을 출발점으로 삼아야 한다고 말한다.

그 이유는 무엇일까?

옛날부터 하나를 얻어 존재하는 것이 있다
【석지득일자 昔之得一者】

> 귀한 것은 천한 것을 근본으로 삼고, 높은 것은 낮은 것을 근본으로 삼는다. _도덕경 39장

이 점은 진자 운동으로 설명하면 이해하기 쉽다.

만약 우리가 끝점(종착점)에 도달하고 싶다면, 먼저 시작점으로 돌아가 그곳에서 출발해야 한다. 시작점이 위치 에너지가 가장 높아지는 지점이기 때문이다. 중간 지점이 아니라 시작점에서 출발하는 편이 목표 지점에 도달할 가능성이 더 크기 마련이다.

또는, 진자를 시작점으로 되돌리기 위해서는 일단 끝점까지 진자를 이동시키는 것도 방법이 된다. 그렇게 하면 결국 반동이 생기고, 되돌아가는 시기를 앞당길 수 있다.

이것이 노자가 말하는 '나아감은 곧 물러남이요, 물러남은 곧 나아감이다'라는 개념이다.

예를 들어 보자. 만약 어떤 조직에 비리가 만연해 있다면, 겉으로 드러난 비리 몇 가지만 처리한다고 해서 근본적인 해결이 되지는 않는다.

이럴 때는 조직 안의 고름을 철저히 짜내야 한다. 이는 새롭게 비리를 저지르라는 뜻이 아니라 이미 존재하는 모든 비리를 낱낱이 드러내라는 뜻이다. 그러면 비리 건수는 일시적으로 급증할 수 있다. 그러나 그렇게 철저히 고름을 짜내고, 바닥까지 떨어진 이후에야 근본적인 해결책이 가능해지고, 조직 개혁을 향한 강한 동력(기

세)을 얻을 수 있다.

　반대로 비리를 은폐하려 하거나 어설프게 해결하려 한다면 조직 개혁은 매우 어려워질 것이다.

　여기서 노자의 '반대 방향으로 가라'는 가르침을 그대로 받아들여, '그럼 일부러 비리를 저지르라는 말인가?'라고 오해하면 안 된다.

　이 가르침의 핵심은 '기세'에 있다.

　즉, 잠재된 기세를 이끌어내기 위해서는 진자 운동에서처럼 위치에너지가 극대화된 시작점 또는 끝점으로 일부러 되돌아가는 충격 요법적 방법이 효과적이라는 뜻이다.

　실생활에서는 한겨울에 찬물로 목욕을 하거나 한여름에 뜨거운 차를 마시는 등의 생활의 지혜도 모두 '반대 방향으로 가라'는 실천이라 할 수 있다.

　혹은 점프하기 전에 무릎을 굽히는 것이나 기존 시스템을 완전히 해체하고 처음부터 다시 설계하는 것도 같은 논리다.

　단 여기서 중요한 전제가 있다.

　잠재적 기세를 끌어낼 수 없다면 아무리 반대 방향으로 가도 효과가 없다.

'강함'을 실현하려면 먼저 '약함'의 방향으로 나아가라

그러므로 노자는 무조건 반대 방향으로 가야 한다고 주장하는 것이 아니다. 오히려 노자는 우리가 선택해야 할 반대 방향을 명확히 제시한다. 그것이 바로 성과의 하한을 의미하는 '부드러움(柔)'과 '약함(弱)'이다. 이 개념들의 반대편, 즉 성과의 상한에 해당하는 개념은 '굳셈(剛)'과 '강함(强)'이다. 결국 강함을 실현하고 싶다면, 먼저 부드럽고 약한 방향으로 나아가야 한다고 주장한다. 그렇게 해야 내면에 잠재된 기세를 키울 수 있기 때문이다.

어떤 것의 힘을 약하게 하고 싶다면【장욕흡지將欲歙之】
어떤 것의 힘을 느슨하게 하고 싶다면, 먼저 팽팽히 당겨야 한다. 약하게 만들고 싶다면, 먼저 강하게 해야 한다. 쇠퇴하게 하려면, 먼저 흥하게 해야 한다. 빼앗고 싶으면 먼저 줘야 한다. 이것을 '미명(微明)', 즉 알아차리기 어려운 은밀한 지혜라고 한다. 부드럽고 약한 것이 굳세고 강한 것을 이긴다. 물고기가 연못 밖으로 나와서는 안 되듯, 이 미명의 이치에서 벗어날 수 없다. _도덕경 36장

상대를 강하게 만들고 번성하게 하며, 상대에게 베풂으로써 오히려 결과적으로 그를 약하게 하고 쇠퇴하게 만들며, 필요한 것을 빼앗을 수 있다. 상대를 자신에게 유리한 방향으로 이끌려면, 그와 반

대되는 상태로 유도해야 한다.

이것을 미명, 즉 은밀한 지혜라 부르는 이유는 그것이 기존의 상식과 반하는 것을 권장하기 때문이다.

은밀한 지혜의 한 예가 바로 '부드러움이 강함을 제압한다'는 말이다. 이미 제2계에서 다루었듯이, 강함을 제압하려면 전면 충돌에 이르기 전에 먼저 아군의 기세를 충분히 키우고, 상대를 압도할 수 있어야 한다. 구체적으로는, 적의 일부를 분열시켜 우리 편으로 끌어들이는 것이다. 그러기 위해서는 '상대에게 겸손히 대응하고, 상황에 따라 유연하게 대처하는 유약함'이 필요하다.

따라서 강한 적을 이기기 위해서는 먼저 스스로 유약해져야 한다. 이는 전투에 앞서 우군을 늘리고 기세를 강화하는 과정을 의미한다.

교전이 불가피하다면 약함으로 강함을 제압하기 위한 두 가지 방법이 있다. 하나는 '무형의 전략'으로, 이는 유연하게 상황에 대처할 수 있는 대응력과 행동력을 뜻한다. 또 하나는 '궤도(詭道)', 실제로는 강한 것을 적이 약하다고 여기게 하고 약한 것은 강하다고 오해하게 만드는 전략이다. 이는 겉으로는 유약함을 보이되, 실제로는 강함을 준비해 상대를 기만하고, 양적 우세를 확보한 뒤 승리를 쟁취하는 방법이다.

두 전략 모두 유약함을 통해 기세를 얻는다는 점에서 공통된다.

'강함'과 '약함', '굳셈'과 '부드러움'이라는 양극단의 진자 운동으로 본다면, '강함'이나 '굳셈'에 도달하기 위해서는 반드시 '유약함'에서 출발해야 하며, 그렇게 함으로써 기세를 확실히 쌓아가는 것이 중요하다. 즉 '가장 먼저 유약함에서 출발하라'라는 것이다. 그래서 기세를 얻고 강함을 향해 나아가면 된다.

중권과 중화 - 결단의 기준

이처럼 성과의 상한과 하한 사이를 왕복하는 것이 진자 운동이며, 노자의 고요한 과정은 이러한 궤적을 따른다. 이 경우 출발점의 선택은 문자 그대로 시작점이 되며, 그것은 유약함에서 출발하는 것을 의미한다. 그런데 퍼포먼스를 양적으로 측정할 수 있는 차원이 아니라, 질적으로 상이한 두 가지 선택지 앞에 서게 되었을 때는 우리는 어떤 선택을 해야 할까?

이 점에 대해, 한 대기업의 연구개발 담당 임원으로부터 흥미로운 이야기를 들은 적이 있다. 그 회사에서는 사장이 바뀔 때마다 전임자와 정반대의 방향으로 '뒤엎기'가 일어났다고 한다. 예를 들어, 연구개발이 사업부 중심의 실용 연구에 초점을 두었던 시기에는, 새 경영진은 기초연구 쪽에 무게를 두고 새로운 사업을 위한 탐색적 연구를 중시했다는 것이다. 이른바 심화와 탐색의 뒤엎기이며,

경영진 교체를 기점으로 이런 방향 전환이 반복되어 왔다. 아마도 전임자의 임기 중 심화에 치우쳤다면, 이번에는 탐색으로 전환하여 균형을 잡으려는 의도가 있었던 것으로 보인다.

이 뒤엎기의 부수적 효과로, 조직 구성원이 양극단을 모두 경험하게 된다는 점을 들 수 있다. 예를 들어, 탐색을 하던 사람도 심화의 시기를 경험함으로써 시장과 사업부의 사정을 잘 이해할 수 있고, 실현 가능한 연구개발을 하게 된다. 반대로 사업부 중심의 연구개발에 집중하는 사람에게 탐색 경험이 있다면 넓은 시야에서 문제 해결이 가능해진다.

즉, 탐색과 심화라는 질적으로 다른 선택지에 직면했을 때, 이 기업은 어느 한쪽만을 선택했다. 그러나 그것이 다른 선택지를 완전히 포기한 것은 아니었고, 그 기능은 여전히 유지되고 있었다.

사실 이것이 노자가 권하는 결단의 기준이다.

다음에서는, 대립하는 두 선택지가 제시되었을 때 노자가 제안하는 결단의 기준에 대해 살펴보자. 우리는 보통 다음 두 가지 방식 중 하나로 결정한다.

❶ 어느 한쪽을 선택하는 방식(중권, 中權)
❷ 제3의 선택지를 택하는 방식(중화, 中和)

먼저 ❷의 방식부터 살펴보자. 여기서 말하는 제3의 선택지는 변

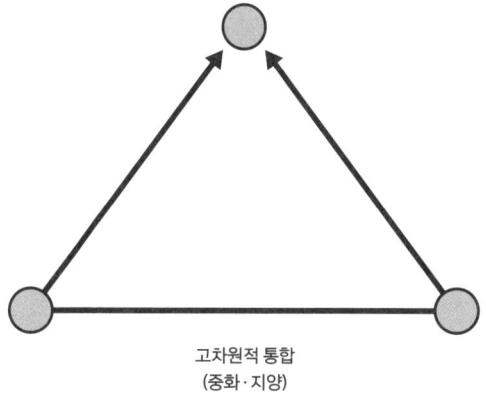

고차원적 통합
(중화·지양)

증법에서 말하는 '정-반-합'의 '합(綜, synthèse)'에 해당한다. 중국 사상에서 이와 유사한 개념이 중화(中和)이다. 중화는 『중용』의 다음 문장에서 유래한다.

"희로애락이 아직 드러나지 않은 상태를 중(中)이라 하고, 감정이 발하여 모두 절도에 맞는 것을 화(和)라 한다."

이는 양극단 중 어느 하나를 선택하는 것이 아니라, 그 사이의 균형 잡힌 지점을 택함으로써 높은 퍼포먼스를 달성하는 것을 뜻한다. 따라서 변증법처럼 모순을 끝까지 밀어붙여 해소하려는 접근이라기보다는, 모순을 그대로 둔 채 균형을 맞춘다는 뉘앙스가 강하다.

삼각형으로 설명하면, 중화는 밑변의 양 끝을 부정하고 삼각형의 꼭짓점으로 이동하는 것에 해당한다. 이는 여러 점에서 하나의 점으로 통합되는 것으로, 소위 변증법의 정(正), 반(反), 합(合)에서 '합'에 해당하는 고차원적 통합(삼각형의 꼭짓점)을 의미한다고 해석

되어 왔다.[2]

이에 반해 ①은 '중권(中權)'이라고 불리며, 양극단을 모두 인정한 상태에서 상황에 따라 어느 한쪽을 유연하게 선택하는 것을 말한다. 이 개념은 『맹자』의 다음 구절에서 비롯된다.

"중용을 취하되 권(權)이 없으면, 하나를 고집하는 것과 같다(執中無權´猶執一也)."

여기서 말하는 '권(權)'은 저울추를 의미한다. 저울을 떠올려 보자. 한쪽에 측정할 물건을 올리고, 다른 쪽에는 저울추를 놓아 수평을 맞춘다. 맹자의 주장은 단순히 중간을 선택한다고 해서 균형이 맞는 것은 아니며, 상황에 맞춰 유연하게 무게중심을 조정해야 한다는 것이다. 그렇지 않으면, 결국 한쪽 극단만을 고수하는 것과 다름없다는 비판이다.

또한 '권'에는 '임기응변의 조처'라는 의미도 있다. 따라서 권이 있는 상태에서 중을 고수하는 '중권(執中有權)'이란 단순한 중립 유지가 아니라, 양극단 사이를 오가며 상황에 따라 균형을 조절하는 역동적인 태도를 말한다.

예를 들어, 오른쪽이 무거운 저울이 있다고 하자. 이때 왼쪽에 무게추를 추가해 양쪽의 균형을 맞추는 행위가 바로 중권의 실제적 적용이다. 이것을 구체적으로는 '역발상' 또는 '역방향 대응'이라 할 수 있다.

일본의 주식 투자 격언 중에는 이런 말이 있다.

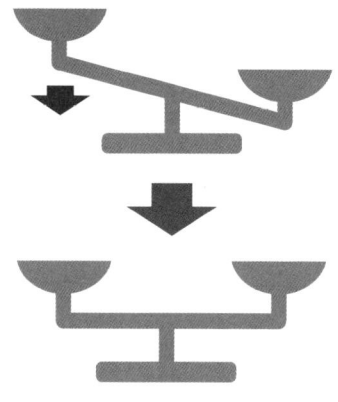

좌우 균형을 맞춘다[3]
(집중유권)

"이제는 아직이요, 아직은 이제다."

이제 바닥이겠거니 싶을 때는 '아직 사지 말아야' 하고, 반대로 아직 오를 것 같을 때는 '이제 팔아야' 한다는 의미다. 『중용』에 나오는 '때에 알맞게 행동한다'는 '시중(時中)'이란 말도 양극단 중 하나를 상황에 맞게 선택해 균형을 잡는 것을 의미한다.[4]

이처럼 양극단 사이의 중간 지점을 선택하는 '중화(中和)'와, 양극단 중 어느 한쪽을 상황에 맞게 선택하는 '중권(中權)' 중에서, 노자의 사상에 더 가까운 것은 후자인 '중권'이다. 실제로 노자는 균형과 평준화를 중시하며 풍족한 곳에서 부족한 곳으로 자원을 이전하는 유연한 흐름을 강조한다(도덕경 77장)*.

---

*   천지의 도는 남는 것을 덜어 내어 모자란 곳에 보탠다(天之道 損有餘而補不足)

나설 것인가, 도망칠 것인가

다만, 양극단 중 한쪽을 선택했다 해도, 노자의 경우에는 다른 선택지를 버린 것이 아님을 유의해야 한다. 예를 들어, 약함을 선택하는 것은 강함을 발휘하기 위한 것이지, 강함을 버린 것이 아니다. 제7계에서 살펴보듯이, 오히려 노자는 부드러움을 지키는 것이 곧 강함이라고 주장한다(도덕경 52장). 또는 제10계에서 다루는 '남성다움을 알면서 여성다움을 유지한다*'는 구절이 있다. 남성다움과 여성다움이라는 양극단에 대해 여성다움을 선택하되 남성다움을 안다는 것은, 여성다움을 선택함과 동시에 남성다움의 강점을 발휘할 수 있는 능력 또한 유지함을 의미한다. 즉 한쪽을 선택하는 목적은 다른 쪽의 강점을 살리는 데 있으며, 후자를 버리는 것이 아니다. 양쪽을 살리기 위해 일부러 한쪽을 선택하는 것이다. 이 점에서 노자가 말하는 결정의 기준은 맹자의 '중권(中權)'과도 다르다. 그 차이는 다음과 같다.

한쪽을 선택함으로써 양쪽의 기능을 동시에 실현한다.

예를 들어, 어떤 글로벌 기업이 본사 주도 체제에서 현지 조직으

---

* 지기웅, 수기자(知其雄 守其雌). 도덕경 28장

로의 분권화로 방향을 전환했다고 하자. 이는 분권화와 집권화라는 두 선택지 가운데 분권화를 택한 것을 의미한다. 그러나 동시에, 분권화된 각 현지 조직 간의 조정과 통합 기능을 반드시 함께 유지해야 한다. 일본 기업에서 흔한 방식은 일본인 직원을 해외에 파견하여 인적 통합을 도모하는 것이다. 권한을 위임받은 현지 조직의 장이 본사에서 파견된 일본인이 되면, 원활한 조정과 통합이 가능해진다.

노자의 노련함은 다음과 같은 점에 있다.

양쪽을 살리기 위해, 한쪽을 선택하고 다른 쪽을 버린다.

노자뿐 아니라 중국 사상의 특징 중 하나가 이 양면적 사고에 있다.[5] 이는 양극단을 부정하는 것이 아니라, 그것들을 살리면서 결정을 내린다는 의미이다.

예를 들어, 춘추시대 오나라의 정치가이자, 『손자병법』의 저자로 알려진 손무와 함께 오나라의 국력을 확장하는 데 기여한 오자서(伍子胥)는 원래 초(楚)나라 사람이었다. 초왕은 오자서와 그 형제를 함께 제거하지 않으면 장차 화근이 되리라 판단하여, 그들의 아버지를 무고한 죄로 체포한 뒤, 사자를 보내 두 사람이 출두하면 아버지의 목숨을 살려주고, 출두하지 않으면 아버지를 죽이겠다고 통보했다. 오자서는 이것이 계략이라 판단하고 형에게 출두하지 말라고 전했다. 그러나 형은 "계략일 것 같긴 하지만, 아버지를 살리지 않고 도망치면 천하의 웃음거리가 된다. 나는 출두하겠지만, 너는 오나라로 도망가 장차 복수해 달라"고 말하고, 실제로 출두하여 아버지와 함께 살해되었다. 그 후, 오자서는 오왕의 측근으로 기용되어 초나라를 무너뜨리고 복수를 한다.

 출두할 것인가 도망칠 것인가라는 이분법적 선택 앞에서, 형은 출두하고 동생은 도망침으로써 오자서 형제는 이 양극단을 동시에 살리는 선택을 했다. 이것은 양면 사고의 전형적 예라고 할 수 있다. 일본에서도 세키가하라 전투가 벌어졌을 때, 사나다 가문에서는 사나다 마사유키·유키무라 부자가 서군에 가담하고, 유키무라의 형 노부유키는 동군에 가담해 싸웠으며, 승리한 동군에 속한 노부유키가 사나다 가문을 존속시킬 수 있었는데, 이것도 비슷한 사례이다.

 다만, 노자는 이분법적 선택에서 양자 모두를 택하라고 말하지 않는다. 노자는 '양자 중 오직 하나만 선택하라'고 요구한다. 그러나 결론은 동일하다. 그것은 '양쪽의 기능을 발휘하는 것'이다. 따라서 한쪽의 선택인가 양쪽의 선택인가가 중요한 것이 아니라, '양쪽의 기능을 실현하는 것'이 핵심이다.

화합하지만 동화되지 않는다 - 화이부동

이러한 대립하는 양극단 사이의 순환 운동은 중국 사상에서 공통적으로 나타난다. 이 양극단의 대립은 영원히 계속되며 완전히 해소하는 것은 불가능하다. 물론, 대립하는 축을 통합해 나갈 수는 있다. 예를 들어, '임파서블 푸드(Impossible Foods)'는 채식주의자와 고기 애호가라는 대립적인 고객층을 타깃으로 삼아 식물성 고기 제품을 개발했다. 이 제품은 실제로는 고기를 먹고 싶지만 동물 보호, 환경문제, 종교적 이유로 인해 채식을 선택한 고객들의 상충하는 니즈를 동시에 충족하는 데 성공했으며, 많은 고객을 끌어들이는 데 성공했다.

테슬라는 '안전성'과 '자동화'라는 대립되는 요소를 고도화된 자율주행 기술을 통해 통합했다. 완전 자율주행은 안전상의 리스크를 수반하지만, 테슬라는 첨단 센서와 AI 기술을 활용해 안전성을 높임과 동시에 운전의 편의성을 높이는 데 성공하고 있다.

그러나 이와 같은 통합 이후에도 대립이 완전히 사라진 것은 아니며, 대립하는 요소들이 일정 수준에서 동시에 충족되고 있을 뿐이다. 예를 들어, 식물성 고기 제품은 채식주의자가 안심하고 먹을 수 있다는 점에서 진전을 이루었지만, 여전히 진짜 고기와 비교하면 맛이 떨어진다는 평가를 받는다. 따라서 고기에 대한 기대 수준이 높은 소비자를 만족시키기는 어렵다. 결국 개선의 여지는 남아 있으며, 대립 역시 완전히 해소되지 않은 상태로 계속 공존한다.

이러한 양극단의 대립은 종종 이분법적인 선택으로 귀결되어, 한쪽이 채택되면 다른 한쪽은 배제되는 경우가 많다. 예를 들어, 어도비(Adobe)가 기존의 영구 라이선스 소프트웨어 판매를 중단하고 구독형 모델로 전환한 사례가 대표적이다. 그러나 이는 선택지 중 하나를 배제했다기보다는, 단지 어도비가 다른 선택을 한 것에 불과하다. 영구 구매 모델 자체가 완전히 소멸한 것은 아니며, 향후 다시 도입될 가능성도 여전히 존재한다. 다시 말해, 설령 한쪽 극단이 선택되었다 해도, 선택되지 않은 다른 하나는 언제든 활성화될 수 있는 잠재적 옵션으로 남아 있는 것이다. 즉,

대립하는 양극단이 완전히 사라지는 일은 없다.

오늘날에도 중국 농촌의 옛집에 가보면, 대문의 양쪽 기둥에 대구(對句) 형식의 주련이 걸려 있는 모습을 종종 볼 수 있다. 중국의 시문은 대구 형식을 취하는 경우가 많으며, 그 안에는 대립하는 양극단의 모순이나 상관관계를 담은 것들도 상당수 존재한다.[6]

그런 표현들은 모순을 해소하는 데 목적이 있는 것이 아니라, 대립과 모순이 항상 존재한다는 사실을 인정하는 데 초점을 둔다. 중국 사상의 핵심은 대립을 억지로 해결하려 하지 않고, 그것을 있는 그대로 받아들이며 포섭하는 데 있다.

뛰어난 리더는 이런 태도를 실천하며 『논어』에서 말한 '화합하되 동화되지 않는다'*는 원칙을 중시한다. 그러나 많은 조직에서는 오히려 그 반대로, '동화되지만 화합하지 않는다', 즉 사태를 무마하기 위해 표면적으로만 타협하고 실제로는 대립을 외면하거나 덮어두는 방식을 택하곤 한다. 오히려 필요한 것은 대립을 있는 그대로 인정하고 포섭하며, 상호작용을 지속적으로 이어가는 자세다.

이 계(計)에서는 노자를 이해하는 데 있어 중요한 '고요한 과정'과 그로부터 읽어 낼 수 있는 결단의 핵심을 설명했다. 여기까지 읽은 독자라면, 진자가 움직이기 시작한 후에 그것이 더 큰 동력을 얻는 데 필요한 '형태'를 어떻게 설계해야 할까 하는 의문이 생겼을지도 모른다. 제5계에서는 움직이기 시작한 진자의 운동에 어떻게 대응해야 하는지 살펴보도록 하겠다.

---

* 『논어(論語)』 자로편(子路篇) 제23장. '군자는 화합하나 동화되지 않는다(君子和而不同, 小人同而不和)'

> **제4계에서 배우는 노자의 가르침**
>
> - 먼저 부드럽고 약함의 방향으로 나아가 그곳에서 동력을 얻고, 굳셈과 강함을 지향한다.
> - 양극단 중 하나(또는 양자)를 선택함으로써 양쪽의 기능을 동시에 실현한다.
> - 양극단의 대립은 영원히 계속되며, 그것을 완전히 해소할 수는 없다.

|주|

1   성과의 하한이 시작점이고 상한이 끝점이라고 한다면, 결국에는 하한인 시작점으로 감쇠하며 되돌아가는 것으로 생각될 수도 있다. 하지만 제3계에서 지적했듯이, 점차 출발점의 위치 에너지가 감소해 가며, 최종적으로 시작점이 평형 위치인 바닥으로 수렴해 가는 것이 '유에서 무로의 전이'였다. 결국 귀착하게 되는 무(無, 바닥)란, 상한으로 향하는 에너지를 생성하지 않는 출발점으로서의 하한을 의미한다. 즉 이 하한은 그 자리에 머물러 있을 수밖에 없는 공간을 의미한다.

2   예를 들어, 가나야 씨는 다음과 같이 말한다. "……이러한 중용의 포용적 의미, 혹은 통합성이라는 것을 이해하게 되면……그것을 직선적으로 생각하기보다는 구조적으로 생각하는 편이 낫다는 점에 이르게 됩니다. ……즉, '오른쪽도 아니고 왼쪽도 아닌'이라는 양극단 사이의 경우에는 직선으로 생각할 수 있습니다. 그러나 중용은 그렇게 간단하지 않습니다. ……오른쪽과 왼쪽이 균등하게 중앙으로 다가오며, 그곳에서 질적인 고양(高揚)을 보여주는, 다시 말해 정점을 형성한다고 하는 구조로 생각하는 것이 적절합니다."—가나야 오사무,

『중국사상을 생각하다』, 츄오코론신쇼(中公新書), 1993년, 142~143쪽. 단, 가나야 씨는 이 정점이 양극단이 사라졌다는 것이 아니라 그 안에 포함되어 있으며, 모순을 철저히 파고들어 해소하는 변증법과는 다르다고 언급하고 있다.

3　이 그림은 오구라 마사아키(小倉正昭)「중용사상의 실현방법론—대립의 사상에서 고찰한 중국정치사상의 구조론 연구 (2)」『스즈카공업고등전문학교 기요(鈴鹿工業高等專門学校紀要紀要)』제48권, 2015년, 101~120쪽의 그림을 바탕으로 작성했다.

4　"이것을 체(體)와 용(用)의 논리로 정리하면, '발현되기 이전의 중'[體]의 용은 '화(和)'이고, 집중유중(執中有中)의 용은 '시중(時中)'이라 결론지을 수 있다." —오구라,「중용사상의 구조론—대립의 사상에서 고찰한 중국 정치사상의 구조론 연구 (1)」, 앞의 논문, 126쪽. 다만, 이 문장에서 '집중유중(執中有中)'은 '집중유권(執中有權)'의 오기(誤記)로 보인다. 참고로 시마다 겐지(島田虔次) 씨는 『중용』에 나타나는 '중(中)'에는 '미발의 중(未発の中)'과 '시중의 중(時中の中)' 두 종류가 있음을 지적하고 있다. 오구라 씨의 모델에서는 전자는 중화론(中和論)에, 후자는 중권론(中權論)에 속한다.—시마다 겐지,『대학·중용(하)』, 아사히신문사, 1978년. 단, 시중(時中)을 그때와 상황에 따라 최적의 답을 실현하는 것으로 해석하는 견해도 존재한다.

5　가나야 니시,『중국사상을 생각하다』, 앞의 책.

6　오하마 아키라(大濱晧),『중국적 사고의 전통—대립과 통일의 논리』, 겐소쇼보(勁草書房), 1969년.

제5계

힘을 빼고 흐름에 맡긴다

과소의 효과

족함을 아는 자는 부유하다
【지인지자知人者智】

족함을 아는 자는 부유하다.

서비스 정신이 넘칠수록 고객은 떠난다

지금까지 살펴본 것처럼, 진자 운동이 계속되는 동안에는 '무(無)의 효력'을 추구하는 것이 뛰어난 리더의 길이다. 즉 진자 운동이 진행되는 동안에는 '아무것도 하지 않는 것'이 원칙이 된다. 그렇다면 왜 아무것도 하지 않는 것이 효과적일까? 여기서는 진자 운동에 수반되는 '전략적 힘 빼기'라는 관점에서, 이를 '보상 효과'라는 개념으로 설명해 보겠다.

글로벌 가구 및 생활용품 소매기업 이케아(IKEA)의 사례를 보자. 이케아의 가격 경쟁력과 유연한 글로벌 전개를 가능하게 해주는 것은 바로 '플랫팩(Flat Pack)'이라는 방식이다(이케아에 대한 자세한 내용은 사활 문제 5 참고). 플랫팩은 가구를 분해한 상태로 평평하게 포장하는 방식이다.

이 구조 덕분에 공장에서 조립 공정을 생략해도 되고, 완성품을 운송할 때보다 훨씬 효율적인 물류 시스템이 가능해진다. 플랫팩은 컨테이너 적재가 용이하고 창고 보관도 효율적이다. 결과적으로 이 방식은 생산비와 물류비를 획기적으로 절감시킨다. 물론 고객은 제품을 직접 조립해야 하는 번거로움을 감수해야 한다. 하지만 그 불편함을 상쇄하고도 남을 정도의 저렴한 가격을 제공함으로써, 이케아는 확고한 경쟁력을 확보했다.

이처럼 단순하고 명확한 구조를 가진 플랫팩은 각국 시장에 맞춘 유연한 제품 개발과 높은 자유도의 비즈니스 운영을 가능하게 한다.

슬랙(Slack)의 공동 창업자 스튜어트 버터필드는 개발 초기부터 '모든 기능을 갖춘 만능형 제품' 대신, 단 세 가지 기능—검색, 기기 간 동기화, 파일 공유—에 모든 역량을 집중하기로 결정했다. 당시 경쟁자였던 Yammer, HipChat, Campfire 등은 대중적으로 확산되지 못했지만, 슬랙은 달랐다. 버터필드는 이렇게 회상했다.

"우리는 정말 중요한 세 가지를 무엇으로 할지를 두고 오랜 시간 고민했습니다. 그리고 최종적으로 그 세 가지에만 집중해 슬랙을 개발했죠. 단순하게 들릴 수도 있지만, 서비스 범위를 좁히는 것이 오히려 기업에 더 큰 도전이 되고, 성과를 내기 쉬운 길이라고 느꼈습니다. 사용자에게 강한 인상을 주어 1등이 되면, 단숨에 게임의 판도를 뒤집을 수 있으니까요."[1]

많은 기업들이 제품이나 서비스를 설계할 때 가능한 한 많은 기능을 담으려 한다. 모든 기능에서 일정 수준 이상의 퍼포먼스를 내는 것이 고객 가치를 높이는 길이라고 믿기 때문이다. 하지만 실제로 이런 올인원 제품이 사용자에게 강한 인상을 주는 경우는 드물다. 심리학적으로 보면 과도한 기능은 오히려 사용자의 인지 부담을 높여 정보 이해와 활용을 방해한다. 반면 핵심 기능에 명확히 집중한 제품은 사용하기 쉽고, 기억에 남으며, 사용자 경험에서 뚜렷한 파급력을 남긴다.

이케아와 슬랙의 사례가 시사하는 바는 명확하다. 서비스 정신이 넘칠수록 오히려 고객은 떠난다는 것이다. 정말 중요한 것은 '곱빼기'가 아니라, 성공을 위해서는 철저히 힘을 빼야 한다는 점이다. 여기서 말하는 '힘을 뺀다'는 것은 사용자가 원하지도 않은 '곱빼기'를 자제하고, 최적이라 여겨지는 지점보다 한 걸음 앞에서 멈추는 절제를 의미한다.

이러한 전략적 힘 빼기가 가져오는 '보상 효과'야말로 비즈니스 모델 혁신의 열쇠다. 노자가 말한 성인의 길 역시 이 '전략적 힘 빼기'를 가리킨다.

보상 효과란 부족할 때는 그것을 채우려는 작용이 일어나고, 반대로 과잉일 경우에는 그것을 줄이려는 반작용이 생기는 원리를 말한다. 여기서는 전자를 '과소의 효과', 후자를 '과잉의 역효과'라고 부르기로 한다.

다음 그림의 화살표는 이러한 효과의 방향성을 나타낸다. '과소의 효과'에서는 현재 위치보다 앞으로 나아가게 하는 작용이, '과잉의 역효과'에서는 현재 위치에서 뒤로 물러나게 하는 작용이 발생한다.

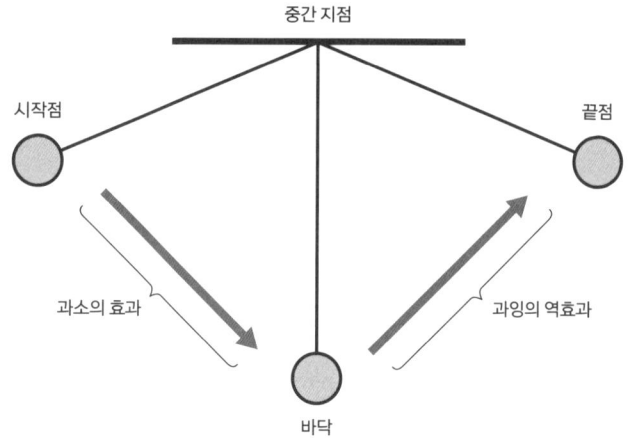

　진자 운동을 예로 들면, '과소의 효과'는 진자가 시작점에서 평형점(바닥)까지 도달하는 구간에서 나타난다. 이 구간은 운동 에너지가 강한 단계로, 기세에 몸을 맡기면 일은 자연스럽게 진전된다. 이때 억지로 속도를 더 내거나 반대로 멈추려 한다면, 그것은 인위적인 개입이 된다.

　노자가 말하는 성인(聖人)은 이 시점에서 어떤 작위도 하지 않는다. 오직 자연의 흐름에 자신을 맡긴다.

　반면, 범인(凡人)은 이 흐름에 몸을 맡기지 못하고, 여러 가지 인위적 개입을 하려 한다.

　반대로, '과잉의 역효과'는 진자가 평형점을 지나 정점으로 향하는 구간에서 발생한다. 이 단계에서는 점차 가속도가 줄고, 운동 에너지도 서서히 0에 가까워진다. 즉 기세가 점점 약해진다. 이미 에너지의 정점을 지나쳤기 때문이며, 바닥을 지나며 위치 에너지가 다시 높아지기 때문에 그만큼 운동 에너지는 감소하게 된다. 이것이 바로 과잉의 역효과다.

성인은 이러한 정점까지 사태를 몰아가려 하지 않는다. 과소의 효과를 노려, 최적이라 여겨지는 지점보다 한 걸음 앞에서 멈춘다. 한편, 범인은 기세가 붙으면 그것에 취해 멈추지 못하고 정점을 지나서도 더 앞으로 밀어붙이려 한다.

이제부터는 이 두 가지 효과에 대해 구체적으로 살펴보자.

과소의 효과 - 시작점에서 저점까지의 전략

거대한 강물의 흐름은 인간의 힘만으로 즉시 멈출 수 없다. 노자의 가치관에서는 최소한의 노력으로 최대의 효과를 거두는 것이 이상적인 방식이다. 그렇기에 강물의 방향에 따라 나아간다 해도, 그 노력은 과소한 수준에 머물러야 한다.

만약 최적의 노력 수준이라는 기준점이 있다면, 그보다 조금 낮은 수준으로 억제했을 때 발생하는 차이를 기세가 자연스럽게 메워줄 것이다. 이것이 바로 '과소의 효과'이다.

이 '과소의 효과'를 가능하게 하는 핵심 개념이 바로 '절제'다. 여기서 말하는 절제는 단순히 아무것도 하지 않는다는 뜻이 아니라,

흐름에 저항하지 않고 빠르게 순응하는 태도를 의미한다. 노자는 이를 '빠르게 순응한다'고 표현한다. 기세에 빨리 복종하라는 뜻이다. 기세가 살아 있는 단계에서는 다음과 같은 태도가 요구된다.

쓸데없는 일을 피하고, 아무것도 하지 않음으로써 전략적으로 힘을 뺀다.

여기서 '전략적'이라는 말은 단순히 힘을 아끼는 것을 넘어 '과소의 효과'를 의도적으로 끌어내는 방식을 의미한다. 보상 효과가 발휘되지 않는 상태에서 그저 힘을 아끼기만 하면 상황은 오히려 악화된다. 이것은 말 그대로의 '대충대충'일 뿐 결코 '전략적'이라고 할 수 없다.

사람을 다스리고 하늘을 섬기는 일 【치인사천治人事天】

사람을 다스리고 하늘을 섬기는 데 절제하는 것보다 나은 것이 없다.
이런 태도를 '빨리 순응하는 것'이라 한다.
빨리 순응하는 사람은 덕을 두텁게 쌓는다. 덕을 두텁게 쌓으면 모든 것을 이길 수 있다. 모든 것을 이기면 그 작용은 한계가 없다. 작용에 한계가 없으면 나라를 안전하게 지킬 수 있다.
나라를 안전하게 지키는 근본, 즉 절제하는 태도로 인해 나라는 영원히 살아남는다.

이는 뿌리를 깊이 내리고 줄기를 단단히 세우는 국가가 오래가는 길이라 할 수 있다. _도덕경 59장

노자는 '빠르게 순응하는 태도', 즉 전략적 힘 빼기를 통해 덕을 쌓을 수 있다고 말한다. 덕이란 잠재적 기세이다. 이 기세에 즉시 순응하면 강물이 상류에서 하류로 흐르며 점점 거세지듯이 기세가 점점 축적된다. 이렇게 축적된 기세를 지닌 사람은 결국 만물을 이길 수 있다. 큰 강의 물살과 같이 모든 것을 휩쓰는 기세를 확보한다면, 국가는 스스로 안정과 지속성을 유지할 수 있다. 이 원리는 국가뿐 아니라 조직 경영에도 그대로 적용된다. 조직 역시 잠재된 기세를 감지하고 거기에 조화롭게 순응함으로써, 스스로 지속 가능성을 확보하게 된다.

중요한 것은, 이처럼 기세에 순응하는 태도가 단지 머리를 짜내어 전략을 세우고 흐름을 바꾸려는 '의지적 개입'과는 다르다는 점이다. 그런 인위적인 개입은 오히려 절제의 미덕에 어긋나며 빨리 순응하는 것도 아니다.

기세에 순응한다는 것은 강물의 흐름을 타는 것이다. 같은 방향으로 나아가지만 굳이 앞서 나아가려 할 필요는 없다.

'그저 강물의 흐름에 몸을 맡기고 아무것도 하지 않는 것'이 중요하다.

절제에 의한 과소의 효과는 기업 활동에서도 볼 수 있다. 예를 들

어, 영업이나 고객 응대의 상황을 떠올려 보자. 고객에게 무리하게 제품을 권하거나 구매를 설득하려 하면, 오히려 역효과를 낳는다. 영업의 압박이 강할수록 고객은 불편함을 느끼게 되고, 사달라고 부탁할수록 구매 욕구는 식어 버린다. 이는 고객 안에 형성된 '구매하고자 하는 기세'를 거스르는 행동이다.

어떤 백화점은 이러한 문제의식을 바탕으로 기존의 판매 중심 전략을 포기하고, 고객의 문제를 해결하는 데 집중하는 방식으로 방침을 전환했다. 심지어 다른 매장의 제품을 함께 찾아 주도록 직원에게 권장할 정도였다. 흥미롭게도, 이렇게 '팔려고 하지 않았더니' 오히려 매출이 급증했다.

이 현상은 심리학적으로 '상호성의 원리'로 설명할 수 있다. 무상으로 제공된 도움에 대해 고객은 자연스럽게 보답하고 싶어지는 마음이 생긴다.

즉, 팔려고 하지 않음으로써 상호성의 원리에 의해 고객의 구매 욕구를 자극하고, 그 기세를 키울 수 있었다. 이것도 '과소의 효과' 라 할 수 있다.

승자의 저주에서 어떻게 벗어날 것인가?

하지만 '승자의 저주'(제3계 참고)는 전략적으로 힘을 빼는 결정을 어렵게 만든다. 전함 야마토는 그 대표적인 사례다. 일본 해군은 러일전쟁에서의 승리 요인이었던 대함거포주의에 집착했고, 이를 극단적으로 구현한 것이 바로 전함 야마토였다. 그러나 시대는 이미 함대 결전 중심에서 항공기를 주력으로 하는 항공 중심주의로 옮겨가고 있었고, 전함이 아닌 항공모함이 해군력의 핵심으로 자리 잡고 있었다. 이러한 흐름을 거스르며 전함에 집착한 것이 태평양전쟁 패배의 원인 중 하나가 되었다.

노키아 역시 마찬가지다. 노키아는 2000년대 초반 세계 휴대전화 시장에서 1위를 차지했지만, 스마트폰 시대가 열리자 매출이 급감했고 결국 휴대전화 사업을 마이크로소프트에 매각하게 되었다. 기존 휴대전화에서의 성공이라는 '승자의 저주'로 인해, 노키아는 아이폰이나 안드로이드 같은 혁신적 플랫폼의 등장에 제때 대응하지 못했다.

이러한 성공의 저주에서 벗어나기 위해서는 다음과 같은 점이 중요하다.

현재 드러나 있는 기세를 파악하고, 전략적으로 힘을 빼라.

현시점에서 드러나는 기세는 감지할 수 있다. 다만, 전함 야마토나 노키아의 경우는 이미 절정기를 지난 단계였고, 전략적 힘 빼기를 실행할 시기를 놓친 상태였다. 전략적 힘 빼기는 바로 절정기에 실행해야 한다. 매출이 급성장하는 시기에 이 전략적 힘 빼기를 미리 실행하지 않고 지나치게 몰입함으로써 실패한 사례도 여럿 있다.

1990년대 후반에 설립된 웹반(Webvan)은 온라인 식료품 배달 서비스의 선구자였고, 빠른 성장을 이뤘다. 이 회사는 확장 과정에서 막대한 투자를 단행하며 미국 전역을 아우르는 배송 인프라를 구축하려 했다. 하지만 이 과도한 투자는 시장 수요를 정확히 예측하기 전에 이루어진 것이어서, 결과적으로 막대한 부채를 떠안은 채 2001년에 파산했다.

펫츠닷컴(Pets.com)은 인터넷 버블기인 1990년대 말에 등장한 온라인 반려동물 용품점이었다. 이 회사는 매출이 급성장하자 대규모 마케팅 캠페인을 벌이고 전국적으로 사업을 확장했다. 그로 인해 공급 과잉이 발생했고, 물류 비용이 급증하여 수익성이 악화되었다. 그 결과 펫츠닷컴은 설립된 지 불과 2년 만인 2000년에 사업을 접게 되었다.

반대로, 성장기일수록 투자를 신중히 하고 과도한 확장을 의도적으로 피한 사례도 있다. 소매업체 트레이더 조스(Trader Joe's)는 적극적인 광고와 대규모 점포 확장을 하지 않고, 오히려 점포 수를 제한하면서 고객 경험의 질을 중시하는 전략을 취하고 있다. 이러한 전략적 힘 빼기의 결과 이 회사의 고객 충성도는 매우 높고 업계에서 독자적인 위치를 구축하고 있다.

회원제 창고형 매장 코스트코(Costco)는 신규 점포 출점 속도를 경쟁 대형 소매업체에 비해 매우 신중하게 조절한다. 코스트코는 신규 점포 출점 시 엄격한 기준을 두고, 높은 수익성이 예상되는 지역에만 진출하는 전략을 펼친다. 그 결과 코스트코는 경기 변동에 크게 영향을 받지 않는 안정적인 수익을 유지하며, 장기적인 성장을 달성하고 있다.

전략적 힘 빼기의 두 가지 유형

지금 드러나 있는 기세는 당연히 쉽게 파악할 수 있다. 과소의 효과는 기존의 진자 운동을 따르는 가운데 드러난 기세를 보고 전략적으로 힘을 빼면 실현할 수 있다. 이는 비교적 쉬운 일이다.

그러나 지금까지의 사례들이 보여주듯, 기존 방식의 연장선상에서의 투자뿐만 아니라 그 안에는 새로운 시도가 포함된 경우가 많다. 즉 우리는,

새로운 시도에 대해서는 그 잠재적 기세를 파악해 둘 필요가 있다.

왜냐하면 새로운 시도는 기존 진자 운동의 궤도 자체를 변화시킬 가능성이 크기 때문이다. 진자의 궤도 변화 중에서도 가장 중요한 것은 잠재적 기세의 변화이며, 그 변화를 내다볼 수 있어야 한다.

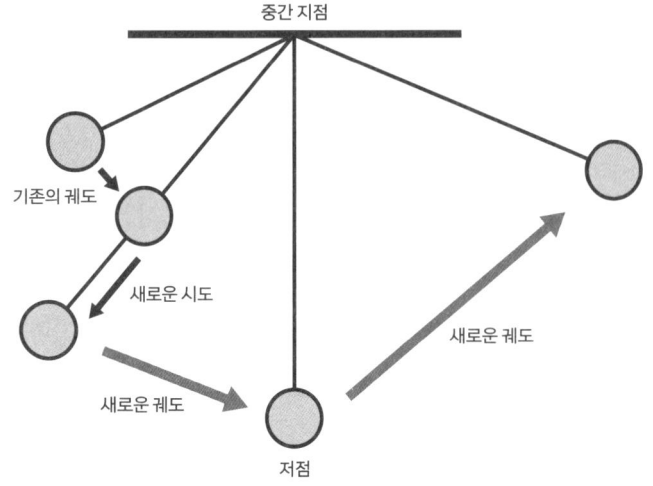

절정기일수록 신중해야 하는 한 가지 이유는 이 잠재적 기세가 불확실하고 예측이 어렵다는 데 있다. 그렇기 때문에 트레이더 조스와 코스트코 같은 기업은 절제된 투자에 집중하며 전략적 힘 빼기를 꾸준히 실천하고 있는 것이다.

따라서 전략적 힘 빼기에는 다음 두 가지 유형이 있다.

❶ 기존의 움직임에 대해서는 드러난 기세를 파악하고 힘을 뺀다.
❷ 새로운 움직임에 대해서는 잠재된 기세를 내다보고 힘을 뺀다.

어느 경우든 '힘을 뺀다'는 점에서는 공통적이다. 그러므로 무엇이든지 '절제하기'를 마음에 두고 행동하면 틀림이 없다.

단, '힘을 뺀다' 해도 그 정도는 상황에 따라 다르다. 기세가 강할 때와 약할 때는 힘을 뺀 뒤의 투자 규모가 다르다. 당연히 기세가 강할수록 투자 금액은 커진다.

그러므로 곱빼기를 피하면서 힘을 뺄 때는 기세를 반드시 파악해 둬야 한다. 특히 새로운 시도일 때는 잠재적 기세까지 읽어 내야 하므로 그만큼 더 어려워진다. 상황이 불확실하고 리스크가 클 때는 더욱 신중하게, 더욱 힘을 빼는 접근이 필요하다.

'족함을 아는 사람은 부유하다'의 비즈니스적 해석

물론 잠재적인 기세를 정확히 읽어 내는 사람도 있다. 하지만 그런 경우라 해도 여전히 전략적 힘 빼기가 필요하다. 왜 그럴까? 이에 대한 노자의 대답은 다음의 유명한 문장에서 찾을 수 있다.

족함을 아는 사람은 부유하다 【지족자부 知足者富】
족함을 아는 사람은 부유하다 _도덕경 33장

'지족(知足), 즉 족함을 안다는 말은 도덕경 44장, 46장 등 다른 구절에서도 여러 번 언급되는 핵심 개념 중 하나이다.

'지족'은 일반적으로 욕망을 줄이고 이미 가진 것에 만족하는 뜻으로 해석된다. 노자의 가르침을 종교적으로 해석할 때는 이 해석도 타당하다. 출가한 승려를 대상으로 한 불교의 가르침과도 일치한다.

그러나 비즈니스와 삶 속에서 노자의 가르침을 실천할 때의 '지족'은 전략적 힘 빼기로 받아들이는 편이 적절할 것이다.[2] 즉 지나치게 넘치면 그것을 줄이려는 '과잉의 역효과'가 발생한다.

반대로 다소 부족한 상태에 머무르면 그곳에는 '과소의 효과'가 작용하고, 그 격차는 자연의 기세에 의해 메워지면서 결과적으로 '부(富)'를 얻게 된다. 지족은 바로 이 과소의 효과를 이해하고 활용하는 것을 의미한다.

그렇다면 왜 이런 '지족'의 효과가 작동하게 되는가. 그것은 이미 기세가 잠재하고 있고 이후에는 그 기세를 살짝 밀어주기만 해도 충분히 움직이기 때문이다. 제3계에서 언급했듯, 산 위에서 공을 굴리는 경우를 생각해 보자. 이때 잠재된 기세는 산의 높이, 즉 위치 에너지에 해당한다. 위치 에너지가 클수록 경사는 가팔라지고, 공은 가볍게 밀기만 해도 힘차게 굴러간다.

즉, 산의 높이나 경사라는 '형태'가 존재하기 때문에 공을 밀기만 해도 강한 기세로 굴러가는 것이다. 손자는 이것을 강물에 비유했다.

이기는 자의 싸움은 마치 가둔 물을 천 길 골짜기로 쏟아내는 듯한 기세를 가진다. 그것은 형태가 있기 때문이다. ─『손자병법 형편(形篇)』

즉, 깊은 골짜기라는 '형태'가 존재하면, 가둔 물은 골짜기 아래로 흘러가게 된다. 이처럼 기세를 만들어 내는 싸움의 형태를 창출하는 것이 중요하다는 뜻이다.

그러므로 전쟁을 잘하는 자는 기세에 의지하지, 사람에게 의지하지 않는다. 따라서 사람을 잘 선택하고 기세에 맡긴다. 기세에 맡기면 마치 나무나 돌을 굴리는 것과 같다. ─『손자병법 세편(勢篇)』

이처럼 산꼭대기에서 나무나 돌을 굴릴 때는 밀어 주기만 하면 충분하다. 그 이상 개입하는 것은 군더더기일 뿐이다.

이 '지족'을 만들어 내는 것은 산의 높이나 경사와 같은 '형태'이며, 형태에 의해 드러난 기세는 더욱 강화된다. 또한 산의 고도를 바꿀 수는 없더라도, 높은 산을 선택하고 그 꼭대기에 오르는 것은 가능하다. 즉,

형태를 선택함으로써 잠재적인 기세를 간접적으로 통제할 수 있다.

피카소가 큐비즘을, 잡스가 아이폰의 잠재적 기세를 내다볼 수 있었던 것은, 바로 그것을 가능케 한 '형태'를 선택했기 때문이다. 그리고,

선택한 형태를 조작함으로써 드러난 기세를 직접적으로 통제할 수 있다.

이러한 형태가 갖추어지면, '지족'의 메커니즘이 작동하며 전략적 힘 빼기가 가능해진다. 그 형태란 곧 공이 굴러가고 물이 흐르는 산과 골짜기의 구조이다.

아무도 눈치채지 못한 플랫폼

그렇다면 비즈니스 영역에서 '형태'에 해당하는 것은 무엇일까. 일반적으로 사용되는 용어 중 가장 가까운 것은 '플랫폼'일 것이다.

플랫폼이란 다수의 기업과 고객이 교류하고 상호작용하는 장(場)을 가리킨다. 이러한 장을 제공함으로써 생태계(ecosystem)를 형성하고, 그 안에서 가치가 생겨나고 확대되는 기세를 만들어 낼 수 있다.

아마존은 원래 온라인 서점으로 시작했지만 지금은 다양한 상품을 취급하는 거대한 온라인 마켓플레이스로 성장했다. 아마존의 성공은 다른 소매업자나 독립 판매자들이 자신의 상품을 아마존의 플랫폼에서 출점·판매할 수 있도록 한 데에 크게 기인한다.

이를 통해 고객은 하나의 사이트에서 다양한 상품을 찾을 수 있는 '원스톱 쇼핑'이 가능해졌고, 판매자는 전 세계 고객에게 접근할 기회를 얻게 되었다.

애플이 아이폰 판매와 함께 구축한 '앱스토어'는, 개발자들이 자신들의 앱을 공개하고 전 세계 iOS 사용자에게 전달할 수 있는 플랫폼이 되었다. 이 플랫폼 덕분에 애플은 강력한 생태계를 구축하고, 스마트폰 시장에서의 경쟁 우위를 확립했다.

앱 개발자들은 앱스토어에 출품함으로써 수익을 창출하고, 고객들은 다양한 앱을 원스톱으로 구할 수 있게 되었다.

이러한 '생태계로서의 플랫폼'은 판매자와 고객으로 구성된 네트워크를 형성하고, 네트워크 참여자가 늘어날수록 모두의 편익이 커지는 '네트워크 효과'를 실현한다. 참여자가 늘어날수록 실적이 향상되는 구조, 플랫폼의 존재로 인해 아마존과 애플은 기세를 더욱 키우는 데 성공하고 있다.

위의 사례만 들면 아마존이나 애플은 거대 기업이기에 가능한 일이며 중소기업에게는 어려운 일이라고 여길지도 모른다. 하지만 소규모이면서도 거대 기업과 차별화를 꾀하고, 안정적인 실적을 내는 곳도 있다.

예를 들어 미국의 연애·결혼 매칭 사이트 시장을 보자. 미국 최대 업체는 매치닷컴으로, 네트워크 효과를 누리며 경쟁사를 압도한다. 매치닷컴보다 규모가 작은 온라인 데이팅 앱으로는 미국 캘리포니아주에 본사를 둔 '이하모니(eHarmony)'가 있다. 이 사이트는 매치닷컴에 비해 접속하는 이용자 수가 적고 요금도 더 비싼 편이다. 또한 검색 기능도 없어서 매치닷컴보다 사용 편의성도 떨어진다. 그럼에도 이하모니는 꾸준히 좋은 실적을 내고 있다.

상대적으로 불리한 조건인데 왜 이하모니의 실적이 나쁘지 않을까? 매치닷컴이 가진 '거대한 네트워크'의 약점 때문이다.

많은 이용자가 사이트를 방문하면 상대방에게 선택될 확률이 오히려 그만큼 낮아진다. 여성과 데이트를 원하는 남성 입장에서는 더 많은 여성이 사이트에 참여할수록 좋아 보일 수 있지만, 동시에 해당 여성에게 접근하는 남성도 많아지므로 자신이 선택받을 가능성은 줄어들게 된다. 이 점에서 이하모니는 이용자가 적기 때문에 오히려 매칭이 성사될 확률이 훨씬 높다. 검색 기능이 없는 것 역시 동성 경쟁자를 줄이는 데 도움이 된다.

이처럼 이하모니는 소규모의 네트워크 효과만으로도 좋은 실적을 유지하고 있다.

하지만 플랫폼은 단지 이런 네트워크 효과에만 의존하는 개념은 아니다. 예를 들어 여러 개의 보완재(complementary goods)가 함께 존재하는 경우에도 하나의 플랫폼이 될 수 있으며, 이들은 보완 효과를 통해 강한 기세를 만들어 낸다.

브랜드 또한 플랫폼이 될 수 있으며, 강력한 브랜드 파워는 많은 고객을 끌어들여 실적 향상으로 직결된다.

결국 플랫폼을 좁은 의미로 한정하지 말고, 무언가 '기세'를 만들어 내는 형태라는 넓은 관점에서 바라보는 것이 중요하다. (플랫폼에 대해서는 사활 문제 3에서 더 자세히 다룬다.) 만약 자신만이 활용할 수 있는, 아직 아무도 눈치채지 못한 플랫폼이 있다면, 그것은 강력한 차별화 요소가 될 수 있다. 즉,

아무도 눈치채지 못한 플랫폼은 강력한 무기가 된다.

> **제5계에서 배우는 노자의 가르침**
>
> - 모든 것을 절제하는 것이 행동 지침이 된다.
> - 기세를 활용하기 위해 전략적으로 힘을 뺀다.
> - 플랫폼을 통해 잠재적 기세를 간접적으로 통제한다.

| 주 |

1   펠릭스 오베르홀저지(Felix Oberholzer-Gee) 지음, 하라다 쓰토무 옮김, 『'가치'가 전부다!(Better, Simpler Strategy: A Value-Based Guide to Exceptional Performance)』, 도요게이자이신보샤, 2023년, 262~263쪽. (※ 한국어 번역서 : 단순한 전략이 이긴다, 센시오, 2024년)

2   이 해석은 오하마도 지지한다. '족함을 안다는 것은, 충족이 극에 달하면 결핍으로 기울게 됨을 아는 것이며, 충족을 지나치게 하지 않는 것이야말로 진정한 충족임을 아는 것이다' 앞서 인용한 오하마의 전게서 110쪽.

제6계

성공에 집착하면 파멸한다

과잉의 역효과

가졌으면서 더 채우려 하는 것은
【지이영지持而盈之】

공을 이루고 이름이 드러났을 때는

곧바로 물러나는 것,

그것이 하늘의 도(道)이다.

다케다 신겐의 '7할 승리'

'가득 차면 이지러진다*'는 고사성어가 있다. 보름달을 지나면 달이 점차 이지러지듯 절정은 영원하지 않은 것이 세상의 이치다. 일본 전국시대의 무장 다케다 신겐은 이 말의 의미를 깊이 이해하고 있었다. '신겐의 7할 승리'라는 말이 있듯이, 그는 일부러 적을 완전히 제압하는 일을 피했다. 일본의 고전문학에서 비롯된 '오만한 헤이케는 오래가지 못한다**'는 유명한 옛말처럼, 계속 이기다 보면 자만과 오만이 생기고 그것이 몰락의 원인이 된다. 따라서 신겐은 결코 적을 철저히 짓밟는 일은 하지 않았다.

하지만 보통 사람들은 '7할 승리'에서 멈추지 못한다. 자꾸만 보름달까지 가고 싶어 하고, 절정이 영원히 지속되도록 헛된 노력을 한다. 이것은 비즈니스 세계에서도 예외가 아니다. 한때 미국 소매업계를 이끌던 시어스는 2000년대에 접어들어 온라인 쇼핑과 할

---

* 『사기(史記)』 범수채택열전(范雎蔡沢列伝)
** 일본의 고전 문학 『헤이케 이야기(平家物語)』에 '교만한 자도 오래가지 못하니, 봄밤의 꿈과 같다'는 구절이 나온다. 이 문장은 '오만한 헤이케는 오래가지 못한다'로 바뀌어 관용구처럼 쓰이게 되었다.

인점과의 경쟁이 심화되면서 고전을 면치 못했다. 그런데도 시어스는 수십억 달러를 들여 매장 리모델링과 기업 인수에 계속 투자했다. 하지만 안타깝게도 실적 회복으로 이어지지 못했고, 막대한 부채를 안은 채 2018년 연방 파산법의 적용을 신청해야 했다.

JC페니도 마찬가지로 경쟁 심화로 실적이 악화되자, 2011년 애플스토어를 성공시킨 론 존슨을 신임 CEO로 영입해 과감한 변화를 시도했다. 기존의 쿠폰과 세일을 폐지하고 연중 동일한 가격으로 판매하는 EDLP(Everyday Low Price)를 실행했으며, 스마트폰 대응 셀프 계산대 도입 등 대규모 매장 리모델링에 막대한 투자를 했다. 그러나 이런 전략은 오히려 고객 이탈을 불러오며 실적이 더욱 악화되었다. 론 존슨은 2013년 퇴임 압박을 받고, 다시 기존의 판촉 전략으로 회귀했지만 실적은 회복되지 않았고, 코로나로 인한 휴업이 결정타가 되어 2020년 결국 연방 파산법을 신청하며 파산하게 되었다.

이러한 사례에서 보듯, 과거에 성공한 사업이나 비즈니스 모델에 이미 그늘이 드리우기 시작했는데도 과거의 연장선에서 투자를 강행해 실적 악화를 가속화하는 사례가 곳곳에서 발견된다. 혹은 새로운 시도를 하더라도 점진적으로 나아가지 않고 단기간에 대규모로 밀어붙이려 한다. 이것이 바로 이 책에서 말하는 '과잉의 역효과'에 해당한다.

과잉의 역효과 – 저점에서 종점까지의 전략

과잉의 역효과란 무언가가 지나치게 많아졌을 때 그 과잉이 되레 줄어드는 결과를 낳는다는 뜻이다. 흔히 말하는 '지나침은 모자람과 같다'는 말보다 '지나침은 모자람보다 못하다'로 표현하는 편이 더 정확할지도 모른다.

가득 채우려 하면 오히려 그만 못하다【지이영지持而盈之】

물을 가득 채운 그릇을 들고 있는 것은 어렵다. 칼끝을 지나치게 날카롭게 갈면 곧 부러진다. 보물을 집 안 가득 쌓아두어도 끝내 지켜낼 수 없다. 부귀한 자가 자만하면 결국 파멸을 자초한다. 공을 이루고 이름을 세웠다면 곧 물러나는 것이 하늘의 도리다. _도덕경 9장

여기서 말하는 '과잉'이란 그릇에 물을 가득 채우는 것, 칼끝을 지나치게 날카롭게 만드는 것, 필요 이상으로 많은 재물을 갖는 것, 지나친 부귀와 명성을 말한다. 이러한 과잉은 반드시 반대 방향으로 작용한다. 물이 가득 찬 그릇에서는 물이 넘치고 칼끝은 부러지며 보물을 잃게 되고 부귀와 명성도 사라진다. 그러므로 과잉 상태에 이르면 즉시 그 자리에서 물러나는 것이 필요하다.

이처럼 때를 알고 물러나는 모범적인 사례로, 월나라 왕 구천(勾踐)의 책사 범려(范蠡)를 들 수 있다. 구천은 오왕 부차에게 패한 뒤

회계산에서 굴욕적인 조건으로 항복했다. 그러나 와신상담 끝에 마침내 오나라를 멸망시켜 과거의 치욕을 씻었다. 승리의 중심에는 범려가 있었다.

그런데 범려는 구천이 패자가 되어 의기양양해지자 곧바로 조용히 월나라를 떠났다. 함께 구천을 보좌한 문종(文種)에게도 "구천은 고난을 함께할 수는 있어도 즐거움은 함께할 수 없다. 어서 월나라를 빠져나가라"고 충고했다. 결과적으로 문종은 모반의 혐의를 뒤집어쓴 간언으로 인해 구천에게 의심을 사고, 자살로 생을 마감했다. 문종과 범려라는 중신을 잃은 구천은 점차 국력을 잃었고, 사후 월나라는 초나라에 의해 멸망했다.

한편, 월나라를 떠난 범려는 제나라로 건너가 이름을 바꾸고 장사를 하여 막대한 부를 얻었다. 그러나 그의 정체가 범려임이 드러나자 제나라 재상으로 추대되었다. 범려는 전 재산을 남에게 넘기고 정도(定陶)로 이주해 그곳에서도 다시 장사에 성공한 뒤 유유자적한 노후를 보냈다고 한다.

이처럼 눈에 띄는 큰 성공을 이루면, 정치적 다툼이 치열한 세계에서는 반드시 누군가에게 끌어내려지기 마련이다. 따라서 아무리 크게 성공했어도 그 자리에 계속 머무는 것은 매우 위험하다. 그러나 보통 사람들은 이럴 때 우쭐해져 그 자리에 집착하다가 결국 몰락의 길로 들어서고 만다.

그렇다고 이 가르침을 곧이곧대로 받아들여, 예를 들어 어떤 제품이 압도적인 시장 점유율을 자랑한다고 해서 곧바로 시장에서 철수해야 한다고 해석해서는 안 된다. 만약 그 점유율이 고객의 지지에 기반한 것이라면, 그것은 반감을 살 결과가 아니라 실력에 상응하는 결과이기 때문이다.

이런 경우에는 제품의 '라이프사이클' 관점에서 접근하는 것이 더 적절하다. 과잉의 역효과가 발생하는 시점은 성장률이 둔화되기 시작하는 '성숙기' 이후다. 이는 마치 진자의 운동에서 저점을 지나 여전히 앞으로 나아가고 있지만, 점차 추진력이 약해지는 단계에 해당한다. 성숙기는 경쟁 심화와 고객 취향 변화 등으로 그동안 확보해 왔던 고객의 지지가 정체되기 시작하는 단계이다. 이 단계에서는 이미 기세가 꺾이고 있기 때문에, 이전과 같은 성장 전략을 고수하면 과잉의 역효과가 발생한다.

이를 피하려면 시장을 재정의하거나 제품의 포지셔닝을 다시 설정하거나 새로운 방향성을 탐색하는 등 어떤 형태로든 창조적인 접근이 필요할 것이다. 또는 비록 성장은 없더라도 압도적인 시장 점유율을 유지하고 있다면, 과감한 투자보다는 현상 유지를 목표로 삼는 것이 바람직할 수 있다.

하지만 결국에는 그 시장 자체가 소멸할 수 있다는 전제를 두고 움직여야 할 것이다.

배를 채우고 눈을 채우지 않는다

노자는 감각적 지각과 욕망이 과도해지면 오히려 마비된다고 가르친다.

다섯 가지 색은 사람의 눈을 멀게 한다
【오색령인맹목 五色令人目盲】

다섯 가지 찬란한 색채는 사람의 눈을 멀게 한다. 다섯 가지 소리는 사람의 귀를 먹먹하게 한다. 다섯 가지 진수성찬은 사람의 미각을 해친다. 승마나 사냥 같은 오락은 사람의 마음을 혼란스럽게 한다. 얻기 힘든 보물은 사람의 행동을 그르친다. 그러므로 성인은 배를 채우고 눈을 채우지 않으며(백성에게는 배불리 먹게 하고 감각적 쾌락을 중시하지 않는다), 후자를 버리고 전자를 택한다. _도덕경 12장

색이나 소리, 맛이 지나치면 오히려 그 감각을 제대로 인식할 수 없고, 오락과 재산을 과도하게 좇으면 인생이 흐트러진다.

이 가르침은 '눈을 채우는 것'을 지나치게 추구할 때 발생하는 폐해를 말한다. 여기서 '눈을 채운다'는 것은 감각적 지각이나 욕망을 중시하는 태도를 의미한다(예컨대 지나친 격식이나 의례 따위를 들 수 있다). 이에 비해 '배를 채운다'는 것은 '기세'를 중시하고, 그 흐름에 순응한 활동을 말한다. 즉 감각과 욕망이 과도해지면 사물의 기세

를 제대로 포착할 수 없게 되고, 결국 '배를 채울 수' 없다.

이를 현대적인 언어로 일반화하면, 현상이나 지엽적 사안이 아니라 본질을 꿰뚫어 보는 것이 중요하다는 의미로 읽을 수 있다. 배는 본질을, 눈은 현상을 가리킨다. 단, 노자 사상에서 본질이란 도(道)를 의미하며, 거기서 파생되는 것이 기세다. 이 기세에 순응하는 것이 무위(無爲)이고 그에 역행하는 것이 인위(人爲)다.

그러므로 '배를 채우고 눈을 채우지 않는다'는 말은 욕망이나 허영, 허황된 마음에 휘둘리는 인위적인 태도를 부정하고, 기세를 직관적으로 파악하는 것의 중요성을 설파하는 말로 해석할 수 있다. 따라서 과잉의 역효과는 기세에서 벗어나 그 외의 지엽적 사안에 과도하게 반응하는 것을 말한다고 정리할 수 있다.

한때 일본의 직장 문화에서는 '무례공(無禮貢, 무례를 허락하는 회식)'이라는 풍습이 유행한 적이 있다. 회식 자리에서 상사가 "오늘은 무례공이다"라고 선언하면, 평소에는 하기 어려운 말도 자유롭게 할 수 있다는 분위기를 의미한다.

어느 날, 이를 곧이곧대로 받아들인 한 젊은 직원이 회식 자리에서 평소 쌓인 불만을 사장에게 직언했다. 그런데 이야기를 계속하던 중 사장의 눈이 웃고 있지 않다는 사실을 눈치챈 그는, '이대로 가다가는 위험하겠다'고 판단하고 말을 급히 바꿨다. "이런 일이 있었지만, 결국에는 문제없이 잘 마무리되었습니다"라며 상황을 수습한 것이다. 이에 사장은 "문제없는 것이군. 오늘은 좋은 의견 교환이 되었네"라며 마무리했다.

 이런 장면은 일본 드라마나 영화 속에서도 종종 볼 수 있는 익숙한 풍경이다.

 이는 '배를 채우고 눈을 채우지 않는다'가 아니라, 오히려 '눈을 채우고 배를 채우지 않는' 전형적인 사례라 할 수 있다. 사장은 조직의 현재 '기세'에 대한 귀중한 정보를 얻을 기회를 놓치고, 단지 무례공이라는 명목 아래 부하의 이야기를 귀담아듣는 척했을 뿐이다. 반대로 젊은 직원은 사장의 심리적 기세를 감지하고, 표면적으로 이야기를 보기 좋게 정리하는 쪽으로 수정했다. 이 경우에는 오히려 젊은 직원이 '배를 채우고 눈을 채우지 않았다'고 할 수 있을지도 모른다.

왜 높은 지성을 지닌 경영자가 실패하는가

로버트 맥나마라는 하버드 비즈니스 스쿨 출신으로, 포드 자동차의 사장을 거쳐 케네디와 존슨 행정부에서 미국 국방장관을 역임했다. 그는 프레더릭 테일러의 과학적 관리법을 신봉하며, '측정할 수 없는 것은 관리할 수 없다'는 신념 아래 전쟁에도 정량적·분석적 접근법을 적용한 것으로 잘 알려져 있다.

 그가 중시한 대표적인 수치 지표로는 '보디 카운트(Body Count)',

'소티킬 레이쇼(Sortie-Kill Ratio)', '공습 횟수' 등이 있다. 이 중 보디 카운트는 적군의 전사자 수를 의미하며, 그는 이를 행동 목표로 삼았다. 그리고 미군 사망자 수와의 비율을 통해, 적군의 피해가 더 클수록 전쟁은 승리로 나아가고 있다고 판단했다.

소티킬 레이쇼는 출격한 항공기나 헬리콥터 한 대당 얼마나 많은 적을 살상했는지를 나타내는 지표로, 이로써 작전의 효율성과 효과를 측정했다. '공습 횟수'는 공습의 횟수나 투하된 폭탄의 양을 말하며, 이를 통해 적에게 얼마나 강한 '압력'을 가했는지를 평가한 것이다.

이러한 수치 지표에 기초해 그는 작전을 기획하고 실행하며 평가해 나갔다. 그러나 전쟁이 장기화됨에 따라 이런 지표들이 실제 전황을 제대로 반영하지 못하고 있음이 드러났다. 베트남의 지정학적, 문화적 복잡성과 게릴라전이라는 전투 양식은 이런 수치 지표만으로는 파악할 수 없었던 것이다. 결국 미국은 전쟁의 전략적 목적과 전체상을 놓쳤다. 맥나마라 자신도 후에 이러한 접근법이 잘못이었음을 인정했으며, 이것은 '맥나마라 오류(McNamara Fallacy)'로 불린다. 이는 '수치 지표에만 집착하다가 전체를 보지 못하는' 전형적인 사례다.

맥나마라의 사례는 높은 지성과 분석 능력이 현실 세계의 복잡한 문제, 특히 전쟁이라는 극한 상황에서는 반드시 최적의 결과를 보장하지 않는다는 사실을 여실히 보여준다. 비즈니스 세계에서도 비슷한 사례가 많다.

앞서 언급했던 JC페니의 론 존슨은 하버드 비즈니스 스쿨 출신으로, 애플스토어에서 성공을 거둔 뒤 JC페니의 CEO로 부임했다. 그는 애플에서의 성공 경험을 바탕으로 대담한 전략 전환을 시도했고, 특가 판매를 폐지하고 EDLP(Everyday Low Price)를 도입하며, '매장 내 매장(Shop-in-Shop)'이라는 새로운 포맷을 도입했다. 이들 전략은 아이디어로서는 신선하고 매력적이었으며, 그의 애플 경험을 반영한 것이기도 했다.

그러나 이러한 전략은 JC페니의 기존 고객의 구매 행동과 맞지 않았고, 결국 매출은 크게 하락했다. 그의 과거 성공 경험과 이론적 지식이 전혀 다른 시장 환경에서 고객의 니즈를 파악하는 데 오히려 걸림돌이 된 것이다.

분석 마비 증후군을 피하라

노자는 이른바 '현명한 사람(賢者)'에 대해서도 회의적 시선을 보이며, 리더가 그런 인물을 존중하고 등용하려 할 때 조직이 오히려 혼란에 빠진다고 주장한다.

현자를 숭상하지 않으면 【부상현不尚賢】
현자를 숭상하지 않으면 백성들은 쓸데없는 다툼을 하지 않는다.

…… 성인은 세상을 다스릴 때, 백성의 마음을 비우고, 배를 채우며, 의지를 약하게 하고, 뼈를 강하게 한다. _도덕경 3장

여기서 말하는 '현자(賢者)'란 자신의 지성과 판단에 따라 행동하는 사람을 뜻한다. 노자의 시대에 현자는 학문에 능한 사람을 가리켰으며, 당시의 학문이란 지금의 교양(Liberal Arts)에 가까운 개념으로, 시·서·예·악 등이 중시되었다.

이러한 현자는 풍부한 지식을 갖추고, 그 지식에 기반해 의사결정을 내린다. 노자 시대의 현자를 오늘날에 비유하자면, 정량적이고 분석적인 접근을 중시했던 로버트 맥나마라와 같은 인물이라고 볼 수 있다.

하지만 노자는 이런 현명한 자를 지나치게 존중하면 오히려 무익한 경쟁과 갈등이 생긴다고 본다. 문자 그대로 해석하면, 현자로 인정받기 위한 경쟁이 벌어지는 것이다. 노자 이후 중국에서 시행된 과거제도가 그 예이고, 현대사회에서는 학력이나 자격을 얻기 위한 입시 경쟁이 그에 해당한다.

더욱 직접적으로는 자신의 현명함을 과시하여 출세의 발판을 잡으려는 태도를 비판한 것이다. 이런 폐해를 막으려면 '현명한 자를 존중하지 않음'의 태도가 요구된다. 오늘날로 치면 '분석 마비 증후군(analysis paralysis)'을 피하는 태도와도 같다.

분석 마비 증후군은 분석에 지나치게 몰두한 나머지 오히려 실상

을 제대로 파악하지 못하고 판단력이 마비되는 상태를 말한다.

맥나마라의 사례로 보자면, 베트남인의 애국심이나 미국 시민의 반전 정서, 전황의 질적 복잡성(예컨대 손자병법에서 말하는 허실의 개념 등)은 정량적으로 측정할 수 없으며, 이를 무시한 결과 효과적인 작전을 수립하거나 실행하지 못한 것이다.

제2차 세계대전 당시 독일군의 전격전에 참여해 혁신적인 승리를 거두고, 전후 독일군의 기동 전략에 대해 깊이 있는 이론적 고찰을 남긴 독일군 참모총장 프리드리히 폰 멜렌틴 소장은 이렇게 말했다.

"전투 중인 개별 병사의 마음과 심리 상태는 전쟁에서 언제나 지배적인 요인이 된다. 이는 병력 수나 장비의 중요성을 능가한다. 제2차 세계대전 중에도 이 오래된 격언은 여전히 유효했으며, 나는 어떤 상황에서도 그래야 한다고 믿는다."[1]

즉, 병력 수, 장비, 보디 카운트처럼 정량 모델의 대상이 되는 '하드(Hard)' 요소보다, 지휘 능력, 사기, 리더십, 피로도 같은 '소프트(Soft)' 요소야말로 '인간 대 인간'의 전쟁에서 결정적 영향을 미친다는 것이다. 그러나 문제는 이러한 소프트 요소는 정량적 모델로는 측정하거나 다루기 어렵다는 데 있다.

평범한 리더는 일만 하다가 결국 소진된다

만약 '하드'를 중시하고 분석 중심의 태도를 취하지 않는다면, 의사 결정 시 무엇에 주목해야 할까?

이 점에 대해 노자는 분석이나 지식 같은 지성보다는 무위(無爲)에 따르라고 요구한다. 다시 말해, 노자가 말한 무위란 기세를 따르는 것이며, 이는 멜렌틴이 말한 '소프트' 요소에 해당한다. 노자는 이 기세를 무시하고 자신의 지식이나 분석 결과를 맹신해 행동하는 것의 폐해를 '현명한 자를 숭상하지 않으면 백성들이 다투지 않는다'는 말로 경고한 것이다.

노자의 영향을 강하게 받아 이를 법가로 발전시킨 『한비자(韓非子)』의 난세(難勢) 편에서는 자연의 기세를 주장한 신도(愼到)의 설이 인용되어 있다.[2] 하늘을 나는 용은 구름을 타고, 하늘로 오르는 뱀은 안개 속을 누비지만, 구름과 안개가 사라지면 그 용과 뱀도 지렁이나 개미처럼 된다. 여기서 구름과 안개에 해당하는 것이 바로 기세다. 신도는 이렇게 주장한다.

"어리석은 자가 현명한 자를 부릴 수 있는 것은 지위와 권력에서 나오는 기세가 있기 때문이며, 그 기세가 없다면 아무리 현명한 자라도 사람을 다룰 수 없다."

이 말에 따르면, 개인의 현명함보다도 기세의 유무가 더 중요하다는 결론이 된다.

이에 대해 어떤 이는 이렇게 반박한다.

"기세가 중요하다는 점은 인정하지만, 용이나 뱀처럼 재능이 뛰어나야 기세를 탈 수 있고, 그래서 천하를 다스릴 수 있다. 어리석은 자가 기세를 탄다면 천하는 어지러워질 것이다."

이는 유학자의 반론으로 해석되곤 한다. 그러나 이 재능을 유교적인 지식이 아니라 '기세를 직관적으로 파악하는 능력'으로 이해한다면, 이 반론은 오히려 타당하다고 볼 수 있다. 다시 말해, 노자가 '현명한 이를 숭상하지 않음'에서 비판한 현자란, '기세를 읽지 못하는 자'이며, 반대로 기세를 직감할 수 있는 자, 즉 성인은 존중받아야 할 존재라는 뜻이다.

즉, 지식이나 분석 등은 지금 존재하는 잠재적 기세를 직관하는데 방해가 된다. 분석이 전제로 삼는 것은 정량 데이터나 일부 정성 데이터지만, 잠재적 기세는 아직 수면 위로 드러나지 않았기 때문에 이를 직접적으로 보여주는 데이터는 존재하지 않는다. 이를 통찰하려면 데이터를 분석하는 것이 아니라 그 이면을 읽는 능력이 필요하며, 여기에 아날로그적 경험이 크게 작용한다.

'분석'의 반대말로 흔히 쓰이는 표현은 '체감(肌感)'이다. 실제 경험에 기반한 체감이야말로 중요하며, 지식이나 분석은 어디까지나 체감적 통찰을 위한 재료에 불과하다. 그럼에도 분석이 주가 되면 분석 마비 증후군, 지식이 주가 되면 지식 과다 증후군에 빠진다.

물론 여기서 지식이나 분석을 버려야 한다는 뜻은 아니다. 그것들은 어디까지나 수단이며, 그 역할을 분명히 인식하고 있다면 이런 증후군에 빠지지 않는다. 지식과 분석이라는 재료에 체감이라는 장인의 감각이 더해질 때 비로소 뛰어난 작품이 완성되는 것이다.

이런 맥락에서 핵심은 기세에 따르는 것이다. 그러려면 잠재적 기세를 읽을 수 있어야 한다. 이에 대한 노자의 실천적 가르침은 『도덕경』 후반부에 나오는 다음 문장에서 잘 드러난다.

"백성의 마음을 비우고, 배를 채우며, 의지를 약하게 하고, 뼈를 강하게 한다."

이를 풀어 말하자면 인위적인 마음은 비우고, 인위적 의욕은 약하게 하되, 기세에 대해서는 오히려 그것을 실체 있는 것으로 만들고 강화하라는 뜻이다('마음을 비운다'에 대해서는 제7계에서 자세히 다루겠다).

예전에 한 기업의 영업 담당자가 경쟁사가 데밍상(Deming Prize)에 도전한다는 소식을 듣고 기뻐하며 손뼉을 쳤다는 일화를 들은 적이 있다. 데밍상은 매우 권위 있는 상이지만, 상당한 준비와 자원이 소요되어 영업 활동에 집중하기 어려워지기 때문이었다.

물론 데밍상 자체는 훌륭한 상이며, 이에 도전하는 것을 부정하려는 것은 아니다. 그러나 데밍상이든 그 어떤 상이든, 상을 받는 것 자체가 목적이 되어 버린다면, 그것은 노자의 가르침인 '백성의 마음을 비우고, 배를 채우며, 의지를 약하게 하고, 뼈를 강하게 한다'는 길에 어긋나는 행위다. 이는 오히려 조직의 기세를 떨어뜨리는 결과를 낳는다. 본래는 상에 도전하는 과정이 배를 채우고, 뼈를 강하게 하며, 조직의 기세를 북돋는 계기가 되어야 한다.

  뛰어난 리더는 '가득 차면 이지러진다'는 진리를 이해하고, 전략적 힘 빼기를 통해 과소의 효과를 추구한다. 반면, 범인은 이를 모르고 욕심을 부려 과잉의 역효과를 자초한다. 다시 말해,

  성인은 일을 아껴서 하고, 범인은 일만 하다가 소진된다.

  성인의 길을 따르기 위해서는 잠재된 기세를 읽는 것이 관건이다. 지나친 욕망, 과도한 분석이나 지식은 오히려 기세를 통찰하는 데 방해가 된다. 체감을 통해 기세를 느끼고, 필요할 때는 전략적으로 힘을 빼는 것이 바로 성인의 길이다.

> 제6계에서 배우는 노자의 가르침
>
> - 감각적 지각이나 욕망, 지식, 분석이 과도해지면 오히려 마비된다.
> - 과거의 성공과 이론적 지식이 잠재된 기세를 읽는 데 오히려 걸림돌이 될 수 있다.
> - 성인은 일을 아껴서 하고 범인은 일만 하다가 소진된다.

| 주 |

1 쳇 리처즈 저, 하라다 쓰토무 역, 『OODA LOOP(우다 루프)』, 동양경제신보사, 2019년. 72쪽

2 『한비자』의 '난세편(難勢篇)'에 대해서는 예를 들어, 가나야 오사무(金谷治) 역주 『한비자 제4책(韓非子 第四册)』(이와나미문고, 1994)을 참조. 또한 신도(慎到)의 사상에 대해서는, 가나야 오사무「신도의 사상에 대하여(慎到の思想について)」『가나야 오사무 중국사상론집 중권—유가사상과 도가사상』(히라카와출판사, 1997)에 자세히 설명되어 있다.

제7계

배우지 않고도
본질을 간파한다

창조의 기점

학문의 길은 하루하루 더하는 것
【위학일익 爲學日益】

도를 행하는 것은 날마다 자신을 덜어 내는 것이다.
자신을 덜고 또 덜어 무위에 이를 수 있다.

창조에 센스가 필요할까?

수학자 앙리 푸앵카레는 자동 형식(automata)과 폭스 공간(Fox space)과 관련된 수학적 아이디어로 고민하고 있었다. 어느 날 마차에서 내리다가 돌부리에 발을 헛디뎠고, 그 순간 그는 문제에 대한 통찰을 얻게 되었다. 이 통찰은 후에 '푸앵카레 추측*'으로 발전했다.

러시아의 화학자 드미트리 멘델레예프는 화학 교과서를 집필하면서 원소를 체계적으로 정리하려고 시도했다. 그는 이 문제에 대해 오랜 시간 고민하다가 지쳐 잠이 들었고, 꿈속에서 원소 카드가 자동으로 올바른 위치에 배열되는 모습을 보았다. 잠에서 깬 그는 꿈에서 본 대로 카드를 다시 배열하여 1869년 원소 주기율표를 완성했다. 이 주기율표는 원소의 화학적 성질이 주기적으로 변화한다는 기본 원리를 확립함으로써 오늘날 우리가 사용하는 형태의 기반이 되었다.

---

* 푸앵카레 추측(Poincaré conjecture)은 3차원 공간의 위상수학에서 제기된 매우 중요한 수학적 명제이다. "경계가 없고, 단일 연결이며, 콤팩트한 3차원 공간은 반드시 3차원 구면(3차원에서의 구 표면)과 위상적으로 같다"는 내용이며, 2000년대 초 러시아 수학자 페렐만에 의해 증명되었다.

물론, 우리가 통찰을 얻기 위해 꿈을 꾸거나 발을 헛디뎌야 하는 것은 아니다. 후일 푸앵카레는 자신의 창의적 과정을 직접 서술하며 무의식의 중요성을 강조했다[1]. 그의 주장에 따르면, 창의적 과정은 특정 문제에 대한 의식적 몰입에서 출발한다. 문제를 모든 각도에서 철저히 고찰하고 분석하여 해결을 모색하지만, 끝내 해답을 찾지 못할 경우, 그는 일시적으로 문제로부터 거리를 둔다.

이 단계는 그레이엄 월러스(Graham Wallas)가 '부화(incubation)'라고 명명한 과정에 해당한다.[2] 이 시기에는 의식적 사고는 중단되지만, 무의식이 사고의 주체가 되어 작동을 이어 간다.

부화 단계를 거친 뒤에는, 어느 순간 번뜩임이 찾아온다. 그것은 꿈속일 수도 있고, 마차에서 내리는 찰나처럼 예기치 않은 일상적 순간일 수도 있다. 이때 떠오른 아이디어는 무의식 속에서 다듬어진 해답이 의식의 표면으로 떠오른 순간에 해당한다. 이후에는 그 통찰을 바탕으로 구체적인 검증이 이루어진다.

월러스는 푸앵카레의 이 창조적 사고 과정을 다음 네 단계로 정리했다.[3]

❶ 준비 단계 (Preparation)
❷ 부화 단계 (Incubation)
❸ 발현 단계 (Illumination)
❹ 검증 단계 (Verification)

이 가운데 특히 중요한 것이 ② 부화 단계이며, 여기서 무의식의 사고 과정이 전개된다. 푸앵카레는 이 과정에 대해 다음과 같이 말했다.

"잠재적 자아는 의식적 자아에 결코 뒤지지 않는다. 그것은 순전히 자동적인 것이 아니라, 분별력, 기지, 섬세함, 선택 능력과 통찰력을 지니고 있다".[4]

푸앵카레는 이 무의식적 과정에서 '심미적 감수성'을 특히 중시했다. 창조가 새로운 조합이라면, 수학적 문제의 경우 무수한 조합이 존재한다. 그 가운데 의미 있는 조합이 선택되는 것은 바로 이 심미적 감수성이 특정한 조합에 주목하기 때문이며, 이 감수성의 유무가 일류 수학자의 증거가 된다고 할 수 있다.

푸앵카레의 논의에 따르면, 잠재적 기세를 포착하기 위해서는 심미적 감수성이 필요하다. 달리 말하면 '센스가 있다'는 말이 될 것이다.

하지만 이는 만약 센스가 없다면 다시는 창조적인 일에 손대지 말라는 사형선고와 다름없는 말이기도 하다. 실제로 푸앵카레는 다음과 같이 말했다.

"이 심미적 감수성이 없는 사람은 진정한 발견자가 될 수 없다[5]."

이에 비해 노자는, 이처럼 센스에 호소하는 방식은 취하지 않는다. 노자에게 창조의 작용은 그리스 신화에서 묘사되는 영웅적 행위(푸앵카레의 심미적 감수성도 여기에 포함될 수 있다)로 이루어지는 것이 아니다.

노자의 성인은 이러한 영웅과는 전혀 다르다. 이 성인은 곤란한 것을 피하고, 쉬운 것과 작은 것부터 손을 댄다. 그리고 그 잠재적 기세를 점점 키워가도록 자극한다.

노자에게서 보이는 무(無)에서 유(有)를 만들어 내는 창조의 과정은

❶ 잠재적 기세의 직감
❷ 잠재적 기세의 전개

로 구성된다. 이제부터는 이런 점들을 살펴보겠다.

직각으로 비즈니스의 싹을 읽어 낸다

만물의 근원인 도(道) 자체는 오감으로 지각할 수 없다. 그러나 거기서 파생되는 잠재적 기세는 직각(直覺: 보는 즉시 깨달음)할 수 있다. 이 직각이 창조의 출발점이 된다.

이 점에 대해 노자는 다음과 같이 말한다.

보려 해도 볼 수 없으니 【시지불견視之不見】
보려고 해도 보이지 않는다. 들으려고 해도 들리지 않는다. 잡으려

해도 잡히지 않는다. 이 세 가지는 더 이상 설명할 수 없고, 결국 하나로 합쳐져 드러난다.

이것은 밝지도 어둡지도 않다. 그 수는 너무나 많으며 다시 무로 되돌아간다. 형체 없는 형체, 모습 없는 모습, 있는 듯 없는 듯하여, 앞에서 봐도 머리가 보이지 않고, 뒤에서 봐도 꼬리가 보이지 않는다.

다만 태고로부터 이어져 내려온 도(道)가 지금 눈앞의 현상으로 나타나 있음을 깨닫는다면, 비로소 세계의 시작을 알 수 있다. 이것을 '도기(道紀, 도의 큰 줄기)'라 부른다. _도덕경 14장

도덕경 14장에서는 무위(無爲)와 그것을 지각하는 방식의 관계를 설명한다.

무위는 '보이지 않음', '들리지 않음', '잡히지 않음'의 형태로 나타나며, 이는 인간의 오감으로는 포착할 수 없는 영역이다. 앞에서 보아도 머리가 보이지 않고, 뒤에서 보아도 꼬리가 보이지 않는다고 한 것도 같은 뜻이다.

노자는 다른 구절에서 이러한 무위의 상태를 '황홀(恍惚)', 곧 아득하고 멍한 상태라고 표현하며, 그 속에서 형상(象)과 정기(精)가 드러난다고 했다.* 도는 이러한 무형의 본질이 지금 이 순간, 만물의 형상으로 드러나 있는 것이다. 우리는 그 형상을 통해 도의 존재를

---

* 도덕경 21장. 황홀하기 그지없지만 그 안에 형상이 있다. (중략) 황홀하기 그지없지만 그 안에 정수가 있다.

직각할 수 있다.

 즉 형체 없는 형체, 모습 없는 모습 — 말하자면 무형의 잠재된 기세를 지금 눈앞에 드러난 형상으로부터 유추하고 직관하는 것, 그것이 바로 '도기(道紀)'이다. 이때 기존의 지식을 억지로 적용하려 들면, 보이지 않는 것을 보려 하고, 들리지 않는 것을 들으려는 시도는 실패할 수밖에 없다.

 어느 제약회사의 개발 담당자로부터 항암제 신약 개발 스토리를 들은 적이 있다. 동료와의 술자리 대화에서 어떤 단백질이 화제가 되었고, 이 단백질을 증가시키는 약의 개발을 목표로 삼게 되었다. 이후 우여곡절 끝에 개발 화합물을 결정하는 단계에 이르렀고, 후보 화합물을 선택했지만 담당자는 여전히 자신이 없었다.

 그래서 같은 회사의 다른 연구소에 있는 여성 연구자에게 "이 화합물이 마음에 드나요?"라고 물었더니, 그녀는 "마음에 듭니다"라고 즉답했다. 그녀는 왜 좋은지 설명할 수 없었다. 그러나 그녀의 직관적인 확신을 믿고 자신 있게 그 화합물을 선택해 결국 신약 개발에 성공했다.

 이 여성 연구자는 화합물의 형태를 보면 활성 유무나 여러 가지를 알 수 있다고 한다. 그녀는 평소 "좋은 약은 아름답다. 화합물이 복잡하면 활성도가 떨어진다"라는 관점으로 화합물을 분류해 왔다. 그런 경험과 재능을 통해 화합물의 형태를 보고 그 잠재력, 즉 잠재적 기세를 직각할 수 있었던 것이다.

여기서 알 수 있는 것은 다음과 같다.

잠재된 기세는 형태를 통해 직각할 수 있다.

제3계에서 소개했던 것처럼, 피카소도 호텔 방에서 본 풍경이라는 형태를 데생으로 거듭 조작함으로써 큐비즘의 싹, 그 잠재적 기세를 읽어 냈다. 잡스도 기존 스마트폰의 아름답지 않은 디자인에 대한 불만에서 버튼을 없앤 아이폰의 원형을 구상했고, 그 잠재적 기세를 확신했다.

한때 수학자였던 고다이라 구니히코(小平 邦彦)*는 오감으로 지각할 수 없는 추상적 수학적 현상을 파악하는 특별한 지적 작용을 '수각(數覺)'이라 불렀다고 한다[6]. 직관(直觀)은 이와 유사한 것으로, 오감으로 느낄 수 없는 도 또는 무의 잠재적 기세는 직관으로 인식된다.

잠재적 기세를 직관하기 위해서는 먼저 형태를 관찰하고, 거기서의 추론, 유추 같은 논리적 조작도 필요할 것이다. 형태라는 재료를 바탕으로, 추론이나 유추 등의 논리적 과정을 거쳐서야 비로소 잠재적 기세를 꿰뚫어 볼 수 있다. 따라서 이 책에서는 논리적 조작과

---

* 고다이라 구니히코(小平 邦彦, 1915~1997). 일본의 세계적인 수학자. 1954년 아시아인 최초로 수학계의 노벨상이라 불리는 필즈상을 수상했으며, 복소다양체 이론, 대수기하학, 변형이론(Deformation theory) 등 현대 수학의 여러 분야에 지대한 업적을 남겼다.

직관을 아우르는 개념으로 '직각(直覺)'이라는 말을 쓰고자 한다.

고정관념에서 자유로운 인재를 존중하라

노자는 이러한 직각을 얻기 위한 구체적인 방법론을 이야기한다.

완전히 비우면【치허극致虛極】

마음을 비우고 고요함을 지킬 수 있다면, 만물이 생겨나고 다시 무(無)로 돌아가는 것을 볼 수 있다. 그 근본인 무로 돌아간 상태를 고요함이라 하고, 이를 명(命)을 회복한다고 한다.

명을 회복하는 것은 늘 그러한 이치에 따르는 것이며, 늘 그러한 이치를 아는 것을 '밝음'이라고 부른다. 늘 그러한 이치를 알지 못하면 경솔하게 행동하여 재난을 당한다.

늘 그러한 이치를 알면 포용력이 생기고, 포용할 줄 알게 되면 공평해지며, 공평해지면 천하의 왕이 될 수 있다.

왕은 곧 하늘과 같고, 하늘은 곧 도(道)의 드러남이다. 도는 영원하니, 죽는 날까지 위태롭지 않다. _도덕경 16장

마음을 비운다는 것은 마음을 무(無)의 상태로 돌려놓는 것이다. 그 상태를 고요함(靜)이라 하고, 변하지 않는 도(道)로 돌아가는 것

을 명(命)을 회복한다고 한다. 그리고 이 도의 속성을 이해하는 것이 바로 지혜이며, 이 지혜를 밝음(明)이라 부른다. 밝음을 알지 못하면 경솔하게 행동하게 된다. 달리 말하면, 진자의 운동 궤적을 이해하지 못하고 무작정 앞으로만 나아가다, 끝점에 이르렀을 때의 반동을 견디지 못하는 것과 같다. 무모하게 돌진했다가 교만에 빠진 '오만한 헤이케(平家)'처럼 결국 몰락하고 만다. 따라서 도의 본질, 즉 고요한 과정과 진자 운동을 이해하고 그에 따라 행동할 줄 아는 지혜가 진정한 밝음이다.

이 가르침은 노자의 '복귀의 사상'을 반영한다. 만물은 결국 모두 무로 돌아간다.[7] 여기서 말하는 만물에는 당연히 마음도 포함된다. 따라서 마음을 무로 되돌리는 것, 이것이 바로 '허심(虛心)', 즉 마음을 비우는 것이다. 마음이 무(無)의 자리에 놓이지 않으면, 구체적 상황 속에서 무의 작용, 즉 기세를 통찰할 수 없다.

허심을 달리 표현하면 '선입견과 고정관념을 버리는 것'이라 할 수 있다. 하지만 자신의 선입견이나 고정관념을 스스로 인식하고 내려놓는 일은 결코 쉽지 않다.

이를 잘 보여주는 일화가 있다.

소니의 공동 창업자였던 이부카 마사루는 '전설의 기술자'라 불렸던 오소네 코조를 찾아와 이렇게 물었다.

"요즘 재미있는 건 없나?"

당시 이부카는 미국으로 출장을 자주 다녔는데, 비행기 안에서 보내는 시간이 몹시 지루해 늘 고민이었다. 기내에서는 음악이나 영상을 즐길 수 없었고, 책을 읽거나 잠을 자는 것 외에는 마땅한 오락이 없었기 때문이다.

그는 '기내에서 자유롭게 음악을 들을 수 있다면 그 지루함을 덜 수 있지 않을까' 하고 생각했다. 오소네는 그때를 이렇게 회상한다.

"당시 우리 현장에서는, 소니에서 판매하던 모노 타입의 소형 테이프리코더를 스테레오 타입으로 개조해 갖고 놀고 있었어요. 손바닥에 올릴 수 있을 정도로 작은 기계였는데, 여기에 헤드폰을 연결하니 생각보다 꽤 좋은 소리가 나더군요.

이부카가 그걸 보고 흥미로워하더니, 비행기에서 쓸 수 있는 형태로 만들어 달라고 해서 시제품을 만들었죠.

스피커와 녹음 기능을 빼고, 재생 전용으로 만든 소형 스테레오 기기—그게 바로 워크맨의 초기 시제품이었습니다.[8]"

그 시제품을 비행기에 들고 출장을 다녀온 이부카는 매우 만족했고, 또 다른 창업자인 모리타 아키오 역시 그 가능성을 높이 평가해 전폭적으로 지원했다. 하지만 한 가지 장애물이 있었다.

오소네의 직속 상사이자 당시 부사장이던 오가 노리오의 반대였다. 그는 '녹음 기능이 없는 기계는 팔리지 않는다'는 이유로 '재생 전용'이라는 콘셉트 자체를 부정했다. 그러나 이 장애물은 뜻밖의 방식으로 제거되었다. 오가가 장기 입원을 하게 된 것이다.

그가 회사에 없는 동안, 이부카와 모리타의 지지 아래 개발이 계속 진행되었고, 결국 워크맨이 세상에 모습을 드러냈다.

이 사례가 보여주듯, 고정관념을 없애기 위한 첫걸음은 '내가 무엇에 매여 있는가'를 자각하는 것이다. 고정관념 자체는 누구나 가질 수 있는 것이지만, 그것이 '집착'으로 변하는 순간, 창의성은 가로막히고 만다.

노자가 말한 허심(虛心)이란 고정관념 자체를 제로로 만드는 것이 아니라, 그 고정관념에 집착하지 않고 자유롭게 거리를 둘 수 있는 여유를 갖는 것을 의미한다.

물론 개인의 힘만으로는 한계가 있을 수 있다. 그럴 때는 환경을 바꾸거나, 다른 분야의 사례를 참고하거나 이부카와 모리타처럼 기존의 틀에 매이지 않는 사람의 의견에 귀 기울이는 것이 도움이 된다.

구글의 '20% 룰*', 3M의 '15% 문화**'처럼, 직원들에게 기존 업무에서 벗어난 자유로운 시간을 보장하는 제도를 마련하는 것도 허심에 이르는 좋은 장치로 볼 수 있을 것이다.

---

* 직원들이 업무 시간의 20%(즉 일주일 중 하루 정도)를 자신이 원하고 흥미를 느끼는 창의적인 프로젝트에 자유롭게 쓸 수 있도록 허용하는 제도.

** 직원들에게 업무 시간의 15%를 자신의 아이디어 실험에 쓰도록 장려하는 제도로 3M에서는 '15% 문화'라고 부른다. 3M의 대표적인 혁신 제품인 포스트잇(Post-it)도 이 제도에서 탄생한 것으로 유명하다.

공부를 할수록 범인이 된다?

같은 내용을 더 직접적으로 설명한 것이 바로 유명한 노자의 글이다.

학문의 길은 하루하루 더하는 것 【위학일익爲學日益】
학문을 하는 것은 날마다 자신을 더하는 것이다. 도를 행하는 것은 날마다 자신을 덜어 내는 것이다. 자신을 덜고 또 덜어 무위에 이를 수 있다. 무위하면 하지 못하는 일이 없게 된다. 그러므로 천하를 얻는 자는 항상 억지 일을 꾸미지 않는다. 인위적으로 일을 꾸미면 결코 천하를 얻을 수 없다. _도덕경 48장

이는 노자의 대표적인 가르침 중 하나다. '학문을 하는 것은 날마다 자신을 더하고, 도를 행하는 것은 날마다 자신을 덜어 내는 것'이라는 구절에서 노자 특유의 반(反)상식적 사고방식이 강하게 드러난다. 당대의 유학자들에게는 상당히 충격적인 발언이었을 것이다.

여기서 말하는 '학문'은 주로 세속의 학문을 지칭한다. 경전을 배우고 과거에 합격하면 신분과 관계없이 관료로 출세할 수 있었다. 이는 자신을 더하는 것과 연결된다. 오늘날로 치면, 학력을 높여 사회에서 엘리트 코스를 밟는 것과 유사하다.

노자가 지적하는 '학문'은 곧 외부의 지식을 습득하고 축적하는 행위를 의미한다는 점에 주의해야 한다. 노자는 그런 학문을 통해 자

신을 '더하는 것'이 오히려 도(道)의 수행에는 장애가 된다고 본다.

이에 대해 노자 연구의 권위자인 가나야 오사무는 이렇게 해설한다. "세속적인 학문을 멀리하고 진정한 도의 수행에 힘쓰는 자는 점차 자신에게 붙은 것을 떨쳐내고 깎아내린다. … '본래 무일물'로 돌아가면, 거기서 비로소 무위(無爲)의 경지에 이르게 된다."[9]

또 다른 연구자인 이후쿠베는 다음과 같이 덧붙인다.

"노자가 말하는 학문은 인위(人爲)의 산물이며, 그 인위를 줄이고 무위에 이르라는 것이다."[10]

해석은 조금씩 다르지만 이 두 견해 모두 같은 본질을 지적한다. 외형적 지식을 쌓고 겉을 덧칠하는 '더함'의 행위는, 도의 본질인 무위에 이르는 데 오히려 방해가 되며, 그것을 덜어 내야 진정한 도에 이를 수 있다는 점이다.

여기서 말하는 '덜어냄'의 대상은 구체적으로 학문과 지식을 가리킨다. 그것들을 걷어 내는 것은 우리의 마음가짐을 나타내며, 이 마음가짐이 바로 '허심(虛心)'에 해당한다.

허심에 이르는 과정을 노자는 '자신을 덜고 또 덜어 무위에 이른다'라고 표현했다. 분별과 지식이라는 망념을 내려놓고, 마음을 일시적으로 '무(無)'의 상태로 돌려놓는 것이 허심이다.[11] 그 상태에 이르렀을 때 비로소 도에서 파생되는 잠재적 기세를 직각할 수 있다.

초기 워크맨(재생 전용기기)이 탄생할 수 있었던 것은 이부카 마사루가 미국 출장을 다니며 직접 체감한 강한 내적 요구가 있었고, 기존 제품의 기능이나 기술적 제약에 얽매이지 않았기 때문이다. 그에게 이 강한 내적 요구는 곧 (미래에 워크맨이 될) 잠재된 기세 그 자체였다.

이처럼 잠재된 기세를 인지하고 개척해 나가면 노자가 말한 '무위이되, 이루지 못하는 것이 없다'는 경지에 도달할 수 있다. 즉 도에서 발생하는 기세를 확장시켜 어떤 일도 성취할 수 있게 되는 것이다.

덧붙이자면, 노자의 가르침에서 핵심은 지식을 전면적으로 부정하는 것이 아니라, 그 지식에 집착하지 않고 일시적으로 '잊는' 태도에 있다.

'직관이란, 이미 기억하는 것을 떠올리는 것'이라는 말처럼, 직관 또한 지식이 있어야 가능한 행위다. 푸앵카레가 '푸앵카레의 추측'을 착안할 수 있었던 것도 기존의 수학 이론에 정통했기 때문이었다.

따라서 외부의 지식을 배우는 것을 부정할 수는 없다. 그 지식이 내재화되면 훗날의 직관적 통찰, 즉 직각(直覺)의 토대가 된다. 다만, 지식에는 다음과 같은 두 가지 측면이 있다.

❶ 선입견이나 고정관념으로 작용해 새로운 발상을 방해하는 측면
❷ 내재화된 지식을 기반으로 새로운 통찰을 이끌어내는 측면

즉 지식은 순기능과 역기능이 공존하며, 지식이 발목을 잡을 수

도 있지만 그 한계를 넘어서는 발판이 되는 것도 결국 지식이다. 노자의 가르침은 이 가운데 지식의 역기능에 초점을 맞추며, 마음을 비우는 것(허심)의 중요성을 강조한다.[12]

하지만 허심에 이른다고 해서 지식을 완전히 없애라는 것이 아니다. 정확히 말하면, 집착을 내려놓고, 필요할 때까지 그것을 보류하거나 일시적으로 잊는 태도를 말한다.

이러한 태도는 인지심리학적으로도 설명이 가능하다. 심리학자 대니얼 카너먼의 이중 처리 이론(Dual Process Theory)에 따르면, 우리의 사고는 다음 두 가지 시스템으로 구성된다.[13]

시스템 1: 무의식적이고 직관적인 정보 처리
시스템 2: 의식적이고 분석적인 정보 처리

이 두 시스템은 항상 동시에 작동하며, 우리가 느끼는 통찰이나 직관은 시스템1에서 생성된 결과가 시스템2를 통해 의식화되는 과정에서 나타난다. 그런데 애초에 우리 뇌의 활동 중 약 95%는 시스템1의 무의식 작용이며, 시스템2의 의식적 활동은 5%도 되지 않는다.

즉, 의식은 무의식 위에 떠 있는 얇은 층에 불과하다. 또한, 시스템2는 시스템1에 의해 뒷받침되고 있으며, 시스템2에서 습득한 지식은 기억의 형태로 다시 시스템1에 피드백된다. 이처럼 양자는 단절되어 있지 않고 순환 구조로 연결되어 있다.

이 모델에 따르면, 허심이란 시스템1의 작용을 활성화하고, 시스템2의 활동을 최대한 억제한 상태를 의미한다. 이는 푸앵카레가 말한 부화 단계와도 일치한다. 허심은 부화 단계를 말하며, 이를 위해서는 지금 다루고 있는 문제에서 일시적으로 거리를 둘 필요가 있다. 이것이 노자가 말한 허심이다.

그렇다면 노자의 가르침은 무(無)에서의 창조 과정에서 구체적으로 어떤 작용을 하는 것일까. 이것은 스포이트의 원리에 빗대어 생각해 볼 수 있다. 스포이트로 액체를 빨아들이려면 먼저 고무 부분을 눌러 관 속의 공기를 비워야 한다. 이는 곧 인간의 마음에서 지식, 욕망, 선입견 같은 것을 일시적으로 비워 내는 것에 해당한다.

그런 다음 스포이트 끝을 원하는 액체에 대면, 그 액체가 관 속으로 힘차게 빨려 들어간다. 이 현상은 목표와의 일체화에 해당한다. 즉 비움(허심)을 통해 모든 필요한 것과 하나가 될 수 있다. 이런 일체화를 통해 우리는 도(道)에서 비롯된 기세를 직각(直覺)하고 필요한 방향으로 나아갈 수 있다. 다시 고무 부분을 누르면 스포이트 속의 액체가 힘차게 분출된다. 이것이 곧 창조의 순간이다. 스포이트의 원리야말로 기세를 직관하고 활용하는 데 있어 가장 명확한 은유라고 할 수 있다.

고객 니즈의 통찰은 번뜩임에서 비롯된다

고객의 이야기를 들어도 드러난 니즈는 파악할 수 있지만, 잠재적 니즈는 파악하기 어렵다는 말이 자주 나온다. 고객이 말할 수 있는 것은 기존 제품·서비스에 대한 평가, 불만, 요청 정도이며, 고객의 잠재적 니즈는 고객 자신도 깨닫지 못하는 경우가 많다.

그들의 잠재적 니즈를 파악하기 위해서는 이야기를 직접 듣는 것이 아니라, 고객의 행동이나 제품 사용 상황을 관찰하고 잠재적 니즈를 통찰해야 한다.

이러한 고객의 행동이나 사용 상황은 노자가 말하는 조용한 과정의 형태에 해당하며, 거기서 잠재적 니즈라는 안쪽에 숨은 기세를 직각(直覺)해야 한다. 형태의 파악까지는 관찰의 영역이고, 이때는 외부 정보를 수집해야 한다. 그러나 관찰 이후의 정세 판단에서는 '가지 않고도 알고, 보지 않고도 이름을 부르고, 하지 않고도 모든 일을 이루는* 노자의 태도가 중요하다.[14]

파나소닉의 원심력 세탁기가 개발된 계기는 세탁소에서의 청취 조사였다. 세탁소에 따르면 드라이클리닝에서 불만이 많았는데, 애써 세탁소에 맡겼음에도 오염이 제거되지 않는다는 것이었다. 드라이클리닝은 손상되기 쉬운 소재의 옷을 물을 쓰지 않고 세탁한다.

---

* 도덕경 47장

그 때문에 물세탁에 비해 세정력이 떨어져 불만으로 이어졌다.

세탁소 사람들에 따르면, 원래라면 이런 옷은 집에서 손세탁하는 것이 가장 좋다고 했다. 그러나 많은 고객이 손세탁이 번거롭고 부담이 커서 꺼렸다고 한다.

이 이야기를 듣고 담당자가 번뜩 떠올린 잠재적 니즈가 바로 '고급 소재의 옷을 손상시키지 않고 집에서 세탁하고 싶다'는 것이었다. 물론 이런 잠재적 니즈는 고객에게 직접 물어보아도 알 수 없다. 드라이클리닝에 대한 불만을 바탕으로 직각한 것이 이 잠재적 니즈였다.

이 번뜩임을 바탕으로 파나소닉의 원심력 세탁기가 개발되었다.

P&G에서 개발한 탈취제 페브리즈는 공기 중의 악취 분자를 포착해 제거하는 기술을 활용한 제품이다. 이 제품의 초기 개발 당시, P&G의 마케팅팀은 담배나 반려동물 냄새 같은 '일상적인 불쾌한 냄새를 없앤다'라는 콘셉트로 TV 광고를 제작하고 자신 있게 판매를 시작했지만, 페브리즈의 매출은 기대만큼 오르지 않았다.

그 원인을 파악하기 위해 마케팅팀은 고객의 가정을 방문했다. 고양이를 많이 키우는 한 가정을 방문했을 때, 집 전체가 반려동물 냄새로 가득 차 있었다. 그러나 이 집의 주인은 "저는 이제 그 냄새에 익숙해져서 아무것도 느끼지 못합니다"라고 말했다. 즉 자신의 집 냄새에 코가 무뎌져 아무것도 느끼지 못하게 된 것이다.

이 일로부터 '일상적인 불쾌한 냄새를 없앤다'라는 콘셉트는 고객들에게 어필되지 않는다는 것이 명백해졌다. 그들은 자신들의 집 냄새에 이미 코가 무뎌져 있었기 때문에 악취를 문제로 느끼지 않았던 것이다.

그래서 마케팅팀은 외부 전문가도 팀에 참여시켜, 페브리즈의 헤비 유저들을 철저히 조사하기로 했다. 그러던 중 한 가정에서는 어머니가 방 청소를 모두 끝낸 뒤 마지막 마무리로 페브리즈를 뿌리고 있다는 사실을 발견했다. 이 여성에게 인터뷰하자 그녀는 "청소를 끝낸 뒤에, 나에 대한 보상으로 뿌려요"라고 답했다. 그녀는 2주에 한 병의 페브리즈를 소비하고 있었다.

이 조사를 바탕으로, 페브리즈의 콘셉트는 '악취를 제거한다'에서 '청소를 끝낸 뒤의 보상', '일상에 상쾌한 향기를 더한다'와 같은 '청결감을 즐기는' 것으로 크게 변경되었다. 그에 따라 광고 역시 창문을 열어 상쾌한 바람이 들어오는 이미지를 강조하는 쪽으로 바뀌었다.

"일상에 상쾌한 향기를 더한다"라는 제품으로 탈바꿈한 것이다. 그 결과, 새롭게 변신한 페브리즈는 2개월 만에 매출이 2배로 증가하며 회사의 히트상품으로 성장했다.

이처럼 고객의 잠재적 니즈는 반드시 고객 자신이 인식하는 것은 아니며, 고객의 행동을 관찰하고 그것을 통찰하는 노력이 필요하다.

그러나 노자는 겉보기에 그와 정반대의 주장을 하고 있다.

문을 나서지 않아도 천하를 안다 【불출호지천하不出戶知天下】

천하의 일은 집 밖으로 나가지 않아도 알 수 있다. 하늘의 도리는 창문으로 밖을 내다보지 않아도 알 수 있다. 밖으로 나가 멀리 갈수록 아는 것은 점점 줄어든다. 그러므로 성인은 나아가지 않고도 알고, 보지 않고도 밝히며, 하지 않고도 이룬다. _도덕경 47장

노자에 따르면, 잠재된 기세를 직각하기 위해 굳이 바깥으로 나가거나 창문으로 밖을 볼 필요는 없다.[15] 그러나 이 말은 비유적 표현으로 이해해야 한다. 여기서 '집 밖에 나가지 않는다'는 것은 오감에 의존해 감각 정보를 수집할 필요가 없다는 뜻이다. 이미 여러 차례 언급했듯이, 잠재적 기세는 오감을 통해 인식할 수 없기 때문이다.

그렇다고 해서 도(道)를 알 수 없다는 뜻은 아니다. 우리에게는 직관이 있기 때문이다. 직관은 시스템1의 정보가 시스템2로 이전될 때 발생한다. 여기서 시스템1에 저장된 정보는 오감을 통해 새롭게 얻은 것이 아니라, 기억의 형태로 존재하는 과거의 경험 지식이나 선험적 지식이다. 따라서 새로운 감각 정보를 억지로 수집할 필요는 없다.

중요한 것은 시스템1에 맡기고, 그 안에서 직관이 떠오를 때까지 기다리는 것이다.

다만, '형태(形)'에 대한 인식은 예외다. 형태는 감각을 통해 포착할 수 있으며, 그 형태 속에서 잠재된 기세를 직각할 수 있다. 따라

서 형태에 대한 정보 수집은 여전히 유효하며, 이를 직관에서 배제해서는 안 된다.

결국 이 가르침의 요지는 이미 손에 쥔 형태의 정보 속에서 잠재된 기세를 통찰해야 한다는 데 있다. 그래서 성인은 나아가지 않고도 알고, 보지 않고도 꿰뚫으며, 직접 행하지 않아도 직각할 수 있는 것이다.

징조에 대응할 때는 최소의 노력으로 최대의 효과를 발휘한다

이러한 직관으로 포착되는 것은 잠재적인 '기세'이며, 그것은 형태를 통해 드러난다. 그렇다면 직관의 계기가 되는 '형태'란 구체적으로 어떤 것을 말할까. 이 점에 대해 노자는 다음과 같이 말한다.

세상만사에는 시작이 있다 【천하유시天下有始】

'문(감각이나 욕망)'을 닫으면 죽을 때까지 지치지 않는다. 그 문을 열고 일을 이루려 하면 평생 위태로움에서 구제받지 못한다. 작은 것을 보는 것을 밝음이라 하고, 부드러움을 지키는 것을 강하다고 한다. 그 지혜의 빛을 써서 밝음으로 돌아오면 몸에 재앙이 남지 않는다. 이것을 습상이라 한다. _도덕경 52장

여기서 '작은 것을 보는 것'은 미세한 징조를 감지한다는 뜻이다. 이것을 가리켜 '밝음'이라 부른다. 도덕경 16장에서 밝음(明)은 무(無)의 상태에 대한 지혜를 가리킨다. 여기에서 '밝음'은 징조를 직관하는 것을 말한다.

즉 기세를 직각하려면 지금 이 순간, 눈앞의 현실에 드러나는 미묘한 '징조'에 주목해야 한다.

주역(周易)에서는 봄의 징조를 춘분이 아니라, 추위가 극에 달한 동지에 있다고 본다. 동지는 일조 시간이 1년 중 가장 짧은 날이며, 그 뒤로 일조 시간은 점점 길어진다. 즉 지금이 바닥이며, 그 동지에서 봄의 징조를 본다. 동지를 '일양래복(一陽来復)'이라고 하는 것은 이 징조를 가리킨다.[16]

이 징조를 현대적 용어로 말하면 '선행지표'에 해당한다.

> 잠재적인 기세를 감지하기 위해서는, 어떤 선행지표에 주목할 필요가 있다.

무엇이 선행지표가 될지는 각자의 창의적 노력으로 발견해야 한다. 이를 보여주는 고사로 『한비자』 우로편(喩老編)에는 다음과 같은 일화가 전해진다.

은나라의 주왕(紂王)이 상아로 만든 젓가락을 사용하는 것을 본 기자(箕子)는 그런 사소한 행위에서 은나라의 멸망을 예견했다. 상아 젓가락으로 사치를 극대화하면, 그다음에는 보석으로 만든 술잔을 요구하고, 그다음에는 진귀한 맛을 찾아 나설 것이다. 이런 낭비는 점점 심화되어 나라가 위태로워진다. 기자는 상아 젓가락에서 그 징조를 읽어 냈다.

가장 바람직한 대응은 이런 징조의 단계에서 사태를 처리하는 것이다.

선행 정보를 다루는 중요성을 시사하는 예로 하인리히의 법칙이 있다.[17] 이 법칙에 따르면, 큰 사고 한 건이 일어나기 전에는 29건의 중간 사고가 있고, 그 전에 300건의 작은 사고가 있다고 한다.

대형 사고가 발생하기 전에는 반드시 징조가 있으며, 그 단계에서 대응하면 최소한의 비용으로 대형 사고를 막을 수 있다. 중간 사고 단계에서 대응하는 것도 가능하지만, 바람직한 것은 300건의 작은 사고를 감지해 미리 대응하는 것이다.

징조의 단계에서 대응할 수 있다면, 작은 노력으로 큰 효과를 낼 수 있다. 이미 말했듯이, 노자의 기준은 '최소의 노력으로 최대의 효과를 거두는 것'이다. 그 최적의 타이밍이 바로 징조의 단계다. 예를 들어 강의 상류에서는 수량이 적어 흐름의 방향을 비교적 자유롭게 바꿀 수 있지만, 하류로 내려갈수록 점점 더 어려워진다.

중국 의학에는 미병(未病)이라는 개념이 있다. 미병이란 병이 되기 전의 상태를 말하며, 아직 구체적인 증상은 나타나지 않았지만 질병으로 이어질 가능성이 큰 몸 상태를 가리킨다. 한의학에서는 미병의 단계에서 치료를 시작하여 체질을 조절하려 한다. 일단 병이 본격적으로 발현되면 치료하기 힘들지만, 미병 상태에서는 간단한 처방으로도 회복할 수 있다. 큰 수술에 비하면 아주 작은 노력으로 문제를 해결할 수 있는 것이다. 이와 같이,

> 노자의 성인은 징조의 단계에서만 행위한다.

그는 이미 흐름이 커진 강의 중류나 하류에서는 개입하지 않는다.[18] 대신 전략적으로 손을 떼고 흐름의 기세에 모든 것을 맡긴다. 따라서 상류 단계에서 목표가 될 만한 선행지표를 파악하고 관찰하는 일이 노자가 말한 직각(直覺), 즉 도의 기세를 감지하는 데 중요한 포인트가 된다.

'약함을 지킨다'는 것도 바로 이러한 징조의 단계에서 유연하게 대응한다는 뜻이다. 이제 막 싹이 난 초기 단계에서는 조금만 대응해도 큰 효과를 보이며, 그렇기에 그것은 오히려 '강함'이 된다. 이처럼 징조의 단계에서 적절히 대응하는 것은 노자가 말한 '그 지혜의 빛을 써서 밝음으로 돌아간다'는 뜻이며, 그렇게 함으로써 몸에 닥칠 재앙을 피할 수 있다. 이러한 지혜로운 행위의 방식을 '습상(襲常 : 변하지 않는 도를 익힘)'이라 부른다. 즉 무위(無爲)란 아무것도 하지 않는 것이 아니라, 영원히 변치 않는 도의 기세에 순응하고 따르는 행위를 의미한다.

잼의 법칙 – 과도한 정보는 판단을 흐리게 한다

선행지표를 명확히 하고 그것을 관찰하며 징조를 감지했다면 즉시 대응하는 것이 중요하다. 달리 말하면, 선행지표란 일종의 '형태'이며, 그것을 지각하고 기세의 징조를 직각하는 것이다. 이 가르침에서는, '문을 나서지 않고도 천하를 안다'*를 실현하기 위한 구체적인 방법이 제시되었다고 해석할 수 있다.

다만, 노자는 동시에 감각기관을 외부로 향하게 하면 위험하며, 감각기관을 외부로부터 닫아 두는 편이 좋다고 주장한다. '문'이란 감각기관의 출구를 가리킨다. 이것을 막는다는 것은 지각·감각에 휘둘리지 않는다는 뜻이다. 그러나 선행지표에 대해서까지 닫아 버리면, 오히려 위험해질 수 있다. 이 부분은, 과도한 외부 정보에 혼란되는 폐해를 경계하라는 뜻으로 해석할 수 있다. 노자가 '다섯 가지 색은 사람의 눈을 멀게 한다'**(제6계)'에서 언급했듯이,

> 과도한 정보는 기세의 판단을 흐리게 만든다.

의사결정을 할 때, 일반적으로는 정보가 많을수록 좋다고 생각한다. 그러나 여러 심리실험에서, 선택지가 많아질수록 오히려 결정

---

*   도덕경 47장
** 도덕경 12장

을 내리지 못하는 경향이 있다는 사실이 밝혀졌다. 대표적인 사례가 심리학자 쉬나 아이엔가(Sheena Iyengar)가 제창한 '잼의 법칙'이다.[19]

아이엔가는 한 슈퍼마켓에서 다음과 같은 실험을 진행했다. 24종류의 잼을 진열한 선반과 6종류의 잼을 진열한 선반을 각각 설치한 결과, 시식 인원은 24종류가 있는 선반 쪽이 많았다. 하지만 실제 구매율은 6종류의 잼만 있는 쪽이 무려 10배 이상 높았다. 이 실험은 선택지가 너무 많으면 오히려 결정을 유보하거나 포기하게 되는 '선택 마비(choice paralysis)' 현상을 보여준다. 이를 '잼의 법칙', 또는 '결정 회피의 법칙'이라고 부르기도 한다.

이 법칙에 따르면, 지나치게 많은 외부 정보에 주의를 기울이면 오히려 의사결정을 내리지 못하게 될 수 있다. 문을 닫는다는 것은 그런 폐해를 가리키는 것으로 볼 수 있다. 과도한 정보 수집보다는 특정한 선행지표에만 집중하여 '문을 나서지 않고도 천하를 안다'*를 실천하는 편이 더 중요하다.

---

*　도덕경 47장

> **제7계에서 배우는 노자의 가르침**
>
> - 잠재적인 기세는 선입견이나 고정관념을 버림으로써 감지할 수 있다.
> - 고객의 잠재적 니즈는 고객의 행동을 관찰하고 그 안에서 통찰함으로써 파악할 수 있다.
> - 선행지표에 주목해 징조 단계에서 대응할 수 있다면, 최소의 노력으로 최대의 효과를 발휘할 수 있다.

| 주 |

1   앙리 푸앵카레 저, 요시다 히로카즈 역 『과학과 방법(Science et Methode)』 이와나미 문고, 1953년.

2   그레이엄 월러스(Graham Wallas) 저, 마츠모토 츠요시 역 『사고의 기술(The art of thought)』 치쿠마 학예문고, 2020년.

3   월러스, 앞의 책.

4   푸앵카레, 앞의 책, 62쪽. 이 번역서는 일본어 표현이 다소 난해하기 때문에 원문을 참고하여 새롭게 번역했다.

5   푸앵카레, 앞의 책, 65쪽. 인용한 문장은 일부 표현이 원문과 다르다.

6   고다이라 구니히코 『게으른 수학자의 기록』 이와나미 현대문고, 2000년.

7   오하마 『노자의 철학』 앞의 책, 제12장 참조.

8   무나카타 마사유키 「관리자의 득세로 소니에서 히트작이 사라졌다」 『내가 사랑한 소니』 닛케이비즈니스 전자판 2016년 5월 30일.

9   가나야 오사무 『노자』 고단샤학술문고, 2012년, 154쪽.

10 이후쿠베, 앞의 책, 305쪽.

11 이 점에서 노자와 선(禅)에는 공통점이 있다. '허심(虛心)'은 선에서 말하는 견성(見性)이나 본래의 면목, 절대무에 대응하며, 그것을 실천하는 구체적 수단이나 그 발현된 모습이 좌선이다. 분별과 지식은 망념(妄念)이며, 망념은 본질적으로 무념(無念)과 다름없다. 즉 망념에는 실체가 없고 그것은 무(無)로 돌아간다. 여기서 무념과 이념(離念)은 다르다. 이념이란 생각을 떠나려고 애쓰는 노력을 포함하지만, 무념은 애초에 그런 생각 자체가 실체 없는 무라는 의미다. 이것을 혜능(慧能)은 '본래무일물(本來無一物)'이라 표현했다.

12 선 역시 지식의 역기능을 중시한다. 이것을 '이장설(理障説)'이라 부른다. 그러나 불교 안에서 선만큼 방대한 문헌이 축적된 영역도 드물다.

13 대니얼 카너먼 저, 무라이 아키코 역 『FAST & SLOW』 하야카와쇼보, 2012년. (※ 한국어 번역서 : 생각에 관한 생각, 김영사, 2018년)

14 이것은 OODA 루프의 관점에서 보면 관찰(observe)에서 정세 판단(orient) 단계에 해당한다. 본문에서는 자세히 다루지 않았지만, 노자의 가르침과 OODA 루프는 정합적이다. OODA 루프에 대해서는 챗 리처즈 저, 하라다 쓰토무 역 『OODA LOOP(원서명: Certain to Win)』 도요게이자이 신보샤, 2019년, 하라다 쓰토무 『OODA Management(우다 매니지먼트)』 도요게이자이 신보샤, 2020년을 참고할 것.

15 『논어』에 '공자께서 말씀하시길, 누가 나갈 때 문으로 나가지 않겠는가, 그런데 어찌 이 도(道)를 따르지 않는가(子曰 誰能出不由戶 何莫由斯道也)'라는 구절이 있다. '사람이 나갈 때는 반드시 문으로 나간다. 사람이 지켜야 할 도(道)도 문을 드나들듯이 당연히 따라야 할 것인데, 그 도를 아무도 따르지 않는 것은 도대체 어찌 된 일인가.'라는 의미이다. 노자의 이 가르침은 이 『논어』의 주장에 대한 반론으로 해석될 수도 있다. 즉 공자는 도를 행함에 있어 당연히 바깥으로 나가야 한다고 본 반면, 노자는 애초에 바깥으로 나갈 필요조차 없다고 주장한 것이다.

16 더 자세히 말하면, 동지(冬至)를 상징하는 괘(卦)는, 여섯 개의 가로줄(효) 중에서 맨 아래 첫 번째 줄(초효)에만 양(陽, 즉 밝고 강한 기운)이 나타나고, 나머지 다섯 줄은 모두 음(陰, 즉 어둡고 약한 기운)으로 되어 있다는 뜻이다. 즉 긴 겨울이 끝나고 이제 막 봄의 기운(양)이 아주 약하게, 맨 아래에서부터 시작된다는 것을 상징한다.

17 하인리히 저, 미무라 키이치 감수 『재해방지의 과학적 연구』 일본안전위생협회, 1951년.

18 여기서 말하는 하류(下流)란, 진자 운동으로 말하면 끝점을 가리킨다. 운동이 멈추는 바닥 역시 하류이지만, 이 하류는 성인이 창조를 행하는 장소가 된다. 다만 이 바닥은 창조가 이루어지면 즉시 시작점(출발점)이 된다는 점에 주의해야 한다. 본문에서는 강의 상류에서 하류로 가면서 기세가 커지는 것을 비유적으로 설명하고 있을 뿐이며, 진자 운동 같은 왕복운동은 염두에 두지 않았다.

19 쉬나 아이엔가 저, 사쿠라이 유코 역 『선택의 과학』(THE ART OF CHOOSING) 분게이슌주, 2010년. (※ 한국어 번역서-선택의 심리학, 21세기북스, 2012년)

제8개

쉬운 일에만 손댄다

창조의 핵심

안정된 상태에 있을 때 유지하기 쉽다
【기안이지 其安易持】

성인은 대중이 원하지 않는 것을 원하고,

대중이 선호하는 것을 귀하게 여기지 않는다.

대중이 배우지 않는 것을 배우며,

대중이 고려하지 않는 것을 돌아본다.

그리스 신화의 영웅과 노자의 성인

종래의 노자 해석에서는 무(無)로의 회귀가 강조되는 경향이 강했다. 형태가 있는 것은 언젠가는 부서지고, 유(有)에서 무로 이행한다는 측면을 중시한 것이다. 한편으로 생각하면 꽃과 같이 형태가 있는 것은 그 형태가 존재하지 않는 자리(꽃의 경우라면 씨앗), 즉 무로부터 생겨난다. 이 무에서 형태가 태어나는 측면은 '창조'이며, 노자 철학의 진정한 중요성은 이 창조적 측면을 강조한다는 데 있다. 무로 돌아가는 것이라 해도, 그것은 새롭게 유를 창조하기 위한 것이다.

이 창조의 프로세스는 우선 직관을 통해 잠재적인 기세를 통찰하는 것이 요구된다. 고요한 과정 속에서 이 잠재적 기세는 이후 형태로, 그리고 가시적인 기세로 전개된다. 이러한 전개야말로 곧 창조인 것이다.

창조적 전개를 촉진하려면 어떻게 행동하고 창조에 참여하면 될까? 다음에 나오는 노자의 가르침이 구체적인 처방전을 제시한다.

무위를 행하고 【위무위爲無爲】

무위를 행하고 무사(無事)를 일삼으며, 무미(無味)를 맛본다. 작은 것을 크게 여기고 중시하고, 적은 것을 많게 여기고 존중한다. …… 어려운 일은 쉬운 일부터 손을 대어 시작하고, 큰일은 세세한 일부터 행한다. 천하의 어려운 일은 반드시 쉬운 일에서 비롯되고, 천하의 큰일은 언제나 세세한 것에서 비롯된다. 그러므로 성인은 언제나 작은 일부터 행하고 끝내 큰일을 하지 않는다. 그래서 능히 그 큰일을 이룰 수 있다. 쉽게 약속하면 신뢰를 얻을 수 없으며, 가볍게 생각하면 반드시 어려움에 부딪힌다. 그러나 성인은 사소한 일이라도 어려운 문제로 다루기 때문에, 결과적으로 어려움 없이 문제를 해결할 수 있다. _도덕경 63장

이것도 노자다운 역설로 시작된다. '무위를 행한다', '무사를 일삼는다', '무미를 맛본다'는 것은 무엇을 의미할까. 무위란 '무(無)의 기세'이며, 무사란 무의 기세에 의해 생겨난 현상이며, 무미란 무의 기세를 지각하는 것을 가리킨다고 할 수 있다. 따라서 이들은 모두 무의 작용, 무의 기세에 순응한 행위, 더욱 정확히 말하면 반응을 뜻한다.

그렇다면 이 '무에 순응한 반응'이란 어떤 모습일까. 이에 대해 노자는 '천하의 어려운 일은 반드시 쉬운 일에서 비롯되고, 천하의 큰일은 언제나 세세한 것에서 비롯된다'라고 지적한다.

강을 예로 들자면, 강의 흐름은 상류의 샘물에서 비롯되는데, 그 주변에서는 그다지 강한 흐름이 아니라 희미한 조짐만이 감지될 뿐이다. 그러나 그 작은 기세가 차츰 중류, 하류에 이르면서 큰 강물의 흐름으로 변해 간다.

따라서 천하의 어려운 일은 쉬운 데서, 천하의 큰일은 세세한 데서, 즉 시작점에서 비롯되는 것이다. 산 위에서 공을 굴리는 예를 들자면, 산 정상에서 공을 굴리는 사람이 노자가 말한 성인에 해당한다.

이런 도(道)의 과정을 잘 알고 있는 성인은 '끝내 큰일을 하지 않는다. 그래서 능히 그 큰일을 이룰 수 있다'고 말할 수 있다. 여기서 '큰일을 하지 않는다'란 흐름에 거슬러 인위적인 행동을 하지 않는다는 뜻이다. 예를 들어, 산 정상에서 굴러 내려온 공을 산기슭에서 붙잡아 다시 정상까지 들어 올리려는 것은 인위적인 행동이다. 이는 마치 그리스 신화에서 보듯, 신적인 힘으로 고난을 극복하고 큰 승리를 거머쥐는 영웅의 행위와 같다.

반면, 노자가 그리는 성인이나 손자의 뛰어난 장수는 이러한 식으로 큰일을 직접 이루는 인물이 아니다. 산의 정상에서 공을 굴리는 데만 관여하고, 그 뒤에는 고요히 전개되는 과정을 지켜보는 데 철저하다. 성인은 산의 중턱이나 기슭에서 공의 흐름에 간섭하지 않는다는 의미에서 '끝내 큰일을 하지 않는다'. 그러나 결과적으로는 큰 기세를 만들어 내기 때문에 '능히 그 큰일을 이룰 수 있다'는 결과가 된다. 이것을 좀 더 구체적으로 표현하자면, 무언가를 이루

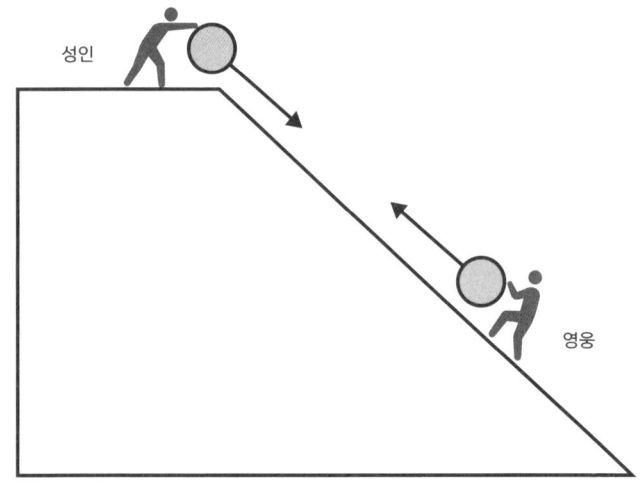

려 할 때는 먼저 작은 일, 쉬운 일부터 시작해야 하며, 처음부터 어려운 일이나 큰일에 바로 착수해서는 안 된다는 것이다. 물론, 크고 원대한 뜻을 품는 것 자체를 부정하는 것은 아니다. 다만 실제로 착수하는 것은 작고 쉬운 일이어야 한다. 그것들을 차근차근 쌓아가고 해결해 나감으로써, 결국 큰일을 이루는 데 도달한다. 극단적으로 표현하자면, 우리에게 필요한 것은 작은 일, 쉬운 일만을 신중히 수행하는 태도다. 다만, 그 끝에 기다리고 있는 큰일이 무엇인지 반드시 내다볼 수 있어야 한다. 다시 말해 그것이 바로 뜻(志)이며, 큰 틀과 전체 맥락을 보고 작은 일부터 손을 대는 태도가 핵심이다.

자신의 강점에 레버리지를 활용한다

쉬운 일부터 손을 대는 것은 곧 자신이 잘하는 일, 능력이 있는 일에 집중한다는 것을 의미한다. 달리 말하면 '강점을 살린다'는 것이다. 하지만 그것만으로는 부족하며, 그 쉬운 일이나 작은 일이 반드시 큰 효력을 발휘해야 한다. 이것을 경영의 관점에서 본다면 레버리지를 활용하는 것과 같다. 레버리지는 다음과 같이 정의할 수 있다.

인풋 × 레버리지 = 아웃풋

레버리지가 크면 같은 인풋으로 두 배, 세 배의 효과를 거둘 수 있다. 이것이 산 정상에서 공을 굴리는 것에 해당한다. 공이 점점 더 빠르게 굴러가는 것은 산의 경사 덕분이다. 이 경사, 즉 형태에 해당하는 것이 레버리지다. 노자의 '최소한의 노력으로 최대한의 효과'라는 평가 기준은 이 레버리지로 측정할 수 있다.

예를 들어, 제5계에서 언급했던 플랫폼의 네트워크 효과 등도 레버리지의 사례에 해당한다. 온라인을 통해 고객을 모으고, 그 평판을 확산시킬 수 있다면 네트워크 효과를 통해 온라인상에서의 디자인이나 메시지만으로도 큰 성과를 거둘 수 있다. 다만 기존의 레버리지에 안주하면 경쟁자에게 모방당해 효과가 줄어들게 된다. 즉 산의 경사가 점점 완만해지는 것이다.

이를 피하려면 단순한 이미지뿐 아니라, 동영상이나 A.I 등을 접목시키는 등 끊임없이 새로운 요소를 도입해 레버리지를 갱신해야 한다.

이렇게 레버리지가 확보된 상태에서 작은 일, 쉬운 일부터 시작하면 당연히 큰 효과를 낼 수 있다.

대중이 경멸하고 무시하는 것에서 배운다

그렇다면 레버리지를 만들어 내는 플랫폼을 어떻게 발견할 수 있을까. 말할 것도 없이, 그것은 잠재적 기세를 직관적으로 감지하는 데서 비롯된다. 그러나 그 과정에서는 내재된 지식이 중요한 역할을 한다. 그 일부가 떠오름으로써 직관이 작동하고, 새로운 형태로서의 플랫폼을 통찰할 수 있게 된다. 문제는 그 통찰을 이끌어내는 내재적 지식이 과연 어떤 것이냐는 점이다. 이와 관련해 노자는 다음과 같이 말한다.

안정된 상태에 있을 때 유지하기 쉽다 【기안이지其安易持】

성인은 대중이 원하지 않는 것을 원하고, 대중이 선호하는 것을 귀하게 여기지 않는다. 대중이 배우지 않는 것을 배우며, 대중이 고려하지 않는 것을 돌아본다. 이로써 만물의 자연스러움을 돕고, 감히 인

위적인 일을 하지 않는다. _도덕경 64장

이 구절에 따르면 성인은 대중이 원하지 않는 것을 원하고, 대중이 선호하는 것을 귀하게 여기지 않으며, 대중이 배우지 않는 것을 배우고, 대중이 고려하지 않는 것을 돌아본다. 즉 성인은 '대중이 경멸하고 무시하는 것에서 배우고, 거기서부터 창조를 이루어 낸다'는 뜻이다.

리드 헤이스팅스(Reed Hastings)가 넷플릭스를 창업한 것도 그의 개인적인 경험이 크게 작용했다. 그는 동네에 있던 블록버스터라는 비디오 대여점에서 영화 〈아폴로13〉을 빌렸다가 반납이 늦어 연체료 40달러를 물게 되었다. 이 쓰라린 경험을 계기로, 그는 고객이 연체료를 부담하지 않으면서 자유롭게 영화를 즐길 수 있는 새로운 형태의 대여 서비스를 구상하게 되었고, 1997년에 우편을 통한 DVD 대여 서비스로 사업을 시작했다. 이 서비스는 당시 시장을 장악하고 있던 블록버스터와 달리, 월 정액제로 운영되고 연체료가 없는 것이 특징이었다. 사실 블록버스터는 대여점 수가 급격히 줄며 수익의 대부분을 '고객의 고통' 즉 연체료로 올리고 있었다. 이미 업계 전체가 사양의 길로 접어들고 있었던 것이다.

2000년대 초, 브로드밴드 인터넷 접속이 보급되기 시작하면서 온라인으로 콘텐츠를 소비하는 것이 현실적으로 가능해졌다. 헤이스팅스와 공동 창업자 마크 랜돌프는 이 새로운 기술을 활용해 영화나

TV 프로그램을 인터넷을 통해 전송할 가능성을 발견했고, 2007년에 DVD 대여를 보완하는 형태로 스트리밍 서비스를 시작했다.

 이 서비스는 고객이 추가 요금 없이 영화나 TV 프로그램을 온라인으로 시청할 수 있게 함으로써 시간이나 장소에 구애받지 않고 콘텐츠를 즐길 수 있도록 했다. 이 새로운 비즈니스 모델 덕분에 넷플릭스는 매출을 크게 늘리는 데 성공했다.

 1980년대 초, 제임스 다이슨은 집에서 사용하던 기존 진공청소기의 성능에 불만을 품었다. 그가 쓰던 청소기는 먼지봉투가 막히면 곧바로 흡입력이 떨어지는 문제가 있었다. 다이슨은 그 원인이 먼지봉투 속 먼지가 공기의 흐름을 방해하기 때문이라고 보았다. 당시의 청소기는 봉투나 필터 안에 쓰레기와 먼지를 모으는 방식이었다. 다이슨은 산업용 사이클론 타워에서 중요한 힌트를 얻었다. 이 장치는 도장 공장 등에서 공기 중의 페인트 입자를 제거하는 데 쓰였는데, 다이슨은 이 원리를 가정용 청소기에 적용할 수 있겠다고 생각했다. 즉 공기 중의 먼지와 쓰레기를 원심력을 이용해 분리하면 청소기 봉투나 필터가 막히지 않아 지속적인 흡입력을 유지할 수 있다고 본 것이다. 청소기가 흡입한 공기가 사이클론(원통형 챔버) 안에서 고속으로 회전하며 공기 중의 먼지나 쓰레기가 원심력으로 바깥쪽으로 밀려 나가 사이클론 벽을 따라 떨어져 집진 용기에 모이는 구조를 구상했다.

 그는 이 아이디어를 실현하기 위해 5년간 5,127회의 시제품 제작과 시행착오를 반복했다. 결국 그는 시제품을 완성해 유럽과 미국의 대형 제조사에 제안했지만, 그의 제안에 선뜻 응한 곳은 없었다. 그는 창업을 결심하고 1983년에 첫 모델인 G-Force를 일본 시장에 출시했다. 이 청소기는 고가였음에도 큰 성공을 거두었다.

  헤이스팅스와 다이슨의 공통점은 기존의 경쟁자들이 거들떠보지 않던 문제를 발견하고, 경쟁사가 갖고 있지 않은 새로운 기술을 도입해 제품이나 서비스로 발전시켰다는 것이다. 스트리밍 서비스나 사이클론 방식은 그들의 플랫폼이 되었으며, 그 플랫폼에서 진정한 레버리지가 작동했다. 이러한 플랫폼들은 경쟁자들이 이전에는 전혀 주목하지 않았던 것으로, 이것이야말로 '사람들이 경멸하고 무시하는 것에서 배우고, 거기서부터 창조를 이루는' 사례라 할 수 있다.

왜 통찰 없는 창조는 실패하는가?

이처럼 잠재된 기세를 직관하고 그것을 표면적인 기세로 창조해 내려면, 사물을 주도하려 하지 않고 '반응'하는 자세가 필요하다. 새로운 진자의 움직임을 시작하는 것은 잠재적 기세를 직관한 이후의 일이며, 그런 직관 없이 무작정 새로운 일을 시작하면 실패로 이어질 수 있다.

창조에는 잠재적 기세에 대한 통찰이 필요하며, 통찰 없는 창조는 실패한다.

브라이언 체스키와 조 게비아는 2007년 샌프란시스코에서 룸메이트로 함께 살고 있었다. 당시 두 사람은 경제적으로 매우 어려워 집세조차 내기 힘든 상황이었다. 그해 가을, 샌프란시스코에서 국제 디자인 콘퍼런스가 열릴 예정이었는데, 이미 개최 한참 전부터 시내 호텔이 거의 만실이었다. 이 숙박 시설 부족 현상을 보고, 체스키와 게비아는 비즈니스 기회를 통찰했다. 두 사람은 자신의 거실에 에어매트리스(에어베드) 3개를 준비하고, '에어베드 & 브렉퍼스트'라는 이름으로 콘퍼런스 참가자들에게 숙소를 제공하기로 했다. 웹사이트를 만들고, 아침 식사를 포함해 1박에 80달러로 숙박을 제공했다

결과적으로 3명의 게스트가 이 서비스를 이용했다. 이들은 콘퍼런스 참가를 위해 샌프란시스코를 방문한 사람들이었으며 저렴하고 쾌적한 숙소를 찾고 있었다. 이 성공 경험을 통해 체스키와 게비아는 이 아이디어가 가진 잠재적 기세를 확신하게 되었다. 즉 사업으로 연결시키기에 충분한 통찰을 얻게 되었다. 이후 소프트웨어 엔지니어인 네이선 블레차르칙을 공동 창업자로 영입해, 2008년 에어비앤비(Airbnb)라는 이름으로 정식 사업을 시작했다. 그들의 목표는 전 세계 누구나 자신의 집 빈 공간을 활용해 수익을 올리고,

이용자들은 기존 호텔과는 다른, 더 개성 있고 개인화된 숙박 경험을 할 수 있는 플랫폼을 만드는 것이었다.

에어비앤비는 이 독창적인 비즈니스 모델을 통해 급성장하여, 전 세계적으로 수백만 개의 숙박 시설이 등록되는 성과를 거두었다. 그 성공은 여행 산업에 혁신을 가져왔으며, 공유 경제의 상징적 존재가 되었다.

반면, 충분한 통찰 없이 사업을 성급하게 시작해 치명적인 실패에 이른 사례도 셀 수 없을 만큼 많다. 이런 경우, 고객의 잠재적 니즈를 충분히 좁히지 못하고, 경쟁자와의 차별화도 제대로 이루지 못한 경우가 많다. 제7계에서 언급한 페브리즈 역시 개발 초기에는 충분한 통찰 없이 '악취를 제거한다'는 상식적인 아이디어만으로 접근했다. 초기 실패를 겪은 뒤에야 고객 조사를 철저히 하고, 고객의 목소리를 듣는 것에서부터 새로운 통찰을 얻을 수 있었다.

엘리자베스 홈즈는 2003년 스탠퍼드대학을 중퇴하고 테라노스(Theranos)를 창업했다. 그녀는 기존의 혈액검사가 다량의 혈액이 있어야 하고 시간과 비용이 많이 든다는 문제를 해결하기 위해, 몇 방울의 혈액만으로 수백 가지의 검사를 할 수 있는 장치인 '에디슨(Edison)'을 개발하겠다고 주장했다. 홈즈의 카리스마 있는 리더십과 이 혁신적인 아이디어 덕분에 많은 투자자로부터 약 9억 달러의 자금을 모으는 데 성공했다. 한때 테라노스의 기업 가치는 90억 달러에 달했으며, 홈즈 자신도 젊은 여성 창업가로서 수많은 미디어에 조명되며 높은 평가를 받았다.

그러나 2015년, 『월스트리트저널』이 테라노스의 기술에 의문을 제기하는 기사를 내보냈다. 이 기사에 따르면 테라노스의 '에디슨' 기기는 매우 불안정하고 신뢰성이 떨어지는 것으로 드러났다. 또 실제로 테라노스가 발표한 것처럼 폭넓은 검사를 에디슨으로 수행한 것이 아니라, 많은 검사는 타사 표준 장비를 사용해 이루어진 사실이 밝혀졌다. 이 폭로 기사로 인해 테라노스의 평판은 바닥에 떨어졌고, 투자자와 의료 관계자들의 신뢰도 잃었다. 결국 엘리자베스 홈즈와 테라노스의 최고운영책임자(COO)인 라메시 발와니는 사기 및 공모 혐의로 기소되어 유죄 판결을 받게 되었다. 이것은 추정에 불과하지만, 아마도 홈즈는 충분한 통찰 없이 섣불리 사업을 시작하고 그 아이디어를 대대적으로 홍보하다가, 논리적 모순에 봉착하자 데이터를 조작하기에까지 이르게 된 것으로 보인다. 즉 통찰 없는 창조는 실패한다.

노자의 세 가지 보물
– 자애로움, 검약함, 세상에 앞서려 하지 않음

이 점에 대한 경계로서 노자는 세 가지 보물에 대해 다음과 같이 말하고 있다.

세상 모든 사람이 이르기를 【천하개위天下皆謂】

내게는 세 가지 보물이 있어 이것을 소중히 지켜왔다. 첫째는 자애로움이고 둘째는 검약함이고 셋째는 '세상에 앞서려 하지 않음'이다. 자애롭기 때문에 용감해지고, 검약하기 때문에 널리 베풀 수 있고, 세상에 앞서려 하지 않기 때문에 사람들이 받들어 지도자가 될 수 있다. 자애로움을 버린 채 용감하기만 하고, 검약을 버린 채 베풀기만 하고, 뒤에 서지 않고 앞서려고만 한다면 오직 죽음이 있을 뿐이다.

자애로움으로 싸우면 이기고, 자애로움으로 방어하면 견고하다. 하늘이 이를 돕는 것은 자애로움으로 스스로를 지키기 때문이다.

_도덕경 67장

세 가지 보물이란 자애로움, 검약함, 세상에 앞서려 하지 않는 것이다. 이것이 도(道)에서의 지침이 된다. 자애로움은 보통 부모가 자식에게 품는 사랑이나 배려를 의미하지만, 여기에서는 무위(無為)를 중시하는 마음으로 해석할 수 있다. 검약함은 제5계에서 이미 본 노자의 '사람을 다스리고 하늘을 섬김(도덕경 59장)'에 나오는 '절제'에 해당하며, 무위의 흐름에 인위적인 개입을 삼가는 것을 의미한다. 세상일에 앞서려 하지 않음은 무위에서의 불쟁(不爭), 즉 다투지 않음을 가리킨다. 즉 무위의 기세에 순응하고 반응하는 행동 지침이 세 가지 보물로 요약되어 있다.

이 세 가지 보물을 '무(無)'에서의 창조적 행위로 바꿔 말하면, 통찰이 나타나기 전에는 행동으로 옮기지 않고, 통찰이 생겨날 때까지 대상과 도(道)에 자애를 가지고, 작은 일, 쉬운 일에 집중하며, 스스로 주도하려 하지 않는 것이라 할 수 있다. 이를 한마디로 표현하면, '행동(액션)이 아니라 잠재적 기세에 대한 반응(리액션)을 중시한다'는 것이 될 것이다.

제8계에서 배우는 노자의 가르침

- 어려움을 피하고, 쉬운 일과 작은 일부터 시작한다.
- 사람들이 경멸하고 무시하는 것에서 배우고, 그로부터 창조를 끌어낸다.
- '자애로움, 검약함, 세상일에 앞서려 하지 않음'이라는 노자의 세 가지 보물 원칙을 준수한다.

제9계

통제하려는 욕망을
내려놓는다

무위의 경영

바름으로 나라를 다스린다
【이정치국 以正治國】

세상에 금지하고 가리는 것이 많아질수록

백성은 점점 가난해지고,

문명의 이기가 많을수록 나라는 혼란에 빠진다.

노자가 말하는 매니지먼트의 순위

지금까지 노자의 '고요한 과정'의 정수를 다루었고, 리더가 그 과정을 따르기 위해 해야 할 일을 설명했다. 이 장에서는 고요한 과정을 실천하고, 구성원이 자율적으로 행동하는 조직, 다시 말해 리더가 아무것도 하지 않아도 성과를 내는 조직을 어떻게 만들 것인가를 설명한다.

먼저 노자는 대부분의 규칙을 부정한다. 노자는 '규칙'이라는 말을 직접 사용하지는 않았지만, 그에 해당하는 것들에 대해 다음과 같은 순위를 매긴다.

상덕은 덕으로 여기지 않는다 【상덕부덕上德不德】

'상덕'은 그것이 덕인지조차 알 수 없다. 그러므로 참된 덕이 된다. '하덕'은 덕을 잃지 않으려 애쓴다. 그러므로 결국 참된 덕이 되지 못한다.

상덕은 무위(無爲)이며, 덕을 위해 억지로 행동하지 않는다. 하덕은 자신의 의지(意志)로 행동하며, 덕을 이루기 위해 억지로 행한다. '상인(上仁)'은 자신의 의지로 행동하지만, 인(仁)을 이루기 위해 억지로 행동하지는 않는다. '상의(上義)'는 자신의 의지로 행동하고, 그로써 의(義)를 이루려 한다. '상례(上禮)'는 자신의 의지로 행동하고, 상대가 따르려 하지 않으면 강제로라도 따르게 하려 한다.

그렇기에 도(道)가 없어지면 덕이 나타나고, 덕이 없어지면 인이 나타나며, 인이 없어지면 의가 나타나고, 의가 없어지면 예(禮)가 나타난다. _도덕경 38장

노자가 말한 내용을 매니지먼트 관점에서 순위를 매기면 다음과 같다.

1위: 상덕(上德) ─ 자연의 기세
2위: 하덕(下德) ─ 인위적 기세
3위: 상인(上仁) ─ 리더십
4위: 상의(上義) ─ 권장 지침
5위: 상례(上禮) ─ 의무 규정

이 중에서 규칙에 해당하는 것은 상의와 상례다. 지금의 말로 바꾸면 '권장 지침'과 '의무 규정'이 될 것이다. 권장 지침은 따를 것이 권장되지만 강제는 아닌 가이드라인이다. 한편, 의무 규정은 강제적으로 준수를 요구하며 벌칙이 따를 수도 있다. 노자는 이러한 규

범성과 강제성을 지닌 규칙을 신뢰하지 않는다.

그에 대체되는 것이 상덕과 하덕이다. 상덕은 자연의 기세이고, 하덕은 자연의 기세가 약해졌을 때 인위적 장치를 통해 만들어 낸 기세(인간이 만든 기세)이다. 3위인 리더십도 상황에 따라 필요하며, 이는 중간 정도의 평가라고 할 수 있다. 그러나 어디까지나 '기세'가 핵심이다.

하지만 정말로 '기세'만으로 조직의 효율적 매니지먼트가 가능할까? 물론 노자의 시대에는 기업 조직이 존재하지 않았다. 그러나 노자는 다양한 통치 방식, 즉 오늘날의 매니지먼트 방식에 대해서도 같은 순위를 제1계에서 인용한 대목에서 제시하고 있다. 다만 제1계에서는 자세히 설명하지 않았으므로, 그 부분을 다시 소개한다.

가장 뛰어난 리더는 아랫사람들이 그 존재만을 알고 있을 뿐이다 【태상 하지유지太上 下知有之】

태고에 백성들은 군주가 존재한다는 사실만을 알 뿐이었다. 조금 후대에는 군주를 친근하게 여기고 칭송하게 된다. 좀 더 후대에는 두려워하게 된다. 더욱 후대에는 업신여기게 된다. 군주에게 신의가 부족하면, 백성은 위정자를 신뢰하지 않게 된다. 군주가 유연하고 간섭하지 않으면, 백성들은 스스로 공을 세우고 일을 완수하며, '우리 스스로 이렇게 한 것이다'라고 말한다. _도덕경 17장

이를 정리하면 다음과 같다.

1위: 무위의 정치(노자) — 셀프 매니지먼트형 경영
2위: 인의 정치(유교) — 리더십형 경영
3위: 법치 정치(법가) — 규칙 기반 경영
4위: 권모술수의 정치(춘추전국시대) — 파벌 중심 경영

이 가운데 가장 이상적인 것은 중국 고대 전설의 왕 요(堯)와 순(舜)에 의한 통치이며, 이것이 무위에 정치에 해당한다.『십팔사략(十八史略)』(제요도당씨 편)에 따르면, 이 시대에 백성들은 이렇게 노래했다고 한다.

"해가 뜨면 일하고, 해가 지면 쉰다. 우물을 파서 물을 마시고, 밭을 갈아 밥을 먹는다. 황제의 힘 따위는 내게 상관없다."

즉 요·순은 왕으로 군림하면서도 현장에 개입하지 않았고, 백성은 자립적으로 평화롭고 즐겁게 일상생활을 살아갔다. 다만 요·순이 실제로 존재했는지는 의문이며, 아마 유가(儒家)에 의해 만들어진 전설일 것이다. 그러나 이러한 마을 공동체의 모습은 결코 비현실적인 것이 아니며, 국가 통치의 손길이 미치지 않는 곳에서는 이처럼 자립적인 삶이 이루어졌으리라 상상할 수 있다.

이를 현대적으로 해석하면, 홀라크라시 같은 '셀프 매니지먼트형 경영'으로 번역할 수 있을 것이다. 거기에서는 상위 관리자가 현장에 간섭하지 않고 완전히 권한을 위임한다. 현장에서는 상위 관리자가 누구인지도 모르지만, 현장의 자율성과 그 역할 수행을 통해 조직은 원활히 기능한다.

2위는 카리스마적 리더십을 발휘하는 매니지먼트로, 부하들이 리더에게 강한 충성심을 가지는 '리더십형 경영'이다. 3위는 관료제 조직에 대표되는 '규칙 기반 경영'이며, 가장 하위는 사내 정치를 유발하는 '파벌 중심 경영'이 된다.

직위가 아니라 역할에 권한을 부여한다

노자가 설파한 셀프 매니지먼트형 경영의 사례로, 온라인 신발·의류 쇼핑몰인 자포스(Zappos)를 살펴보자. CEO 토니 셰이는 자포스를 높은 고객 만족도와 강한 기업 문화를 가진 기업으로 탈바꿈시킨 인물이다. 그는 '기업 문화가 전부'라는 신념을 가지고 있었으며, 강한 기업 문화가 높은 고객 만족도로 직결된다고 믿었다.

그 때문에 그는 직장 환경의 개선, 자유로운 복장 규정, 사내 이벤트 개최 등, 직원들이 즐겁게 일할 수 있는 환경을 만들었다. 그러나 자포스의 독자성은 이런 시도에 있는 것이 아니라, 계층 조직을 철폐하고 홀라크라시(Holacracy)를 도입한 점에 있었다.

홀라크라시는 직원들의 자율성을 높이고 셀프 매니지먼트를 촉진하기 위해 브라이언 로버트슨이 제안한 관리 기법이다. 홀라크라시에서는 조직 구성원이 대등한 관계를 이루며, 원칙적으로 상하 관계가 없다. 직위나 직함은 사라지고 역할만이 부여된다. 각 역할에는 명확한 책임과 권한이 정해져 있으며, 직원 한 명이 여러 역할을 동시에 맡을 수도 있다. 일반적인 조직에서는 직위에 권한이 부여된다. 이에 반해 홀라크라시는 역할에 권한이 부여된다는 점에서 다르다. 역할에 따라서는 신입사원이 경영진에게 권한을 행사하는 것도 원칙적으로 가능하다.

예전에 한 마케팅 리서치 기업의 경영자를 만난 적이 있다. 그 회사는 홀라크라시와 유사한 방식으로 운영되고 있었는데, 직위는 존재하지만 프로젝트와 역할에 따라 권한이 부여되는 구조였다.

그 경영자는 "지금은 부하 직원의 지시를 받아 하청 작업을 하고 있다"며, 내가 만난 다음 날이 마감이라 이제 그 일을 시작해야 한다고 말했던 것이 인상 깊게 남아 있다.

홀라크라시에서는 이처럼 수평적인 역할 분담을 바탕으로 조직이 여러 개의 '서클'로 구성된다. 서클 내 의사결정은 모든 구성원이 합의에 이를 때까지 논의하는 '통합적 의사결정 프로세스'를 통해 이루어진다. 이 과정은 투명하게 공개되며, 관련 정보는 조직 내 전 구성원이 공유한다. 역할이나 서클 역시 필요에 따라 유연하게 변경할 수 있다.

자포스는 이와 같은 홀라크라시의 도입을 통해 큰 변화를 경험했다. 직원들은 더 많은 자유와 동시에 더 큰 책임을 갖게 되었고, 자율적이고 유연한 방식으로 일하는 문화가 자리 잡기 시작했다.

토니 셰이는 이러한 시스템이 장기적으로 직원의 몰입도를 높이고, 혁신성과 적응력을 키우며, 강한 기업 문화를 구축하는 데 기여할 것이라고 믿었고, 실제로 그것을 실현해 냈다. 물론 모든 직원이 홀라크라시를 받아들인 것은 아니었고, 회사를 떠난 인재도 적지 않았다. 따라서 인재 채용 시에도 자포스의 기업 문화와 홀라크라시에 적합한 인물인지를 중시했다.

자포스에는 신입사원이 4주간의 고객 서비스 트레이닝을 마친 뒤, 회사에 남지 않고 퇴사를 선택하면 일정 금액의 보너스(사퇴 장려금)를 지급하는 '오퍼(Offer)'라는 제도가 있다. 오퍼 금액은 처음에는 1,000달러였지만, 최종적으로 4,000달러까지 인상되었다. 아마도 퇴사자에게 보너스를 지급한 곳은 자포스가 처음이었을 것이다.

이 오퍼는 '더 쉽게 그만둘 수 있도록 하는 인센티브'를 제공한 것이다. 자포스의 기업 문화에 적합한 인재만 남기기 위해서이다. 홀라크라시에 맞지 않는 인재는 조직의 기세를 약화시킨다. 반면, 이 분산적 조직 구조에 맞는 인재는 유연하고 자율적인 근무 환경을 충분히 활용해, 능동적으로 일함으로써 조직의 기세를 더욱 강화할 수 있다. 이는 규칙을 없애기 위한 전제 조건으로 '인재 밀도'를 먼저 강화했던 넷플릭스의 사례와도 같다.

　토니 셰이의 뛰어난 점은 단기 실적이나 임시방편적 개혁에 흔들리지 않고, 홀라크라시와 오퍼라는 '형식'을 통해 제1계, 제2계에서 말한 무(無)의 효력, 즉 여백의 효력(상하 관계 철폐)이나 유약함의 효력(자율적 분산 조직)을 발휘했다는 데 있다. 이러한 효력으로 얻어진 조직의 기세(직원 행복도)가 고객 만족도 향상으로 직결되고, 실적이라는 의미의 기세도 가속화되었다.

천하통일에 기여한 조참이 날마다 한 일

노자의 매니지먼트 순위에서는, 리더의 통제와 개입이 많아질수록 평가가 낮아진다. 강제성을 수반하는 규칙 또한 낮게 평가된다. 따라서 셀프 매니지먼트형 경영이 가장 바람직하다는 결론이 된다. 그러나 이 셀프 매니지먼트형 경영을 실제로 실행에 옮기기는 쉽지 않다. 다만 노자는 그것은 도(道), 무위(無爲), 곧 자연의 흐름에 대한 신뢰가 부족하기 때문이라고 꾸짖는다.

　노자의 사상은 전한(前漢) 시대에 이르러 법가 사상과 융합되어 황로사상(黃老思想)으로 불리게 되었고, 무제(武帝) 시대까지 한 왕조에서 존중받았다. 이 사상에 따르면, 리더의 역할은 오직 법을 준수해야 하고 자신의 감정이나 욕망을 드러내거나 그 밖의 쓸데없

는 일을 해서는 안 된다는 것이다.[1]

예를 들어, 유방과 함께 싸워 항우를 무찌르고 천하통일에 기여한 조참(曹參)은 제나라의 승상에 임명되었다. 그 뒤 한 왕조 초대 승상인 소하(蕭何)의 뒤를 이어 2대 승상에 올랐다. 그때 조참이 한 일은 정사를 돌보지 않고 밤낮으로 술을 마시는 것이었다.

직무 태만이 아니냐는 혜제(惠帝)의 질책에 그는 이렇게 대답했다.

"폐하보다 훌륭하신 고제(高帝, 유방)와 저보다 훌륭하신 소하께서 만든 법이 있습니다. 거기에 모든 것이 분명히 규정되어 있습니다. 그 법을 지키고 과실이 없으면 그걸로 충분하지 않겠습니까."

혜제는 그 대답에 수긍하고 더 이상 문제 삼지 않았다. 즉 법령만 준수하면 나머지는 아무것도 하지 않아도 된다는 생각으로, 이는 황로사상을 반영한 통치 방식이라고 볼 수 있다.

다만 노자는 법에 대해서는 언급하지 않았으며, 그것을 중시하지도 않았다. 노자는 셀프 매니지먼트를 기본으로 한 정치에 대해 낙관적이었다. 그러나 실제로 국정을 운영하려면 법을 무시할 수 없었으며, 한나라의 국가 체제가 군국제*였기 때문에, 훌륭한 법을 준수하고 그 외의 정사에는 관여하지 않는다는 것은 그 제도 안에서 가능한 한 노자가 말한 무위의 정치에 가까운 실천이었다고 생각된다.[2] 실제로 『사기(史記)』에서도 이 조참의 무위의 정치는 칭송되고 있다.

---

*   진나라의 군현제와 주나라의 봉건제를 절충한 시스템으로, 수도와 중심지는 황제가 직접 관리하고 지방은 제후가 자치적으로 다스리게 했다.

조직의 종말을 예고하는 징후

노자의 셀프 매니지먼트형 경영은 리더십 자체를 적대시하는 것이 아니다. 리더가 아무것도 하지 않아도 되는 것은, 마치 진자가 힘차게 움직이고 있을 때처럼, 조직의 '기세'가 강하고 방향이 분명할 때에만 허용된다. 하지만 진자의 속도가 떨어지면서 저점에서 멈추면, 그때는 다시 새로운 움직임을 만들어 내야 한다(제7계, 제8계 참고). 그럴 때는 법만 지키면 리더는 날마다 술을 마셔도 좋다는 논리가 통하지 않는다.

 노자가 무위의 경영(셀프 매니지먼트형 경영)을 주장하는 이유는, 오히려 인위적인 매니지먼트가 초래하는 부작용을 경계했기 때문이다. 그 대표적 폐해가 경영학 용어로 말하자면 경영자의 제국 건설(Empire building)이다. 조직이 아니라 경영자 개인의 권력 확대 및 조직 내 영향력 확장 행위를 비판적으로 지칭하는 용어이다.

내게 겨자씨만 한 작은 지식만 있어도 【사아개연使我介然】
대도(大道)의 길을 걸으며 곁길(작은 길, 인위적 개입)로 벗어날까 가장 두려워할 것이다. 대도는 너무나 평범하여 사람들이 눈치채지 못한다. 그래서 사람들은 대도를 버리고 곁길을 좋아한다. 궁전이 호화로워지면 논밭은 반드시 황폐해지고 곳간은 비게 된다. 정치하는 이들이 화려한 옷을 입고 날카로운 칼을 차고 먹고 마심에 탐닉하며, 재물을 쌓아두니, 이것이 바로 교만한 자의 모습이 아니고 무엇이겠는가. 진정 이것은 도가 아니다. _도덕경 53장

여기서 '곁길(施)'이란 인위적 제도나 개입, 즉 무위의 흐름에 역행하는 것을 뜻한다. 구체적으로는, 궁정이 사치스럽고 화려해지는 것이며, 그것은 농촌의 생산성 향상과 아무 관계가 없다. 오히려 이런 지출을 충당하기 위한 세금과 비용 부담이 농촌의 생산 활동을 저해한다.

중국 시인 두보의 시 '붉은 대문에는 술과 고기가 썩을 만큼 넘쳐나지만, 길에는 얼어 죽은 백성의 뼈가 널려 있다(주문주육취, 로유동사골·朱門酒肉臭路有凍死骨)'는 이런 사회 현실을 노래한 것이다.

중소기업의 경영을 평가할 때, 화장실과 직원 식당을 보면 알 수 있다는 말이 있다. 화장실이 깨끗하고 슬리퍼가 정돈되어 있으면 규율이 잘 잡혀 있다는 뜻이고, 직원 식당이 지하의 어두운 공간이 아니라, 전망 좋고 밝은 곳에 위치한다면, 그것은 경영자가 직원을 중시하고 있다는 태도의 표현이다. 그러나 많은 중소기업에서는 가장 전망이 좋은 방에 사장실을 둔다. 그러나 그것은 노자가 말하는 '곁길'이며, 대도가 아니다. 화장실 청소와 정리 정돈처럼 너무나 당연해서 아무도 주목하지 않는 일이야말로 무위의 매니지먼트가 드러난다.

대도란 '평범함'이며 눈앞의 당연한 일을 처리하는 것이다. 조직

의 각 계층이 대도를 실천하면, 관리자는 현장에 개입할 필요가 없다. 이로써 무위의 경영이 실현된다.

조직론에서는 곁길과 관련된 현상으로 '파킨슨의 법칙'이 있다. 이 법칙에는 여러 가지 명제가 있는데, 그중 하나는 '본사 빌딩의 건설 계획은 그 조직의 붕괴점에서 성립되며, 그 완성은 조직의 종말이나 죽음을 의미한다'는 것이다.[3] 또, 곁길을 중시하면 불필요한 지출이 늘어난다. 예를 들어, 파킨슨의 제2법칙은 '지출의 액수는 수입의 액수에 이를 때까지 팽창한다'고 지적한다. 이 지출은 꼭 필요한 데 쓰이지 않고, 경영자의 제국 건설에 쓰이는 경우가 많다. 지출 확장은 조직의 확대로 이어지고, 파킨슨의 제3법칙은 '확대는 복잡함을 의미하고, 복잡함은 부패를 의미한다'고 지적한다.

이처럼 인위적인 매니지먼트는 파킨슨의 법칙이 예견하는 방향으로 나아가, 결국 조직의 붕괴로 이어질 수 있다. 이렇게까지 극단적인 결과가 아니더라도, 최소한 현장 구성원의 희생을 낳게 된다.

가마 삶기형은 폐지해야 하는가

노자는 규칙에 의존하는 경영을 그다지 높게 평가하지 않았다. 노자는 다음과 같이 말한다.

올바름으로 나라를 다스린다 【이정치국以正治國】

세상에 금지하고 가리는 것이 많아질수록, 백성은 점점 더 가난해지고, 문명의 이기가 많아질수록 나라는 혼란해진다. 꾀가 많아지면 악행이 성행하고, 법령이 정비되면 도둑이 더욱 많아진다. _도덕경 57장

금지 사항과 법령이 많아질수록 백성의 행동은 제약을 받고 자발적인 행동과 기세가 방해된다. 그 결과, 백성은 점점 더 가난해진다. 아마 잘 작동하는 조직이란 금지 사항이나 규칙이 그렇게 많지 않고, 규칙이 없어도 자연스럽게 조화를 이루고 있는 모습이 아닐까.

금지 사항이나 법령은 사람들에게 바람직한 행동을 하도록 강제하기 위해 부과되며, 그 다수는 성악설에 근거한다. 성악설에 따르면, 사람은 내버려두면 일을 게을리하고 자신의 제국을 세운다(세력 확장). 이런 도덕적 해이(모럴해저드: 구체적으로는 감시가 없으면 조직의 이익에 반해 개인의 이익을 좇는 행동을 말함)를 피하기 위해서는, 처벌이나 모니터링을 강화해야만 한다. 이것이 결국 금지 조항이나 법령으로 나타난다.

그러나 이러한 족쇄를 채울수록 조직의 기세는 약화된다. 예를 들어 조직에서 부정이 일어나면, 재발 방지책으로 새로운 규칙이 관계없는 부분까지 포함해 일률적으로 부과되는 일이 많다. 그 결과 조직이 꽉 막히고 답답해지게 된다.

일본 전국시대 말, 다케다 가문은 강력한 군사력을 자랑했지만

결국 도쿠가와 이에야스와 오다 노부나가 연합군에게 멸망했다. 이에야스는 그 공을 인정받아 다케다 가문이 다스리던 영토를 하사받았다. 그 후 이에야스가 다케다 가문의 본거지인 고후(甲府)를 지날 때, 다케다 가쓰요리가 처형용으로 사용했던 커다란 가마를 발견하고는 가신에게 명해 자신의 영지까지 운반하게 했다. 이에야스의 가신이었던 혼다 시게쓰구는 그 가마가 형장에 설치된 것을 발견하고, 이에야스의 허락도 받지 않고 그 자리에서 가마를 부수어 버렸다. 이에야스는 이 사실을 알고 크게 노하여 시게쓰구를 불러 호되게 꾸짖었다. 그때 시게쓰구는 다음과 같이 반박했다.

"가이와 시나노 지역은 가쓰요리의 정치가 잘못되어 민심이 흩어졌기 때문에 가마 삶기라는 본보기의 극형이 필요했습니다. 전하께서도 가마 삶기 형벌이 필요할 정도로 민심을 흩어지게 하는 정치를 하실 생각이십니까."[4]

이에야스는 이 간언에 아무 말도 하지 못했다고 한다.

무엇이 성공이고 무엇이 실패인지는 미리 알 수 없다

셀프 매니지먼트형 경영을 실행한다면, 그것이 궤도에 올라 있는 한 리더에게 요구되는 것은 '아무것도 하지 않는 것', '전략적으로 힘을 빼는 것'이다. 그럼에도 현장에서 대립되는 의견이 나와 이해관계자 간의 논의로는 결론이 나지 않는 경우가 있다. 부하가 리더에게 대립 의견의 판단을 요구했다고 하자. 노자라면 이 요구에 어떻게 대응했을까.

정치가 어렴풋하면 【기정민민其政悶悶】

정치가 어렴풋하면 백성은 순박해진다. 정치가 치밀하여 빈틈없이 정비되어 구석구석까지 감시가 미치면, 백성은 교활해진다. 화(禍)에는 복(福)이 기대고 있고, 복에는 화가 엎드려 있다. 이 순환의 끝이 어디인지는 아무도 알 수 없다. 거기에는 일정한 법칙이 없다. 올바름이 변하여 그른 것이 되고, 길하다고 여겨진 것이 불길한 것으로 바뀐다. 사람들은 이 이치를 깨닫지 못하며, 그 혼란은 태고 이래로 이어져 왔다.

이 때문에 성인은 올바른 행동을 하면서도 선악을 구별하지 않고, 청렴하지만 남을 비판하지 않으며, 곧지만 그것을 억지로 밀어붙이지 않는다. 빛나지만 눈부시게 드러내지는 않는다. _도덕경 58장

윗사람은 정치나 경영을 있는 듯 없는 듯 다소 흐릿하고 여유 있게 두어야 한다. 이것이 '어렴풋한 정치'다. 이에 비해 '치밀한 정치'처럼 벌칙 규정이나 금지 사항을 세세하게 만들면 오히려 백성의 불만은 높아진다. 왜 치밀한 정치가 좋지 않은가.

그것은 '무엇이 복(성공)이고 무엇이 화(실패)인지는 미리 알 수

없다'는 이유 때문이다.

예를 들어, 나라가 부유해지면 백성은 사치에 빠지고, 그로 인해 나라가 망할 기회를 만든다. 그러나 나라가 망하면 그 안에서 충신이 나타나 나라를 구한다. 가정이 가난하기 때문에 효자가 자라나게 되는 결과도 있다. 스티브 잡스의 말을 빌리자면, '점과 점을 연결하는 것(connecting the dots)'은 오직 과거를 돌아볼 때만 가능하다.

미래는 매우 불투명하기 때문에 성인은 사전에 규칙을 정하고 성패나 시비를 예단하지 않는다. 물론 자신은 올바르게 행동하려 하지만, 타인을 자신의 기준으로 판단하지 않는다.

복이 화로 바뀌고, 화가 복으로 바뀌는 상황에서는 완벽한 질서를 만들어도 금세 쓸모없게 된다. 매뉴얼이나 규칙을 만들어도 곧 진부해진다. 잡스가 대학을 중퇴한 덕분에 시간이 생겨 캘리그래피 수업을 청강할 수 있었고, 그 지식이 매킨토시 개발에 활용되었다. 즉 대학 중퇴라는 언뜻 화(실패)로 보이는 것이 복(성공)으로 바뀐 것이다.

리더는 사전에 판단하지 않고 결과를 보고 판단한다. 그러므로 대립하는 의견이 있어 판단을 요구받으면, 아마 노자라면 이렇게 대답했을 것이다.

"그건 너희들이 알아서 해결해라."

일부러라도 규칙을 깨라

그렇다면, 금지 사항이나 처벌이 없고, 리더의 명확한 지시도 없는 상황에서 질서가 정말로 유지될 수 있을까? 처벌이 있든 없든, 어떤 사회에서든 죄를 짓는 사람은 나오기 마련이다. 그러나 노자는 그런 죄인에 대해서도 인위적인 규칙으로 벌하면 안 된다고 주장한다.

과감하게 결단하면 【용어감勇於敢】
과감하게 결단하면 죄인은 죽임을 당하고, 과감하게 결단하지 않으면 죄인은 살아남는다. 둘 중 무엇을 선택할지는 이해득실에 따라 결정된다. 그러나 하늘이 무엇을 싫어하는지는 아무도 알 수 없다. 성인조차 이를 알기 어렵다. 다만 하늘의 도는 다투지 않고도 잘 이기며, 말하지 않고도 잘 응답하며, 부르지 않아도 스스로 찾아오고, 느긋해 보이지만 완벽하게 계획되어 있다. 하늘의 그물은 넓고 성긴 듯하지만 하나도 빠뜨리지 않는다. _도덕경 73장

여기서 유명한 '하늘의 그물은 넓고 성긴 듯하지만 하나도 빠뜨리지 않는다'라는 구절이 나왔다. 하늘의 그물은 성기고 넓어 빠져나갈 수 있을 것 같지만, 실제로는 아무도 빠져나갈 수 없으며, 진정한 죄인은 결국 하늘이 스스로 심판한다는 뜻이다. 따라서 심판은 하늘에 맡기고, 인간이 인위적 법으로 죄인을 벌하는 것은 피해야

한다는 것이 노자의 생각이다.

이런 노자의 사상은 현실과 동떨어진 것처럼 여겨져 왔다. 예를 들어, 사마천은 『사기』(백이열전)에서 '천도(하늘의 이치)가 정말 옳은 것인가?'라는 의문을 토로한다.

주나라 무왕이 은나라를 치려 할 때, 백이와 숙제는 '신하가 군주를 칠 수는 없다'며 반대했으나 받아들여지지 않았고, 결국 은나라는 멸망했다. 그들은 이후 주나라의 곡식을 먹지 않겠다며 수양산에 숨어 고사리만 먹다가 굶어 죽었다.

공자의 제자 안회는 학문과 덕행이 뛰어나 공자로부터 유일하게 인자(仁者)라 불렸지만, 가난하게 살다 젊은 나이에 세상을 떠났다. 반면, 도적이었던 도척은 매일같이 무고한 사람을 죽이고 온갖 악행을 저질렀음에도 천수를 누렸다.

이런 사례를 들어 사마천은 '천도가 과연 옳은가, 나는 혼란스럽다'고 말했다.

노자의 사상을 정치적으로 구체화한 황로사상에서는 법과 형벌을 강조하며, '하늘의 그물'이라는 이상을 내세우지 않았다. 황로사상은 법가사상과 융합되어 형벌을 엄격히 적용해야 한다고 주장한다. 이 점에서 노자의 가르침과 황로사상은 분명히 대립된다고 할 수 있다.[5]

아마도 현실에서는 황로사상처럼 형벌을 적용하지 않으면 나라를 다스리기 어렵다는 뜻이었을 것이다. 오늘날에도 예를 들어 형법을 없애면 치안이 좋아지리라 생각하는 사람은 거의 없다. 그런 의미에서 모든 심판을 하늘에 맡겨야 한다는 노자의 생각은 비현실적이라고 할 수 있다. 그러나 때로는 규칙을 일부러 어겨서 성과를 내는 사례도 있다. 이 점에 주목한 것이 '긍정적 일탈(Positive Deviance)'이라는 접근법이다.[6]

이것은 조직 내에서 눈에 띄지는 않지만 평균 이상의 실적을 내는 '긍정적 일탈자'를 찾아내어 그 행동 패턴을 모방하려는 것이다. 한 제약회사에서 이 접근을 적용하여 긍정적 일탈자의 행동 패턴을 조사한 결과, 그들은 사내에서 정해진 규칙을 거의 지키지 않고 있었다. 예를 들어, 하루에 7번은 고객에게 전화 연락을 하라는 '7회 룰'이 있었다. 그러나 일탈자는 그런 시간에 차라리 직접 고객을 방문하는 것을 더 선호했다.

또 다른 자동차 부품회사에서는 한 기술자가 제품 개발 기간을 평균 수주에서 수일로 단축했는데, 조사 결과 그는 휴일에 집 차고에서 고객 담당자와 함께 개발을 진행했다. 이 역시 사내 규칙을 어긴 행동이었다. 이렇게 사내에서 설정한 규칙이 반드시 성과로 이어지는 것은 아니며, 오히려 발목을 잡는 경우가 더 많을지도 모른다. 예를 들어 7회 룰의 원래 의도는 그것을 통해 영업 성적을 높이기 위해서였다. 그러나 실제로는 성과와 큰 관련이 없었고, 결과적으로 일탈자들은 그 규칙을 의도적으로 무시했다.

제9계에서 배우는 노자의 가르침

- 노자는 셀프 매니지먼트형 경영을 바람직하다고 보았다.
- 세세한 사내 규칙은 오히려 발목을 잡는다.
- 규칙을 일부러 어겨서 성과로 이어지는 경우도 있다.

|주|

1 황로사상의 문헌은 남아 있지 않지만, 마왕퇴 백서에 기록된 4편이 '황제사경(黃帝四経)'에 해당한다고 여겨진다. 이들은 사와다 타키오(澤田多喜男) 『황제사경 마왕퇴 한묘 백서 노자 을본 권전 고일서(黃帝四経 馬王堆漢墓帛書老子 乙本卷前古佚書)』 치센쇼칸(知泉書館), 2006년에 수록되어 있다.

2 군현제(郡県制)는 진(秦)나라 시대의 국가 체제로, 오늘날의 관료제 조직에 해당한다. 각 지방의 장관은 중앙에서 파견된 관리가 맡았다. 이에 비해 봉건제(封建制)는 그 땅에 제후가 봉해지고, 그 지역은 그 일족이 세습한다. 한나라는 공을 세운 제후에게는 토지를 주어 봉건제의 형태를 취하면서, 직할지에서는 군현제를 실시했다.

3 C.N. 파킨슨 저, 모리나가 하루히코(森永晴彦) 역 『파킨슨의 법칙』 지성당, 1961년. (※ 한국어 번역서 : 파킨슨의 법칙, 21세기북스, 2019년)

4 오와다 데쓰오(小和田哲男) 『전국무장의 지혜(戦国武将の叡智)』 주코신쇼(中公新書), 2020년, 89쪽. 단, 표현은 일부 변경했다.

5   다만, 황로사상은 법의 근원을 도(道)에 두고 있으며, 이른바 자연법 사상을 주장한다는 점에서 법가사상과는 다르며, 노자에 더 가까운 입장이라고 할 수 있다.

6   리처드 파스칼, 제리 스터닌, 모니크 스터닌 저, 하라다 쓰토무 역『포지티브 데비언스(POSITIVE DEVIANCE)』도요게이자이 신포샤, 2021년. (※ 한국어 번역서 : 긍정적 일탈, 알에이치코리아(RHK), 2012년)

제10계

탁월한 리더는
부드러움에 머문다

위는 부드럽고 아래는 강한 조직

사람이 태어날 때는 부드럽고 약하지만
【인지생야유약人之生也柔弱】

강하고 큰 것은 밑에 놓이고

부드럽고 약한 것은 위에 놓인다.

규칙보다 상식을 중시한다

1980년, 21세가 된 리카르도 세믈러는 브라질 상파울루에서 아버지가 창업한 셈코(Semco)의 경영을 넘겨받았다. 당시 셈코는 직원 수 약 100명의 중소기업으로, 주로 조선용 유압 펌프를 생산하고 있었지만 이미 심각한 위기 상황에 놓여 있었다.

세믈러는 자금난을 해결하기 위해 은행을 전전하고, 대기업의 하청을 따내려 애썼지만 좀처럼 성과를 얻지 못했다. 결국 그는 기존의 권위주의적 경영 방식을 근본부터 재검토하기로 결심한다. 그리고 회사 운영 전반을 극단적일 정도로 직원 참여 중심으로 전환하기 시작했다. 이러한 변화의 핵심은 계층과 구조, 규칙의 부정, 그리고 철저한 셀프 매니지먼트의 실행에 있었다.

세믈러가 세운 기본 방침은 민주주의, 이익 공유(직원 간 이익 배분), 정보 공개였다. 이 방침에 따라 그는 다음과 같은 정책을 시행했다.

규칙 1 피라미드 구조에서 원형 구조로의 이행

규칙 2   다수결에 의한 의사결정
규칙 3   근무 시간과 장소의 자유
규칙 4   급여의 자율 결정
규칙 5   팀 단위의 합의 형성
규칙 6   직무 순환
규칙 7   정보 공개

세믈러의 조직은 본사, 사업부, 현장의 3단계 서클로 단순화되었으며, 각 서클의 리더는 각각 카운슬러(경영진), 파트너(사업부 책임자), 코디네이터(현장 책임자)라 불린다.

이 중 코디네이터는 현장 서클의 팀원들에 의해 선출되며, 그 부하인 어소시에이트(일반 사원)에게는 상급자에게 보고해야 하는 라인이 존재하지 않는다. '서클'이라는 명칭처럼 이 구조 내에는 상하 관계가 없다.

어소시에이트는 자신 있는 사안에 대해서는 스스로 의사결정을 하며, 불확실한 사안은 코디네이터와 상담한다. 코디네이터도 마찬가지로 스스로 결정할 수 있는 것은 전부 자신이 결정하고, 그 외의 안건은 매주 열리는 팀 회의에서 파트너와 함께 논의한다.

모든 직원은 기업 전략 회의에 참여할 수 있으며, 중요한 경영 판단은 다수결로 결정된다. 또한 직원은 자신의 근무 시간과 근무지를 자유롭게 선택할 수 있다. 심지어 자신의 급여도 책정할 수 있는 데, 이 경우 팀 동료들의 승인이 필요하다.

팀 전체의 근무 조건, 체계, 이익 배분, 역할 분담 등 운영에 영향을 미치는 주요 사항은 팀 내에서 토론과 합의를 통해 결정된다.

회사는 직원들이 다양한 직종과 부서를 경험하도록 장려하며, 다양한 역량과 기술 습득을 적극 지원한다. CEO 역시 순환제로 운영되며, 모든 정보는 직원에게 투명하게 공개된다. 경영진의 보수 또한 예외가 아니다.

이러한 개혁의 결과, 직원들의 동기와 생산성은 비약적으로 향상되었다. 이는 '세믈러이즘'으로 불리며, 비계층적 조직 모델로 주목받고 있다. 홀라크라시와 유사한 측면도 있으나, 뚜렷한 차이가 존재한다. 홀라크라시는 역할 중심의 정교한 운영 규칙이 있는 반면, 세믈러이즘은 규칙보다 상식을 중시하며, 규칙 자체는 최소한에 그친다. 이런 비계층적 조직이 정말 잘 돌아갈 수 있을지 의문일 것이다.

예를 들어 급여나 근무 시간을 자율적으로 결정할 수 있다는 점을 악용해 하루에 겨우 몇 시간만 일하고 높은 급여를 받는 직원이 있었다고 해 보자. 그에게는 어떤 일이 일어날까.

우선 그런 문제 직원의 급여는 동료에게 승인되지 않는다. 이익 분배에서의 수령액이 문제 직원 때문에 줄어들기 때문이다. 실제로 직원이 자신의 보수를 결정할 때, 회사는 다음과 같은 점을 고려할 것을 권장한다.[1]

❶ 다른 회사에 가면 어느 정도의 급여를 받을 수 있는가
❷ 셈코 내에서 비슷한 책임과 기술을 가진 직원의 급여
❸ 유사한 경험을 가진 친구의 급여
❹ 생활비로 필요한 금액

이 가운데 ①과 ②는 회사가 데이터를 제공하며, ③과 ④는 직원 본인이 판단해 보수를 결정한다.[2] 그렇다면 성과가 좋지 않은 직원에게는 어떤 일이 일어날까. 이 경우 다음과 같은 과정을 거친다.

❶ 문제의 특정 및 피드백
❷ 개선 기회와 지원
❸ 평가와 최종 결정

물론 성실히 노력했는데도 성과가 부족한 직원이 있을 수도 있다. 이 경우 연봉은 인상되지 않지만, 그를 받아줄 팀이 있다면 해고로 이어지지는 않는다.

여기서 중요한 점은, 셀프 매니지먼트를 통해 일상 업무와 의사결정을 각 개인에게 위임하되, 그 과정과 결과는 투명하게 공유된다는 것이다(규칙7). 회사의 재무제표는 월 단위로 공개되며, 서클·팀·개인 단위의 성과가 전사적으로 드러난다. 그렇기 때문에 성과가 부진한 사람을 곧바로 알 수 있다.

코디네이터와 파트너 등 관리직은 채용이나 승진 시, 해당 부서의 직원 전체가 후보자의 면접을 하고 승인하는 것이 필요조건이 된다. 반기마다 부하 직원이 관리자를 평가하며, 그 결과가 공개된다. 평가 점수가 70점 미만이면 즉시 해고되지는 않지만, 강한 압박을 받고 자기 혁신을 요구받는다. 개선되지 않을 경우에는 강등되거나 해고된다.[3]

리카르도 세믈러의 리더십 아래 조직 개혁이 실행되면서, 셈코는 사업 영역을 꾸준히 확장해 현재는 부동산, 환경 컨설팅, 냉동 기술 등 다양한 분야로 진출하게 되었다.

이 회사의 경영 방식은 자율성과 유연성 측면에서 홀라크라시를 뛰어넘는 셀프 매니지먼트형 경영의 대표 사례라 할 수 있다. 그렇다고 규칙이나 룰이 전혀 없는 것은 아니다. 그가 실행한 규칙 1~7의 개혁이 규칙 그 자체다. 자포스의 홀라크라시도 마찬가지로, 조직 구성원 한 사람 한 사람의 셀프 매니지먼트가 조직으로서 기능하기 위해 '역할'의 개념이 중요해진다.

이 점을 더 일반화하면 다음과 같은 문장으로 정리할 수 있다.

셀프 매니지먼트가 조직으로 작동하려면 형태가 필요하다.

노자의 표현을 빌리자면, '어렴풋한 정치'에도 일정한 형태는 필요하다고 할 수 있다. 그렇다면 그 형태란 무엇일까. 『도덕경』에서 우리는 다음 두 가지의 조직적 형태를 유추해 볼 수 있다.

❶ 윗사람은 부드럽고 아랫사람은 강한 구조
❷ 최소한의 규칙만 두고 자율성을 유지한다*

이 두 가지가 셀프 매니지먼트 조직의 '형태'를 보여주는 단서가 된다.

상황에 기민하게 대처하는 조직

먼저, ①의 윗사람은 부드럽고 아랫사람은 강한 구조에 대해 살펴보자. 이는 다음과 같은 노자의 말에 표현되어 있다.

사람이 태어날 때는 부드럽고 약하다
【인지생야유약人之生也柔弱】
강하고 큰 것은 밑에 놓이고 부드럽고 약한 것은 위에 놓인다.

위에 있는 사람은 부드럽고 약해야 하고, 강하고 큰 사람은 그들

---

* 도덕경 28장의 '대제불할(大制不割)', 훌륭한 지도자는 분할하지 않는다

을 떠받쳐야 한다. 그 반대여서는 안 된다. 이는 무엇을 의미할까?

먼저 유약함에 대해 다시 짚고 넘어가자. 제2계에서 설명했듯이, 유약함이란 '무형의 형태'를 뜻한다. 이는 마치 물과 같은 유연함이다. 물은 그릇에 따라 모양을 달리하지만, 그 형태는 일시적일 뿐이다. 다른 그릇으로 옮기면 새로운 그릇의 형태를 따른다. 물은 고유한 형태가 없기에, 상황에 맞춰 임기응변으로 대응할 수 있다. 반면, 얼음처럼 고정된 형태를 가진 존재는 무형의 유연함을 실현할 수 없다.

이처럼 유연함은 상황의 흐름에 맞춰 기민하게 대응할 수 있는 힘이며, 나아가 스스로 기세를 만들어 낼 수도 있다. 반대로 강경하기만 한 존재는 이미 정해진 것에만 대응할 수 있을 뿐이다.

다만 여기서 주의해야 할 점은, 상위를 떠받치는 하위의 존재는 일정 수준의 강경함을 갖춰야 한다는 것이다. 조직에서 위와 아래가 모두 유약하면, 기세를 만들어 내거나 그 기세에 적응하는 데 한계가 생길 수 있다.

예를 들어, 전장에서 병사가 먼저 도망친다면 전투에서 승리할 수 있을까? 상급자의 명령을 철저히 수행하는 강경함이 필요하며, 그래야 지휘관은 상황에 맞춰 유연하게 지시를 내려 효과를 거둘 수 있다.

일반적으로 매니지먼트의 역할은 예외 상황을 처리하는 데 있다. 하위에서 해결할 수 없는 문제를 윗선이 유연하게 조율하는 것이며, 실행 단계에서는 하위의 강경함이 필수다. 즉 유연한 상위와 강경한 하위 간의 수직적 분업이 이상적이다.

하지만 여기서 말하는 '윗사람은 유약하고 아랫사람은 강경하다'는 개념은 어디까지나 상대적인 비교일 뿐, 하위가 반드시 유약해서는 안 된다는 뜻은 아니다. 오히려 노자의 가르침에 따르면, 현장도 유약함을 지녀야 한다. 제7계(도덕경 52장)에서 지적했듯, 유약함을 지키는 것이 진정한 강함이기 때문이다.

예를 들어, 일본 기업의 생산 현장력이란 비상 상황에 신속하게 대응하는 능력에서 비롯된다.[4] 현장 작업자와 직장 단위에서 비상사태를 자체적으로 해결함으로써 생산성을 높인다. 또한 'QC 서클(품질관리 분임조)' 같은 개선 활동 역시 현장 주도로 이루어지며, 이러한 현장력은 유연함이 있기에 가능한 것이다. 동시에 일상적인 생산 활동에서는 매뉴얼을 따르며 정확하고 효율적으로 작업을 수행한다. 즉 유연함과 강경함을 겸비한 것이 일본 기업의 현장력이다.

이처럼 유연한 분업 체제는 ②의 '최소한의 규칙만 두고 자율성을 유지한다'에 해당한다.

남성다움을 알면서 여성다움을 유지하면
【지기웅 수기자 知其雄 守其雌】

남성다움을 알면서 여성다움을 유지하면 백성의 마음이 모여 천하의 계곡이 된다. 천하의 계곡이 되면, 언제나 도(道)가 온전히 몸에 깃들고, '다듬지 않은 통나무'의 상태로 되돌아갈 수 있다. 다듬지 않은 통나무를 쪼개면(분산하면) 그릇이 된다. 성인은 이것을 사용하여 관의 장(長)으로 삼는다(각자에게 자리를 부여한다). 그러므로 훌륭한 지도자는 분할하지 않는다(통나무 상태를 그대로 지키고 잘라내거나 쪼개지 않는다). _도덕경 28장

'천하의 계곡'이란, 노자에서 도(道)의 비유로, 모든 계곡물이 흘러드는 곳, 즉 하류를 의미한다. 그것이 무(無)의 자리이며, 리더는 이 하류에 서야 한다. 이때 '훌륭한 지도자는 분할하지 않는다'라는 전제조건이 필요하다.

여기서 말하는 '훌륭한 지도자'는 여기서 '다듬지 않은 통나무'로 표현된다. 다듬지 않은 통나무란 갓 베어 낸 거친 나무로, 아직 그릇이 되지 않은 상태다. 이 상태를 유지하는 것이 '훌륭한 지도자는 분할하지 않는다'에 해당한다. 통나무의 반대말이 그릇이며, 통나무를 잘게 쪼개고 가공해 특정한 목적에 맞게 만든 것이 그릇이다.

고요한 변화의 과정은 '도 → 덕 → 형태 → 기세'라는 흐름으로 전개된다. 통나무는 이 중에서 '덕' 또는 '형태'에 해당하며, 어느 경우든 기세로 옮겨가기 전 단계이다.[5] 노자는 이 통나무에 머무르는 것이 중요하다고 가르친다. 통나무를 잘라내어 그릇으로 만드는 것을 '통나무를 쪼갠다'고 표현하며 다음과 같이 경계한다.

통나무를 쪼개는 것은 바람직한 리더의 자세가 아니다.

통나무를 쪼개면 특정 기능을 수행하는 사람, 즉 스페셜리스트(전문가)가 된다. 중국 사상에서는 공자가 '군자는 그릇이 아니다'*라고 말했듯이, 지도자는 스페셜리스트가 아니라 제너럴리스트여야 한다는 사고가 자리 잡고 있다. 다시 말해, 리더가 발휘해야 할 영향력은 국지적이어서는 안 되며, 광범위해야 한다는 것이다.

노자 역시 같은 생각이다. 다듬지 않은 통나무의 상태이므로 어떤 상황에서도 신속하게 대처할 수 있다. 스페셜리스트라면 담당 범위 내에서는 대응할 수 있겠지만 담당 외에는 대처할 수 없다. 나무로 찻잔을 만들어 버리면 나중에 그것을 책상으로 바꿀 수는 없다. 상황에 대응하지 못하면 리더로서 실격이라는 뜻이다.

다듬지 않은 통나무를 쪼개면(분산하면) 그릇이 된다. 성인은 이것을 사용하여 관의 장(長)으로 삼는다(각자에게 자리를 부여한다).

이 문장에서 '이것'을 어떻게 해석할지는 견해가 나뉜다. 통설로는 '이것'이 '그릇'을 가리킨다. 노자 연구의 권위자인 중국 학자 마서륜(馬叙倫)은 이 부분을 다음과 같이 해석했다.[6]

---

* 『논어(論語)』 위정(爲政)편 제12장

- 통나무를 쪼갬으로써 사람들은 각자의 자리에 맞는 인간이 된다.
- 성인은 통나무를 쪼갬으로써 제도를 만들고 군주가 된다.

즉, 나무가 언제까지나 통나무 상태라면 그릇을 만들 수 없고, 그릇의 기능도 누릴 수 없다. 따라서 성인만이 통나무 상태에 머무르고, 부하들은 통나무를 쪼개어, 즉 분업을 통해 특정 용도에 맞게 조직화한다. 이것은 앞서 언급한 '윗사람은 부드럽고 아랫사람은 강한 구조'와도 일치한다.

한편으로는 '이것'을 '통나무' 자체로 해석할 수도 있다. 이 경우 다음과 같이 읽을 수 있다.

- 군주는 통나무 상태에 있고 쪼개진 통나무가 아니다.
- 그 아래의 백성들 또한 통나무 상태이며 쪼개진 통나무가 아니다.

이 해석에 따르면, '훌륭한 지도자는 분할하지 않는다'란 조직의 모든 계층이 쪼개지지 않고 다듬지 않은 통나무 상태를 유지하는 것을 뜻한다.

훌륭한 지도자는 분할하지 않는다

하지만 여기서 의문이 생긴다. 도(道)는 궁극적으로는 그릇(표면적 기세)으로 전개된다. 그 이전 단계인 덕(德)이나 형태에 머무른다면 국가나 조직이 제대로 기능할 수 있을까?

이것은 '윗사람은 부드럽고 아랫사람은 강한 구조'와 모순되지 않을까? 아래도 또한 다듬지 않은 통나무 상태라면, 그것은 윗사람과 아랫사람이 모두 부드러운 구조가 되지 않을까?

여기서 중요한 것이 바로 '남성다움을 알면서 여성다움을 유지한다'는 구절이다.

여성다움은 부드러움, 남성다움은 강함을 비유한 표현이다. 여성다움을 유지한다는 것은 유약하며 임기응변으로 대응할 수 있는 능력을 뜻한다. 남성다움을 안다는 것은 그런 능력을 유지하면서도 주어진 일을 철저히 완수하는 능력도 동시에 가진다는 의미다. 다시 말해, 상황에 맞게 유연하게 대응할 수 있으며, 동시에 필요할 때는 특정 역할에 집중하여 임무를 수행할 수 있어야 한다는 것이다.

예전에 한 고기구이 체인점 경영자로부터 그 회사의 '슈퍼 점장' 이야기를 들은 적이 있다. 그 슈퍼 점장은 평소에는 전 지점을 총괄하는 슈퍼바이저로서 특정 지점의 경영에는 관여하지 않는다. 그러나 실적이 부진한 지점이 있으면 그곳에 점장으로 파견되어 단기간에 실적을 회복시킨다고 한다.

이런 슈퍼 점장이야말로 '남성다움을 알면서 여성다움을 유지한다'를 실천하는 사람이다. 통나무(슈퍼바이저)의 상태에 머무르면서도, 필요할 때는 특정한 그릇(점장)으로서의 역할도 수행할 수 있는 것, 이것이 진정한 통나무의 의미다. 즉,

"다듬지 않은 통나무임에도 때와 상황에 따라 그릇이 되어 특정 기능을 수행하는 것"

이것이 진정한 통나무의 조건이 된다.

물론 실제의 나무라면 이러한 가소성은 없으며 한번 잘려 쪼개지면 다시 통나무로 돌아갈 수 없다. 그러나 인간은 통나무에서 그릇으로, 그릇에서 통나무로의 전환이 가능하다. 제4계에서도 지적했듯, 둘 중 하나를 선택하는 목적은 다른 쪽의 강점을 살리기 위한 것이며, 후자를 버리는 것이 아니다. 양쪽 모두를 살리기 위해 일부러 하나를 선택하지만, 상황과 때에 따라 버린 선택지를 다시 취할 수 있다.

따라서 통나무에는 두 가지 의미가 있다. 하나는 '통나무와 그릇이라는 양극단 중 하나'로서의 통나무이고, 또 하나는 '통나무와 그릇 사이를 오가는 운동' 자체를 뜻하는 통나무이다. 후자는 통나무와 그릇을 아우르는, 상위 개념의 '통나무'라 할 수 있다.

아마도 대규모 조직의 임원급 리더는 가공되지 않은 통나무의 상태로 머무를 뿐, 특정한 기능을 수행하는 그릇이 될 기회는 거의 없을 것이다. 이는 앞서 언급한 '부드럽고 약한 것'과 같은 상태다. 반면, 실

행을 담당하는 현장에서는 강경함 없이는 일이 되지 않으며, 동시에 유연한 대응도 요구된다. 이를 위해서는 신축적 분업이 필요하다.

여기서 신축적 분업이란 한 사람이 여러 역할을 맡는 상황을 의미한다. 예를 들어, 생산 현장에서는 작업자가 여러 작업장을 담당하고, 그 담당 영역도 로테이션을 통해 바뀐다. 이와 동시에, QC 서클과 같은 개선 업무에도 관여한다. 사무직의 경우에도, 여러 프로젝트에 참여하면서 어떤 프로젝트에서는 리더, 다른 프로젝트에서는 보조 역할을 맡기도 한다.

이처럼 상황에 따라 다양한 역할을 맡는 것이 '부드럽고 유약한 것 = 통나무(상위 개념의 통나무)'이며, 그 역할 속에서 업무를 완수하는 것이 '강건함 = 그릇'이 된다. 이처럼 한 사람이 여러 역할을 소화하는 것이 바로 '통나무와 그릇 사이를 오가는 왕복운동'이다.

이러한 신축적 분업은 셀프 매니지먼트의 필연적인 결과이기도 하다. 예를 들어, 셈코는 원하는 시간에 출퇴근할 수 있는 유연근무제가 시행되고 있다. 이 제도를 활용해, 공장의 한 작업자가 오전 7시에 작업을 시작하길 원했다. 그런데 포크리프트 오퍼레이터는 오전 8시에 출근하기 때문에 필요한 부품을 제때 가져올 수 없어 작업을 진행할 수 없었다.

이 문제는 팀 내에서 논의되었고, 결국 팀 전원이 포크리프트 운전법을 배우기로 결정했다.[7] 노동조합도 이 결정에 반대하지 않았다. 왜냐하면, 이 결론은 구성원들 스스로 내린 것이었기 때문이다.

이 경우, 포크리프트 담당자에게 오전 7시에 출근하라고 명령할 수는 없다. 유연근무제의 원칙에 어긋나기 때문이다. 그럼에도 업무를 원활히 수행하려면, 한 사람이 여러 역할을 담당할 수 있어야 한다.

따라서 노자가 말한 '훌륭한 지도자는 분할하지 않는다'는 다음 두 가지로 해석될 수 있다.

❶ 상부는 통나무에 머물고, 하부는 그릇이 되는 고정적 분업 체계
❷ 상부는 통나무에 머물고, 하부는 통나무와 그릇 사이를 오가는 신축적인 분업 체계

셀프 매니지먼트형 경영이라는 관점에서는, ②번 해석이 더욱 적절하다. 그렇지 않으면 셀프 매니지먼트는 조직으로서 제대로 기능하지 못하기 때문이다. 이는 곧, 윗사람은 부드럽고 아랫사람은 강한 구조가 구체적으로 어떻게 작동해야 하는지를 보여준다.

뛰어난 리더는 루틴을 진화시킨다

언론인이자 평론가로 활동한 하세가와 뇨제칸(長谷川如是閑)에 따르면, 고대 중국은 자립적인 촌락 공동체와 성벽으로 둘러싸인 도

시들로 구성되어 있었고, 국가의 지도자나 관리들은 이러한 성채 도시 안에 거주했다고 한다.[8]

촌락 공동체를 '물'이라고 한다면, 국가는 그 위에 떠 있는 '기름'과 같은 존재였다. 촌락 공동체에서는 국가가 누구의 손에 의해 운영되든 상관없이, 자율적으로 일상의 삶이 이루어졌다. 국가는 조세나 부역 등을 통해 촌락 공동체로부터 수탈하는 위치에 있었기 때문에, 이들에게 국가는 개입이 적을수록 바람직한 존재였다.

『논어』와 『도덕경』이 성립된 것은 주(周)라는 통일 국가가 분열되어 혼란스러웠던 춘추전국시대. 공자와 노자는 혼란한 국가를 다시 통일시키려 했다는 점에서는 공통되지만, 그 방법론은 대조적이었다. 공자는 도덕국가를 통해 나라를 통일하고자 했던 반면, 노자는 '촌락 공동체의 느슨한 네트워크 조직으로서의 국가'를 구상했다. 다시 말해, 성채 도시 내의 국가(state)를 중시한 공자에 비해, 노자는 촌락 공동체라는 커뮤니티(community)를 존중한 것이다.

이러한 해석에 따르면, 국가는 현장(즉, 촌락 공동체)에 개입하지 않고, 그들의 자조적 노력에 일임하는 것이 노자가 이상으로 삼은 국가의 모습이라고 할 수 있다. 공자가 주장한 예악(禮樂)을 도시에서 시행하고, 그것을 통해 백성을 다스리는 것은 인위적인 것이며, 성채 도시 내에서 아무리 의례를 장엄하게 수행한들 촌락 공동체의 생산 활동에는 아무런 도움이 되지 않는다. 오히려 그런 의례를 위해 세금이 높아지면 촌락 공동체의 삶은 어려워지고, 이는 부정

적인 결과만을 가져올 뿐이다.[9]

하세가와 씨에 따르면, 노자가 정치에서 무위를 설파한 것은 바로 이런 상황을 염두에 두고 있었기 때문이라고 한다.

지금까지의 논의를 통해, 셀프 매니지먼트형 경영에는 일정한 '형태'가 필요하며, 그 형태란 바로 '윗사람은 부드럽고 아랫사람은 강한 구조'와 '훌륭한 지도자는 분할하지 않는다'는 원칙이라는 점이 분명해졌다.

노자의 경우, 그 이상 복잡한 규칙은 요구되지 않는다. 예를 들어, 누군가 죄를 지었다 해도, 자연의 기세 속에서 그에 합당한 결과가 주어지므로 굳이 인위적으로 벌하지 않아도 하늘의 뜻에 따라 정리된다고 본다. 이는 마을 공동체를 기반으로 한 생산 활동이 바탕에 있었기 때문이라고 볼 수 있다.

즉, 마을 공동체의 농사일에는 일부 공동 작업이 있었을 수는 있지만, 적어도 고도의 분업은 발생하지 않았다. 따라서 복잡한 분업이 수반되지 않는 단순노동으로서의 농업에는, 위에서부터 규칙과 룰을 강제할 필요가 없었던 것이다.

하지만 기업 활동에는 촘촘한 분업이 불가피하다. 각 개인의 업무는 유기적으로 연결되어 있으며, 적절한 조정 없이는 조직이 원활히 작동할 수 없다. 따라서 이 경우에는 어떤 형태로든 규칙이 필요하다. 단, 이 규칙 역시 '윗사람은 부드럽고 아랫사람은 강한 구조', 그리고 이를 구체화한 '분할하지 않음'의 틀 안에서 설정되어야 한다.

전자는 플랫폼이며, 후자의 규칙은 그 플랫폼의 운용 규칙이자 업무 규칙을 의미한다. 따라서 셀프 매니지먼트형 경영을 가능하게 하는 '형태'는 다음과 같이 정리할 수 있다.

❶ 플랫폼(여백의 효력을 만들어 내는 구조)
❷ 루틴(유약함의 효력을 만들어 내는 구조)

제1계에서 지적했듯이, 플랫폼의 목적은 여백의 효력을 만들어 내는 것이다. 간섭하지 않음으로써 여백이 생기고, 그 여백은 새로운 '기세'를 만들어 낸다.

한편, 그 플랫폼 위에서 임기응변의 대응, 즉 유약함의 효력을 발휘하기 위한 형태로서 루틴이 필요하다. 루틴에는 기세를 강화하는 자생적 루틴도 있고, 반대로 기세를 방해하는 인위적 루틴도 있다.

예를 들어, 자포스와 셈코의 사례를 보면, 이들이 기존의 위계질서를 부정하고 있는 것처럼 보일 수 있다. 실제로 직위를 가능한 한 없애고 분권화했으며, 이것은 기존의 계층이 수평적으로 평탄화되었다고 볼 수 있다. 이는 곧 권한, 다시 말해 '지시 흐름'의 부정에 해당한다.

그러나 동시에 '지시 흐름'의 부정에서 새로운 위계가 생겨나고 있음을 유의해야 한다. 그 위계란 '업무 흐름의 위계'이다. 즉 홀라크라시와 셈코의 조직 형태는 '지시 흐름에서 업무 흐름으로의 전환'을 의미한다.

'업무 흐름'에 기반한 계층 조직에서는, 업무 수행이 중심이 된다. 그리고 업무 수행에는 당연히 규칙과 룰이 필요하며, 그래야 비로소 효율적일 수 있다.

이 책에서는 '업무 흐름을 효율화하기 위한 규칙을 루틴'이라 부르겠다.

예를 들어, 셈코의 경우에는 앞서 언급한 7가지 규칙이 있었는데, 이는 조직의 효율성을 높이기 위한 루틴이다.

홀라크라시도 마찬가지다. 대표적인 루틴으로는 ① 각 서클 단위의 거버넌스 미팅, ② 통합적 의사결정 프로세스, ③ 역할 배분, ④ 투명성의 원칙, ⑤ 전술 미팅 등을 들 수 있다.[10]

이러한 루틴은 업무 흐름을 원활하고 효율적으로 만들기 위한 것으로, 교통사고를 줄이기 위한 교통 규칙과 같은 기능을 한다.

이처럼 루틴은 '최소한의 규칙만 두고 자율성을 유지하는(대제불할)' 플랫폼을 운영하는 데 필수적인 요소다.

다만, 이러한 루틴은 일반적으로 플랫폼 운영의 틀을 구성하는 규칙이며, 대부분 탑다운(top-down) 방식으로 결정된다. 그러나 실제 현장에서는 더 세밀한 수준의 업무 규칙이 필요하며, 그것이 업무 효율성 향상에 기여했을 때 '기능하는 루틴'으로 작동하게 된다. 재포스와 셈코에서는 이 업무 규칙이 현장의 논의를 통해 정해진다는 점, 다시 말해 톱다운 방식이 아니라는 점에서 특징적이다.

문제는 이러한 루틴 중 일부가 오히려 역기능을 일으켜 조직의 활력을 떨어뜨리는 경우가 있다는 점이다. 이를 '인위적 루틴'이라 부르기로 하자. 그러나 이미 언급했듯이, 노자의 말을 빌리자면

무엇이 복(福)이고 무엇이 화(禍)인지는 미리 알 수 없다.

즉, 루틴을 사전에 평가하기란 어려우며, 우선 실행해 보고 그 결과를 보고 판단할 수밖에 없다. 효과가 있다면 유지하고, 그렇지 않다면 폐기하는 선택과 집중이 요구된다. 그렇게 시행착오를 거쳐 살아남은 것이 바로 '기능하는 루틴'이다.

이러한 루틴은 경제학자 프리드리히 하이에크(Friedrich Hayek)가 주장한 '자생적 질서(spontaneous order)'에 해당한다.[11] 루틴이란 것이 애초에 치밀한 설계의 산물이 아니라, 시행착오를 통해 사후적으로 형성된 것이기 때문이다. 따라서 기능하는 루틴은 인위적 루틴과 구별해 자생적 루틴이라 부르기로 하자.

물론 루틴의 효과는 고정적이지 않다. 조직에 따라 자생적 루틴조차 시간이 흐르며 인위적 루틴으로 변질되어 형식만 남게 되기도 한다. 그렇기 때문에 기능하면서도 끊임없이 진화해야 한다. 다시 말해,

뛰어난 리더는 루틴을 강요하지 않고, 진화시킨다.

> 제10계에서 배우는 노자의 가르침
>
> - 셀프 매니지먼트를 철저히 실천하면, 동기 부여와 생산성이 향상된다.
> - 셀프 매니지먼트형 경영에는 '윗사람은 부드럽고 아랫사람은 강하며' '큰 틀에서 분할하지 않는' 구조가 필요하다.
> - 약함과 강함 사이를 오가는 왕복운동, 즉 여러 업무를 유연하게 소화하는 능력이 요구된다.
> - 뛰어난 리더는 루틴을 강요하는 것이 아니라, 그것을 진화시키는 사람이다.

| 주 |

1   리카르도 세믈러(Ricardo Semler) 저, 오카모토 유타카 번역, 『세믈러이즘』, 신초사, 1994년, p.209. (※ 한국어 번역서 : 셈코 스토리, 한스컨텐츠, 2006년)

2   단, 전 직원이 보수를 자율적으로 결정한 것은 아니며, 1차 시도에서는 전 직원의 5%가 참가했고 이후 25%로 늘었다고 한다. 『세믈러이즘』 p.212.

3   『세믈러이즘』 p.180.

4   고이케 가즈오(小池 和男), 『일의 경제학(仕事の経済学)』, 도요게이자이 신보사, 2005년.

5   물론, 잠재적인 기세로서의 '덕(德)'의 단계에 머무는 것이 더욱 바람직하다. '형

태'보다 더 임기응변적인 대응이 가능하기 때문이다. 단, 노자가 '다듬지 않은 통나무'라는 말을 쓸 때는 도(道)에 대한 비유적 표현인 경우가 많다.

6 마서륜(馬叙倫), 『노자교고(老子校詁)』, 고적출판사, 1995년.

7 리카르도 세믈러, "Managing without managers", Harvard Business Review, 1989, pp.76 – 84.

8 하세가와 뇨제칸(長谷川如是閑), 『하세가와 뇨제칸 평론집』, 이와나미 문고, 1989년. 하세가와 뇨제칸, 『노자(老子)』, 다이토 출판사, 1935년.

9 물론, 공자는 사치스러운 예(禮)를 권장한 것은 아니며, '예는 사치스러움보다 차라리 검소한 편이 낫다'(논어, 팔일)고 하며 검약을 권한다. 그러나 예를 실행할 때 지출이 많아지는 사실은 변하지 않는다.

10 거버넌스 미팅에서는 서클 내 역할의 명확화, 책임 배분, 정책 설정 등이 이루어진다. 통합적 의사결정은 서클 구성원 전원의 합의에 따라 결정되도록 정해져 있으며, 역할은 개인의 스킬과 관심에 따라 배정되고 정기적인 거버넌스 미팅을 통해 재검토된다. 투명성 원칙에 따라 회의록, 결정 사항, 역할과 책임에 대한 기록은 조직 내 모든 구성원이 접근할 수 있도록 공개된다. 전술 미팅은 서클 내 업무를 효율적으로 진행하기 위해 정기적으로 개최되며, 진행 중인 프로젝트의 진척 상황을 보고하고 다음 행동을 결정하는 역할을 한다. 이는 거버넌스 미팅보다 더 자주 열린다.

11 하이에크는 시장, 언어, 관습법 등을 자생적 질서로 간주했으며, 그것이 계획된 제도, 예컨대 계획 경제나 제정법 등보다 우월하다고 주장했다. 예: 하이에크 저, 야지마 킨지·미즈요시 도시히코 번역, 『하이에크 전집 8: 법과 입법과 자유 1 – 규칙과 질서』, 슌쥬샤, 1987년 참조. (※ 한국어 번역서: 법, 입법 그리고 자유, 자유기업원, 2018년)

제11계

하류에서
사람을 움직인다

마음을 얻는 비결

훌륭한 무사는 뽐내지 않는다
【선위사자 善爲士者】

잘 싸우는 사람은 성내지 않으며,

진정한 승자는 맞서지 않는다.

사람을 잘 다루는 사람은 스스로 상대의 아래에 선다.

바람이 불어오는 아랫자리에 서라

이제 셀프 매니지먼트형 경영을 위해 '플랫폼'과 '루틴'이라는 형식이 갖춰진 상태에서, 사람의 마음을 얻는 방법에 대한 힌트를 노자에게서 살펴보겠다. 이 핵심을 한마디로 표현하면, '리더는 하류에서 사람을 움직인다'는 말로 정리할 수 있을 것이다.

셈코의 경우, 중요한 의사결정은 경영진만으로 하지 않으며, 모든 직원이 경영 회의에 출석할 수 있고 다수결로 결정된다. 결코 경영진의 독단으로 결정되는 일은 없다. 예를 들어, 회사가 공장 신설을 결정했을 때 부동산 중개인은 적절한 부지를 찾지 못했다. 그러자 공장 직원들에게 땅을 찾아보도록 요청했고, 그들은 세 곳의 후보지를 제시했다. 그중 한 곳은 맞은편에 파업으로 유명한 공장이 있어 세믈러는 그 부지는 피하고 싶어 했다. 그러나 직원들의 다수결로 인해 그 부지로 결정되었다.

또 다른 예로 회사가 한 기업을 인수하고자 했을 때 세믈러는 직원들의 다수결에 부쳤고, 그 결과는 부결이었다. 이 결정은 세믈러의 판단과 달랐고, 그는 지금도 그 기업은 인수했어야 했다고 생각

하지만, 직원들의 뜻을 존중해 결과를 따랐다.[1]

이처럼 중요한 경영상의 결정까지도 직원들에게 개방하고, 다수결을 따르는 방식은 매우 독특하다. 이렇게까지 직원의 뜻을 존중하는 경영을 실천하는 대기업은 셈코 외에는 거의 없을 것이다. 그러나 이와 같은 방식은 노자의 사상과는 통하는 바가 많다.

강과 바다가 모든 계곡의 왕이 될 수 있는 까닭은
【강해소이능위백곡왕자江海所以能爲百谷王者】

강과 바다가 모든 계곡의 왕이 될 수 있는 까닭은, 계곡보다 한층 낮은 하류에 있기 때문이다. 그래서 모든 계곡의 왕이 될 수 있다.

따라서 백성 위에 서고자 한다면 반드시 말로 백성에게 자신을 낮추어야 하고, 백성 앞에 서고자 한다면 반드시 스스로를 백성의 뒤에 두어야 한다. 그 결과 성인은 백성의 위에 있어도 백성은 그를 무겁게 여기지 않고, 앞에 있어도 백성은 그를 해롭게 여기지 않는다. 그러므로 세상 모든 사람이 기꺼이 성인을 받들고 싫어하지 않는다. 성인은 누구와도 다투지 않는다. 그래서 세상 어느 누구도 그와 다투지 못한다. _도덕경 66장

이미 여러 번 지적했듯, 도(道)는 모든 것이 귀결되는 하류이며, 그것은 계곡이나 대양에 해당한다. 여기서 다음과 같은 역설이 성립한다.

하류에 기꺼이 머무를 때 오히려 사람들 위에 설 수 있다.

하류에 서는 행위를 조직에 적용하면 서번트 리더십(Servant Leadership, 봉사형 리더십)에 해당한다.[2] 서번트 리더십은 전통적인 피라미드형 조직 구조를 거꾸로 뒤집은 개념이다. 일반적으로 조직의 톱(Top)은 위에서 명령을 내리는 위치에 있지만, 서번트 리더십에서는 오히려 아래에서 현장을 받치는 역할을 맡는다. 현장 직원이 구조상 가장 위에 있고, 리더는 그들을 지원하는 존재가 된다. 지시와 통제가 아니라, 지원과 서포트에 중점을 둔다. 마치 연예 기획사에서 매니저가 연예인을 전폭적으로 지원하는 구조와도 비슷하다.

왜 이런 구조가 필요한가? 이유는 간단하다. 조직의 가장 하위에 있는 '현장'이야말로 가치가 발생하는 곳이기 때문이다. 성과의 성패는 실제 현장에서 갈린다. 예를 들어, 연예인의 가치는 무대 위 퍼포먼스에서 나온다. 매니저는 그 퍼포먼스가 극대화될 수 있도록 전력을 다해 지원하며, 결코 연예인을 소모품처럼 대하지 않는다.

서번트 리더십은 리더가 스스로 한 단계 낮은 위치에 머물며 진정한 영향력을 발휘하는 방식이다. 리더가 자신의 위세를 앞세우기보다는 낮은 곳에 자리를 잡고, 현장을 돋보이게 할 때 조직은 오히려 더 큰 활력을 얻는다. 제2계에서 말했듯, '지위에 수반되는 위세'가 아닌 '스스로를 낮춤으로써 생기는 기세'가 조직에 새로운 동력을 부여한다.

물론, 서번트 리더십이 무조건 부하에게 고개를 숙이라는 의미는 아니다. 핵심은 '현장의 판단'을 존중하고, 그 판단이 제대로 실행되도록 전폭적으로 지원하는 것이다. 불필요한 지시나 간섭은 줄이고, 권한 자체를 현장에 넘김으로써 자율적 판단과 결정이 자연스럽게 이뤄지도록 하는 '촉매 역할'에 충실한 것이다. 이것 역시 일종의 '전략적인 힘 빼기'이며, 오히려 이러한 방식이 조직 전체의 에너지를 끌어올릴 수 있다.

셈코가 셀프 매니지먼트를 도입한 이유도 여기에 있다. 직원이 스스로 판단하고 결정할 수 있도록 권한을 위임하면, 동기 부여와 생산성이 자연스럽게 따라온다고 보기 때문이다. 말하자면, 직원을 '어른'으로 대우하는 셈이다.

훌륭한 무사는 뽐내지 않는다 【선위사자善爲士者】

훌륭한 무사는 뽐내지 않는다. 잘 싸우는 사람은 성내지 않으며, 진정한 승자는 맞서지 않는다. 사람을 잘 다루는 사람은 스스로 상대의 아래에 선다. 이것을 '다투지 않는 덕'이라 하고, 이것을 '사람의 힘을 활용하는 것'이라 한다. 이것을 '하늘과 짝을 한다'라고도 한다. 이것이 예로부터 내려오는 지극한 도리이다. _도덕경 68장

하류에 서는 뛰어난 리더는 뽐내지도, 성내지도 않는다. 뽐내거나 성내는 태도는 부하를 위축시키고, 그들의 기세를 충분히 활용

하지 못하게 만든다. 훌륭한 리더는 부하나 경쟁자와 적대하지 않는다. 적대하면 상대의 부정적인 기세가 고스란히 자신에게 되돌아오기 때문이다. 가능한 한 적대하지 않도록 유도하며, 병법으로 말하자면 싸우지 않고 이기는 것을 목표로 한다.

물론 경쟁을 포기한다는 뜻은 아니다. 경쟁은 하지만, 상대와는 다른 차원에서 경쟁하며, 직접적인 충돌을 피하도록 주의를 기울인다. 그리고 경쟁 상대나 부하의 아래에 선다. 영국 속담에 '말을 물가로 데려갈 수는 있어도, 물을 억지로 마시게 할 수는 없다'는 말이 있다. 강제로 물을 마시게 하려 해도 말은 마시지 않는다. 말에게 물을 마시게 하고 싶다면 목이 마르도록 만들면 된다. 마찬가지로, 부하의 기세를 잘 활용하려면, 위에서 명령을 내리기보다 자연스럽게 그렇게 되도록 유도해야 한다. 이를 위해서는 부하 위에 군림하는 것이 아니라, 그 아래에서 받쳐줘야 한다. 이것이 바로 서번트 리더십이다. 즉 부하의 업무를 뒷받침하고 지원하는 데 충실한 것이다. 그렇게 할 때, 부하의 기세를 더욱 가속화할 수 있다. 이처럼 '바람이 불어오는 아랫자리'에 자리를 잡는 태도는 하늘과 짝을 이루는 자세, 즉 자연의 흐름과 하나가 되는 방식이다. 이는 고대부터 전해 내려오는 지극한 도리이자, 모든 유(有)가 결국 무(無)로 돌아간다는 노자의 회귀 사상에 기반을 둔다.

기세가 사라지면, 결국 진자는 가장 낮은 지점에서 멈춘다. 이렇게 '기세가 없는 상태'는 누구나 꺼리는 자리다. 귀함과 천함, 부유함과 가난함이 있다면, 사람들은 으레 천하고 가난한 쪽을 피하려 든다. 이것들은 귀하거나 부유한 상태를 떠받치던 기세가 사라진 끝에 도달하게 되는 곳이다.

하지만 노자의 놀라운 통찰은 사람들이 꺼리는 바로 그 '무(無)' 야말로 창조의 공간이며, 특히 리더십의 경우에는 거기에 항상 잠재적인 기세가 존재한다고 지적한다.

제2계에서 언급했듯이, 리더는 눈에 보이는 권위와 힘을 지니면서도 부하보다 낮은 자리에 선다. 하류에 머물고, 바람이 불어오는 아랫자리에 서며, 사회적으로 낮고 가난한 위치에 기꺼이 자신을 둔다 해도, 그 이면에는 여전히 '지위의 힘(勢位)'이라는 드러난 기세가 함께한다. 그렇기 때문에 리더는 하류에서도 그 위치와 권위 사이의 간극에서 새로운 기세를 끊임없이 만들어 낼 수 있다. 이 에너지는 리더가 지닌 권위와 그가 몸을 낮춘 실제 위치의 차이가 클수록 더욱 강하게 생겨난다.

그러나 이러한 '겸손의 원리'는 반드시 명확히 이해되는 것은 아니다. 이솝 우화 「북풍과 태양」에서 보듯, 위에서 억지로 누르는 방식으로는 부하의 자율성을 끌어낼 수 없다. 오히려 바람을 맞는 위치, 즉 '바람의 하류에 서는' 태도가 상대의 기세를 일으키고, 결과적으로는 기대했던 성과로 이어진다.

아마도 자존심이나 익숙한 관행이 방해가 되어, '바람의 하류에 서는 것'을 쉽게 받아들이지 못하는 경우가 많을 것이다. 출세할수록 점점 더 오만해지는 사람들이 적지 않기 때문이다.

조직론에는 '피터의 법칙(Peter Principle)'이라는 이론이 있다. 사람은 승진할수록 무능해질 가능성이 크고, 결국 상위 직책은 그에 걸맞지 않은 사람이 차지하게 되어 조직이 쇠퇴한다는 것이다. 이런 악순환을 피하려면, '바람의 하류에 서는 매니지먼트'가 하나의 해법이 될 수 있다.

작은 생선을 삶듯이 다스린다

노자는 큰 나라를 다스리는 요체는 '작은 생선을 삶듯이 다스리는 것'에 있다고 말한다. 작은 생선을 삶을 때 젓가락으로 자주 뒤적이면 형태가 망가진다. 가장 좋은 방법은 가능한 한 그대로 두는 것이다. 이처럼 큰 나라를 다스릴 때도 세세한 일에 지나치게 간섭하지 않는다는 것이 핵심이다. 이는 셀프 매니지먼트를 지향하는 자세라고 해석할 수 있다.

큰 나라를 다스릴 때는 【치대국治大國】

큰 나라를 다스릴 때는 작은 생선을 삶듯이 한다. 도(道)로 세상을 대하면, 땅이 하늘의 영역을 침범하는 일이 없고, 하늘이 인간의 영역을 침범하는 일도 없다. 성인 또한 백성의 영역을 침범하지 않는다. 하늘과 땅, 성인은 서로의 영역을 침범하지 않기 때문에, 각자의 덕이 어우러져 조화를 이루고 제자리를 지킨다. _도덕경 60장

이 말은 리더가 무위(無爲)의 상태에 머무는 것뿐 아니라, 백성 또한 리더의 일에 간섭하지 말아야 한다는 뜻이다. 서로의 영역을 넘지 않아야 한다는 원칙은 수직적인 상하 관계뿐 아니라, 수평적인 인간관계에도 똑같이 적용된다.

다만, '무위'란 타인의 영역에 간섭하지 않는다는 의미이지, 맡은 일에 손 놓고 아무것도 하지 않는다는 뜻은 아니다. 예를 들어 고대 중국의 황제는 아무 지시 없이 그저 자리에 앉아 있는 것처럼 보이지만, 실은 그것이 황제의 역할이며 '아무것도 안 하는 것'이 아니다.

이런 점에서 '작은 생선을 삶는 방식의 매니지먼트'에서 핵심은 '기세'에 있다. 불이 잘 붙어 있는 상태라면, 생선은 굳이 뒤적이지 않아도 자연스럽게 익는다. 반대로 불이 꺼질 듯하다면, 다시 불을 지필 필요가 있다. 즉 '내버려 두어도 잘 되는 상태'가 가능해지려면, 그에 앞서 일정한 기세와 환경이 갖춰져 있어야 한다. 그 기세가 약해지면 다시 기세를 되살리기 위한 개입이 필요하다.

저명한 중국학 연구가 프랑수아 줄리앙은 이러한 방식이 서양식의 '목적-수단' 모델이 아니라 '조건-결과' 모델이라고 본다.[3] 목적-수단 모델은 매니저가 현장을 직접 통제하고 원인을 설정해야 하므로 현장에 대한 개입이 수반된다.[4] 그러나 조건-결과 모델에

서는 필요한 조건만 조성한 뒤 이후 자연스럽게 일이 전개되는 것을 지켜본다. 이는 제1계에서 설명한 '도는 자연을 본받는다'*는 원리와 맞닿아 있다.

'작은 생선을 삶는 매니지먼트'에서도 마찬가지다. 불을 지피고 냄비에 생선과 재료, 물과 육수를 넣는 단계까지는 개입이 필요하다. 이 단계가 조건 설정이다. 조건이 갖춰지면, 그다음부터는 냄비 뚜껑을 닫고 생선이 익기를 기다려야 한다. 서양 속담에도 '지켜보는 냄비는 좀처럼 끓지 않는다'는 말이 있다. 자꾸 뚜껑을 열어 확인하면 오히려 잘 끓지 않는다는 뜻이다. 조건이 준비되었다면, 그다음은 믿고 맡기는 것. 이것이 바로 조건-결과 모델이다.

이런 이유로 셀프 매니지먼트형 경영에서도 모든 것이 권한 위임되는 것은 아니다. 조건 설정은 관리자의 중요한 역할이다. 그것은 사건이 일어나기 전에 기세를 만들어 내는 작업으로, '형태'에 경사를 주고 거기서 공을 굴리는 것에 비유할 수 있다. 일단 공이 굴러가기 시작하면 그다음부터는 개입을 줄이고 '영역 침범'을 피해야 한다.

물론, 물을 끓이는 불길이 약해질 수도 있으므로 기세가 약해지지 않는지 관찰하고 필요할 경우 보강하는 것도 중요하다. 조직 경영에서 이는 '결과에 대한 통제'로 나타난다. 단, 이것은 과정에 대

---

* 도덕경 25장

한 통제가 아니다. 과정을 통제하려 들면 마이크로 매니지먼트가 되고, 결국 현장의 자율성을 침해하게 된다.

그런 방법이 아니라 '결과에 대한 모니터링과 피드백'을 의미한다.

피드백이라고 해도, 업무 내용에 대한 직접적인 지시가 아니라 '조건 설정'에 관한 부분에 해당한다. 예를 들어 구성원의 동기 부여가 낮아졌다면, 이를 높이기 위해 미션의 의의를 다시금 설득하거나 혹은 어떤 인센티브를 도입하는 방법을 생각해 볼 수 있다. 또는 리소스 부족으로 기세가 약해졌다면 불에 장작을 더 넣듯이 추가적인 지원을 고려한다.

이처럼 결과에 대한 적절한 통제가 없이 단순히 냄비에 뚜껑을 덮고 기다리기만 한다면, 경우에 따라 아예 불이 꺼져 버려 작은 생선이 끝내 익지 않을 수도 있다. 그런 사태를 피하려면 결과에 대한 통제를 적절히 실행하고 불의 기세가 약해지지 않도록 살피는 것이 요구된다.

게다가 작은 생선을 삶는 매니지먼트에서는 리더가 현장의 '영공'을 침범하지 않도록 스스로를 절제해야 한다. '각자의 덕이 어우러져 조화를 이루고 제자리를 지킨다'는 구절은, 위와 아래가 각자의 역할을 다하고 서로 간섭하지 않는다면 기세를 유지할 수 있다는 뜻이다. 조건 – 결과 모델에서는 이러한 운영이 가능하다.

셈코의 경우, 셀프 매니지먼트를 철저히 실천하고 현장에 간섭하지 않는 대신, 모든 정보는 공유된다. 각 사업부의 실적 데이터는 매월 단위로 전사에 공개된다. 그 결과, 실적과 목표 간의 차이가 명확해지고, 목표에 크게 미달하는 서클은 검토 대상이 된다. 그러나 그렇지 않은 한, 언제 출근하고 언제 퇴근할지는 자유이며, 복장이나 근무 규칙도 존재하지 않는다. 출장비도 얼마를 쓰든 자유다(단, 그 정보는 투명하게 공개된다).

이상적인 조직 매니지먼트

노자는 이상적인 촌락 공동체의 모습에 대해서도 언급했다. 이것을 조직 매니지먼트의 관점으로 해석하는 것도 가능할 것이다.

영토가 작고 인구가 적은 나라 【소국과민小國寡民】

영토가 작고 인구가 적은 나라는, 열 명, 백 명 단위로 묶인 마을 대표가 있지만, 문명의 이기를 갖추고 있어도 그것을 굳이 사용하지 않는다.

백성이 죽음을 중히 여겨서 멀리 이사 가는 일이 없고, 배와 수레가 있어도 굳이 타고 다니지 않고, 갑옷과 무기가 있어도 그것을 사용할 일이 없다.

'결승의 시절(백성이 매듭을 지어 글자를 대신하던 태고)'로 되돌아간 듯, 먹는 음식을 맛있게 여기고, 입는 옷을 아름답다고 느끼며, 사는 집에

만족하고, 자신이 속한 사회의 관습을 즐긴다.

이웃 나라가 바로 가까이 있어 닭 울음소리나 개 짖는 소리가 들릴 정도라도, 사람들은 늙어 죽을 때까지 자기 삶에 만족하며 굳이 그곳에 가보려 하지 않는다. _도덕경 80장

영토가 작고 인구가 적은 나라, 즉 '소국과민'은 노자의 사상을 대표하는 핵심 개념 중 하나다. 여기서 '소국'은 작은 향촌들이 느슨하게 연결된 국가를 의미하며, 본문에서는 그 향촌에서의 삶이 구체적으로 묘사된다. 백성들은 그곳에서의 생활에 만족하기 때문에 정치적 개입도, 이동 수단도 굳이 필요하지 않다. 만족할 줄 아는 자급자족의 삶에는 수레나 무기, 문자 같은 문명의 이기도 필요 없다. 사람들은 마을을 떠나 먼 곳으로 갈 이유조차 없다.

오늘날에도 인도나 네팔 같은 일부 농촌 지역에서는 이와 유사한 삶이 유지되고 있다. 이들은 문명의 편의를 완전히 거부하지는 않지만, 생계의 대부분을 스스로 해결하며 살아간다. 노자가 이상으로 제시한 것도 바로 그런 자급자족 형태의 향촌 공동체였을 것이다.

물론 '결승의 시절'이라 불리는 이런 삶의 모습은 노자의 시대, 즉 춘추전국시대에도 실현되기 어려웠을 것이다. 하지만 노자는 단순한 유토피아를 말하거나 루소처럼 '자연으로 돌아가라'고 주장한 것이 아니다. 현실에서 지향해야 할 삶의 이상을 상징적으로 그려냈다고 봐야 할 것이다.[5] 그 모습은 배를 채우고 뼈를 튼튼하게 하

는 삶*, 곧 자급자족에 가까운 자율적인 농촌 생활이 아니었을까.

실제로 고대 중국의 향촌은 국가의 통제 아래에서도 상당한 자율성을 유지했다. 국가조직으로서는 노자가 주장한 것과 같은 '작은 정부'가 실제로 실현되지는 않았고, 황제를 정점으로 한 봉건제와 군현제, 군국제 등 다양한 국가 체제가 청나라 시대까지 이어졌다. 그러나 자율적인 향촌 공동체는 이 시대를 관통해 끈질기게 살아남았다.[6] 그런 의미에서 보면, 노자의 이상은 적어도 향촌 공동체 단위에서는 일정 부분 실현되었다고 볼 수 있다.

그렇다면 '소국과민'은 단지 고대 중국의 이야기로, 오늘날 우리와는 아무런 관련이 없는 것일까? 만약 '결승의 시절'을 하나의 상징으로 본다면, 그것은 인간이 태초부터 지녀온 본래의 모습, 즉 자율적이고 자급자족적인 삶을 뜻한다. 이를 현대 조직에 비춰 보면, 창업 초창기 소규모 그룹에 해당할 수 있다. 이 시기는 분업도 명확하지 않고, 매일 얼굴을 맞대며 긴밀한 소통이 이뤄진다. 형식적인 절차나 규칙 없이, 상황에 따라 유연한 대응이 가능한 시기다.

노자의 '결승의 시절'과 '소국과민'은 과거로 돌아가자는 뜻이 아니다. 그 본질을 오늘 여기서 어떻게 실현할 수 있을지를 묻는 것이다. 고전 경영학의 한 분야인 인간관계론에서도 비슷한 관점을 찾아볼 수 있다. 인간관계론에서는 조직 내부에서 자생적으로 형성되

---

* 마음을 비우고 배를 채우며 의지를 약하게 하고 뼈를 튼튼하게 한다는 『도덕경』 3장에 나오는 구절에서 유래한다.

는 비공식 그룹이 구성원의 동기 부여에 큰 영향을 미친다고 본다. 인간관계론에서 말하는 비공식 그룹이란 직장 내 친목 집단을 가리킨다. 단순한 친목 모임에 그치지 않고, 경우에 따라 파벌이나 학연 집단 등 다양한 형태로 나타난다.

  이 비공식 그룹은 '1차 집단(Primary Group)'이라고도 하며, 조직의 원형적 형태로 간주된다. 그리고 이 1차 집단을 활성화하는 것이야말로 노자가 말한 '결승의 시절'을 오늘날 조직 내에서 구현하는 방식이라 할 수 있다. 예를 들어, 홀라크라시와 세믈러이즘과 같은 분산형 자율 조직이 그 대표적인 사례다.

  이렇게 말하면 반드시 나오는 반론이, 이런 형태는 일부 제조업체나 IT 기업에나 어울리는 이야기이며, 규모의 경제를 추구하는 전통적인 피라미드형 대기업에는 적용하기 어렵다는 것이다. 실제로 규모와 범위의 경제가 중요한 산업에서는 분산형 시스템이 비효율적일 수 있다. 그런 의미에서, 이러한 시스템이 적용될 수 있는 영역은 제한적일 수 있다.

  하지만 대규모 조직이라고 해도 분산형 자율 조직이 반드시 불가능한 것은 아니다. 오히려 필요하다. 공식 조직은 기존처럼 피라미드형 구조를 유지하되, 동시에 자발적이고 유연한 비공식 네트워크를 촉진함으로써 전체 조직의 활력을 높일 수 있다.

  예를 들어, 기존 업무와 병행해 자발적인 프로젝트 팀이나 스터디 그룹을 운영할 수 있다. 조직 이론가 존 코터 교수는 이를 '듀얼

OS(Dual Operating System)'라고 표현한다.[7] 기존의 위계적 시스템과는 별도로, 자율적인 네트워크 기반의 운영체계를 병행하는 방식이다. 후자는 『도덕경』에서 말하는 '영토가 작고 인구가 적은 나라'의 현대적 조직판이라 할 수 있다. 결국, 이러한 자율적 분산 조직을 얼마나 잘 구축하고 운영하느냐가 조직의 생동감, 즉 '기세'를 좌우하는 핵심 요인이 된다.

브라질의 셈코 사례는 이를 잘 보여준다. 1990년대 브라질 경제가 위기를 맞으면서 셈코도 큰 실적 악화를 겪었다. 셈코는 직원들과 논의한 끝에 해고 없이 전 직원(경영진 포함)의 급여를 대폭 줄이는 대신 이익 공유 비율을 높이는 방식으로 위기를 버텨냈다. 하지만 이 방식은 단기적 처방에 불과했기에, 근본적인 해결책이 필요했다.

이때 도입된 것이 '위성 프로그램(Satellite Program)'이다. 이는 직원들이 셈코와의 고용 계약을 종료하고, 스스로 독립된 회사(위성, Satellite)를 설립하는 방식이다. 이렇게 설립된 '위성'은 셈코의 설비를 자유롭게 활용할 수 있는 외부 공급업체로 간주된다. 고정 급여는 보장되지 않지만, 위성의 수익은 모두 설립자 본인의 몫이 된다. 이 제도는 의무가 아니며, 직원은 위성을 설립할 수도 있고, 기존 직원으로 남을 수도 있으며, 둘을 병행하는 것도 가능하다.

이러한 변화는 '전혀 모르는 외부 업체에 맡기느니, 내부를 잘 아는 직원을 독립시켜 일하게 하자'는 실용적인 발상에서 출발했다.[8]

결과적으로 셈코는 구조조정 없이 비용을 절감했을 뿐 아니라, 시장 기반 요소를 도입함으로써 더 높은 실적을 거두게 되었고, 다수의 위성 업체로부터 새로운 사업 제안도 이어져 실제로 사업화되기도 했다. 위성들은 대부분 소규모 자율 집단이므로, 이것 또한 노자의 '작고 인구가 적은 나라'를 조직 안에서 구현한 사례라 볼 수 있다.

조직 장악의 요체

뛰어난 리더가 조직을 장악하는 핵심은 조직 구석구석까지 통제력을 행사하는 것이 아니라, 오히려 그것을 내려놓는 데 있다. 이것이 바로 셀프 매니지먼트형 경영이며, 홀라크라시처럼 이상적인 역할과 업무 흐름을 중심으로 한 새로운 형태의 계층 구조 구축이다.

다만 이는 기업 문화의 대대적인 변화를 요구하기 때문에, 한 번에 이행하는 하드랜딩 방식은 피하고, '듀얼 OS'처럼 기존 체계와 병행하는 방식으로 일부 영역부터 셀프 매니지먼트를 도입해 나가는 것이 바람직하다.

자포스조차도 전면적으로 홀라크라시 체제로 전환한 것은 아니며, 셈코는 현재 존재하는 대기업 가운데서는 비교적 선도적인 사례다. 그러나 셈코의 비즈니스는 대량 생산이 아닌 품질 중심의 고부가가치 제품과 서비스—예컨대 환경 컨설팅 등—로 구성된 형태이기 때문에 '세믈러이즘(Semlerism)'이 실현 가능했을지도 모른다.

  그러나 조직이 어떤 계층 구조를 갖추고 있든 '위는 유연하고 아래는 단단한' 구조, 다시 말해 '큰 틀은 나누지 않는다'는 원칙 아래 조직 구성원 개개인이 부드러움과 강함 사이를 상황에 맞게 오가며 유연하게 대응하는 것이 요구된다. 이와 같은 유연한 대응이야말로 핵심이며, 플랫폼이나 루틴, 그리고 이 글에서 언급한 조건 설정 등은 모두 이러한 흐름을 뒷받침하는 수단일 뿐이다.

> 제11계에서 배우는 노자의 가르침
>
> - 하류에 머무름으로써 오히려 사람들 위에 설 수 있다.
> - 전제 조건을 설정한 뒤에는, 작은 생선을 삶듯이 경영한다.
> - 기존의 계층 조직과 병행하여, 소규모 자발적 네트워크를 형성한다.
> - 역할과 업무 흐름을 중심으로 한 새로운 계층을 구축한다.

| 주 |

1 리카르도 세믈러(Ricardo Semler), 앞서 인용한 책.

2 로버트 K. 그린리프(Robert K. Greenleaf) 지음, 가나이 마유미 번역, 『서번트 리더십(Servant Leadership)』, 에이지 출판, 2008년.

3 프랑수아 줄리앙(François Jullien) 지음, 나카지마 타카히로 번역, 『기세효력의 역사 — 중국 문화 횡단(Une histoire de l'efficacité en Chine)』, 지센쇼칸, 2004년.

4 참고로, '조건-결과 모델'과 대비되는 개념으로는 '수단-목적 모델'이 보다 논리적으로 정합성이 있지만, '목적-수단'이라는 표현이 일반적으로 널리 사용되고 있다는 점을 고려하여, 이하에서는 '목적-수단 모델'이라고 부르기로 한다.

5 오하마는 다음과 같이 서술하고 있다. '노자는 단순한 유토피아를 이 장에서 말한 것이 아니다. 유토피아란 현재 사회의 병폐로부터 역추론된 이상적인 사회

이지만, 그것이 반드시 실현 가능하다는 것을 의미하는 것도 아니고, 또한 그 실현을 위한 실천을 요구하는 것도 아니다. 노자의 경우는 현실 사회 안에서 실현 가능한 세계를 말하고 있는 것이다.' 오하마의 앞서 인용한 책, 210쪽.

6   단, 수(隋)·당(唐) 시대에 도입된 균전제 하에서는 위로부터의 통제가 상당히 강화되었기 때문에, 촌락 공동체의 자율성은 현저히 저하되었다고 여겨진다. 그러나 균전제는 당 말기에 소멸되었으며, 그 이후 강력한 중앙집권적 토지 제도는 시행되지 않았다. 명(明) 시대의 이갑제(里甲制)에 이르러서는 오히려 촌락 공동체의 자율성을 높이는 방식이었다.

7   존 P. 코터(John P. Kotter) 지음, 무라이 아키코 번역, 『존 P. 코터의 실행하는 조직—대기업이 벤처의 속도로 움직이다(Accelerate: Building Strategic Agility for a Faster-Moving World)』, 다이아몬드사, 2015년.

8   리카르도 세믈러(Ricardo Semler), "Why my former employees still work for me", Harvard Business Review, 1994, pp.64—73.

2부

노자의 전략을
실전에 적용하다

사활 문제

지금까지 이 책에서 다루어온 노자의 가르침에 따른 경영의 핵심을 정리하면 다음과 같다.

제1계　여백의 효력 – 탁월한 리더는 아무것도 하지 않는다
제2계　유약함의 효력 – 강자는 약자를 이길 수 없다
제3계　고요한 과정 – 형태로 기세를 만든다
제4계　현자의 선택 – 목표 방향의 반대로 간다
제5계　과소의 효과 – 힘을 빼고 흐름에 맡긴다
제6계　과잉의 역효과 – 성공에 집착하는 사람은 파멸한다
제7계　창조의 기점 – 배우지 않고도 본질을 간파한다
제8계　창조의 핵심 – 쉬운 일에만 손댄다
제9계　무위의 경영 – 통제하려는 욕망을 내려놓는다
제10계　위는 부드럽고 아래는 강한 조직 – 탁월한 리더는 부드러움에 머문다
제11계　마음을 얻는 비결 – 하류에서 사람을 움직인다

아마 여기까지 읽어온 독자라면, 이처럼 역설적이고 때로는 급진적일 수도 있는 주장들에 이제는 어느 정도 공감하셨을 것이다.
이제 제2부에서는 조직의 사활이 달린 다양한 사례를 함께 살펴보며 지금까지의 내용을 복기하고, 전략으로서의 노자에 대한 이해를 더욱 깊게 다져 보려 한다.

| 사활 문제 1 |

조직을 어떻게 활성화할 것인가?

다음 갭의 비즈니스 사례를 읽고, 조직 활성화 방안을 생각해 보자.

갭(GAP)은 미국을 거점으로 글로벌 사업을 전개하는 의류 소매 업체이다. 한때 이 회사의 실적은 저조했고, 매장 매출도 하락세에 있었다. 회사 직원 대부분이 파트타임 근로자였고 이들의 동기 저하에 따른 고객 서비스 품질 저하가 주된 하락의 원인으로 지적되었다. 이에 따라 회사는 '직원 참여 이니셔티브'라는 프로그램을 시행하기로 했다. 주요 내용은 다음과 같다.

- **직원의 목소리 존중** – 직원의 의견과 피드백을 적극적으로 수집하고, 그것을 조직의 의사 결정과 개선 활동에 반영함으로써 직원의 참여 의욕을 높인다.
- **커뮤니케이션 촉진** – 상사 및 관리자와의 오픈 커뮤니케이션을 장려하여, 직원이 자신의 생각과 의견을 자유롭게 표현할 수 있

는 환경을 조성한다.
- **직원 역량 강화** – 직원의 커리어 개발 및 역량 향상의 기회를 제공해, 그들의 성장과 커리어 패스를 지원한다.
- **팀 빌딩 활동** – 팀워크와 협업을 강화하기 위해 팀 빌딩 행사나 사내 이벤트를 실시한다.
- **성과 평가의 투명성** – 직원에게 성과 평가의 기준과 프로세스를 명확히 전달하고, 공정한 평가를 시행함으로써 동기를 높인다.

이 프로그램을 시행한 결과, 직원의 동기가 향상되고 실적 회복에도 어느 정도 효과가 나타났다. 하지만 이보다 비용이 적게 들고, 매장 직원의 대부분을 차지하는 파트타임 직원들의 의욕을 더욱 높일 방법은 없을까?

직원의 삶의 질을 개선하여 생산성을 높인다

일반적으로 소매업의 파트타임 근로자는 근무 시간이 매주 달라지는 것이 보통이다. 갭도 예외는 아니어서, 많은 직원들이 근무 교대 시간을 통보받는 시점이 일주일 전이거나 그보다 임박한 경우가 많았다. 이로 인해 직원들은 사전에 사적인 계획을 세우기 어려운 상황에 놓여 있었다.

이에 갭은 업무 개선 자체를 직접 목표로 삼기보다는, 판매 사원의 '삶의 개선'을 우선하기로 했다. 갭은 노무 관리 전문팀과 협력하여, 샌프란시스코와 시카고에서 무작위로 선택된 점장들에게 네 가지 변화를 요청했다.

즉, 근무 교대의 시작 및 종료 시각을 표준화하고(이전에는 예측되는 고객 수에 따라 일별, 주별로 유동적이었다), 매주 동일한 교대로 직원을 배치하며, 핵심 인력에게는 최소 20시간 이상의 근무 시간을 보장하고, 특별히 개발된 앱 '시프트 메신저'를 통해 직원들끼리 근무 교대를 자유롭게 할 수 있도록 했다.

그 결과, 10개월간의 실험에 참여하지 않은 매장과 비교했을 때, 노동 생산성이 6.8% 향상되었고 매출은 약 300만 달러 증가했다. 시프트 메신저는 특히 효과적이었으며, 전체 직원의 3분의 2가 이를 사용하여 5,000건 이상의 교대가 교환되었다. 이 앱 덕분에, 직원들이 꺼리던 교대를 점장이 대신 맡고, 직원의 수입에 예기치 못한 변화 없이 효율적인 인력 감축이 가능해졌다.

갭의 이러한 정책은 노동 생산성을 높였을 뿐만 아니라, 직원들로부터 삶의 질 향상과 수면의 질 개선이라는 피드백도 얻었다. 갭의 접근 방식은 기존의 '직원 참여 이니셔티브'와는 달리, 직원의 삶의 질 향상을 직접적인 목적으로 삼는 점이 특징이다.

기세를 방해하는 요소를 제거한다

갭의 정책을 노자의 전략을 통해 해석해 보자. 먼저 높은 동기 부여와 조직의 활성화란 바로 '기세'를 뜻한다. 이 기세를 제대로 파악하기 위해서는 구성요소를 세분화해 볼 필요가 있다. 이것을 진자 운동으로 생각해 보면, 진자는 반원을 그리며 움직이기 때문에, 진자와 중심축 사이에는 구심력과 원심력이 작용한다.[1] 이 두 힘이 균형을 이루지 않으면, 진자는 중심을 향해 모이거나 바깥으로 튕겨 나가면서 궤도에서 벗어난다.

조직에 대입하면, 구심력은 조직의 목적이나 미션, 퍼포먼스에 구성원 각자가 수렴하는 힘을 뜻하고, 원심력은 각자가 제각기 방향으로 나아가며 분산되는 힘을 의미한다. 구심력이 지나치게 강하면, 위에서 지시한 일만 실행하게 되어 획일적인 행동밖에 할 수 없게 된다. 반면 원심력이 지나치면 조직으로서의 통일성이 무너지게 된다.

이 균형이 맞을 때 비로소 진자는 앞으로 나아갈 수 있다. 전진하는 힘이 곧 진자의 운동 에너지이며, 그 기세는 속도나 가속도 등의 형태로 나타난다. 조직의 경우, 이 기세는 구체적으로는 매출, 이익 등의 실적 성장률로 드러난다.

이 기세를 여기서는 '시세(時勢)'라고 부르도록 하자. 왜 '시간의 기세'냐 하면, 진자 운동은 시간에 따라 기세가 변화하고 그 방향이

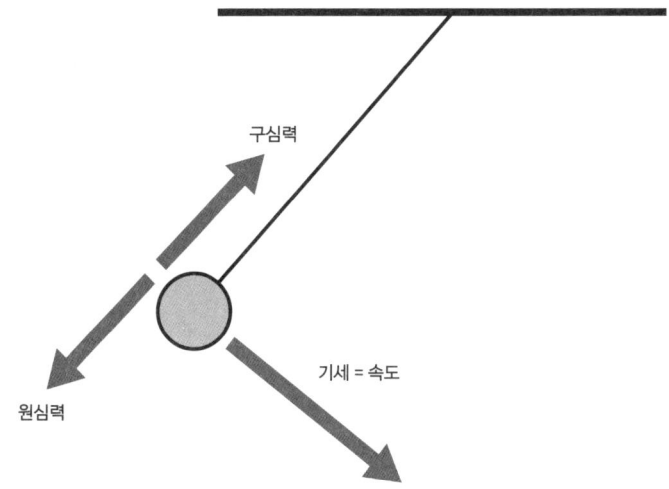

반전되기 때문이다. 따라서 '시간을 살피는' 것이 중요하다.

조직에 기세가 없을 때는 이 세 가지 기세 중 하나 이상에 작용해야 한다. 갭의 경우, 파트타임 직원들의 구심력 결핍이 근본적인 문제였다. 이 구심력 부족이 고객 서비스 품질 저하로 이어졌고, 결국 시세, 즉 매출 성장까지 저해하게 되었다.

갭이 실행한 것은 직원들의 '삶의 질'을 개선하여 구심력을 다시 높이는 일이었다. 삶의 질이 높아지면 당연히 직원 만족도는 향상되고 조직에 대한 충성도도 높아진다. 이는 곧 구심력을 높이는 것이기도 하다.

한편, 직원 참여 이니셔티브에서 시도했던 것은 '직원의 업무 스킬'을 향상시켜 시세를 강화하려는 방향에 중점을 둔 것이었다. 하지만 그 전에 먼저 약해진 구심력을 회복하는 것이 우선되어야 했다.

결국 여기에서 핵심은 '균형을 잡는 것'이다.

이 점에서 노자는 다음과 같이 말한다.

하늘의 도는【천지도天之道】

하늘의 도는 남는 것을 줄여 부족한 것을 보충한다. 그러나 인간의 도는 그렇지 않다. 부족한 것을 줄이고 남는 것에 바친다. _도덕경 77장

구심력, 원심력, 시세(時勢)는 균형이 핵심이다. 시세가 너무 강해져도 급속한 성장으로 조직이 따라가지 못하게 되고, 그 결과 구심력과 원심력 모두 약해지는 경우가 있다.[2] 갭의 경우, 시세를 방해하던 것은 구심력이었다. 그리고 기세를 끌어올리기 위해서는 '기세를 방해하는 요소를 제거하는 것'이 중요하다.

갭의 구심력에 장애가 되었던 것은 바로 교대 근무 시간의 변동이었다.

많은 기업에서는 직원의 동기와 몰입도를 높이기 위해 판에 박힌 '임금 인상, 교육 강화, 업적 평가 방식의 개선' 등을 시도한다. 그러나 이런 방법들은 비용에 비해 효과가 없는 경우가 많다. 이는 실적의 기세, 즉 시세를 높이는 데만 집중하고, 조직 구성원의 구심력이나 원심력을 고려하지 않기 때문이다.

구심력과 원심력은 단순히 업무 자체가 아니라, 그것을 포함한

'일과 생활의 균형(work-life balance)'에 주목해야 한다. 이를 통해 효과적인 조직 활성화와 동기 향상이 가능해진다.

따라서 조직을 활성화하려면 다음 세 가지를 가장 먼저 해야 한다.

❶ 세 가지 힘(구심력, 원심력, 시세) 중 불균형을 일으키는 병목 지점을 파악한다
❷ 그 병목이 되는 기세의 흐름을 방해하는 요인을 식별한다
❸ 장애물을 제거한다

많은 경우, 시세를 방해하는 것은 구심력이며, 구심력은 조직 구성원의 일과 삶의 질에 달려 있다.

이러한 질을 높이기 위해서는, 제11계에서도 언급한 것처럼, 리더는 하류에 서야 한다(노자, 『도덕경』 66장). 왜냐하면, 일반적으로 직원의 일과 삶을 개선하는 것은 관리자의 부담 증가를 수반하기 때문이다. 갭의 사례에서 파트타임 직원들이 기피하던 교대 근무를 점장이 모두 떠맡았다는 점에 주목해야 한다.

뛰어난 리더는 아무것도 하지 않는다

그러나 비록 조직의 기세를 방해하는 원인을 파악했어도 쉽게 해

결할 수 없는 경우도 있다. 특히 문제가 되는 것은 조직 내의 '대립', 즉 갈등이다. 갈등이 첨예화되면 구심력이 약해지고, 원심력과의 균형이 무너져 조직이 분열된다. 그 결과 시세 역시 약화된다. 안타깝게도 이런 갈등이나 내분은 쉽게 해결할 수 없다.

이럴 경우, 즉각적이고 가장 강력한 효과를 내는 것은 '위기의식 조성'이다. 물론 위기의식이 공유된다고 해서 기세를 방해하는 요소가 사라지는 것은 아니다. 그러나 갈등하던 이들도 일시적으로 휴전하고 협조하게 된다. 위기의식을 유발하는 것이 '공통의 적'의 존재이기 때문이다.

공통의 적에게 패배하면, 서로 갈등하던 사이여도 같은 조직에 속한 이상, 함께 타격을 입게 된다. 그렇기에 어제의 적들끼리 손을 잡고 협력하여 공통의 적에 대응할 강력한 인센티브가 생겨난다. 이렇게 공통의 적은 구심력을 강화하고 약해진 원심력과 균형을 이루어 시세를 다시 끌어올릴 수 있다. 즉,

> 공통의 적을 어떤 '형태'로든 연출해 위기의식을 고조시키는 것이 조직의 기세를 낳는다.

과거 일본 기업의 특징 중 하나는, 비관주의라 할 만큼 위기의식을 고조시켰다는 점이다. 고도 경제 성장기와 거품 경제기 같은 호황기에도 '이대로는 세계화의 물결을 따라가지 못한다', '이 상황에

안주해서는 안 된다. 지금부터 신사업을 키워야 한다'는 위기의식이 끊임없이 외쳐졌다. 그 공과(功過)는 차치하더라도 위기의식이 조직의 기세를 끌어올리고 성장의 원동력이 되었던 것은 부정할 수 없다.

위기의식이 조직의 기세를 증대시키는 것에 대해 손자도 명확히 지적하고 있다.[3] 제2계에서 언급한 것처럼, 그의 병법의 요체는 '기세'를 활용하고, 기세로 싸우지 않고 승리하는 데 있다. 기세를 증대시키는 방법으로 손자는 유명한 '오월동주(吳越同舟)'의 방법을 권한다.

> 오나라 사람과 월나라 사람처럼 서로 적대적이고 사이가 나쁜 이들도, 우연히 같은 배를 타고 강을 건너는 중에 큰 바람을 만나면, 마치 왼손과 오른손이 서로를 보완하듯 서로 도우며 협력하게 된다
>
> ―『손자병법』구지편(九地篇)

이 '오월동주'야말로 조직의 기세를 높이는 비결이다. 이를 위해서는 같은 배를 타고 공동의 적과 마주치는 '형태'를 연출할 필요가 있다. 이처럼 위기의식에 호소하는 방식은 즉효성이 있으며, 최고경영자의 메시지를 통해 단기간에 기세를 만들어 낼 수 있을지도 모른다.

다만, 이러한 위기의식 조성은 제9계에서 언급한 노자의 매니지

먼트 방식 순위에서 보면 3위인 '상인(上仁)의 리더십'에 해당하며, 가장 높은 수준의 방식은 아니다. 실제로, 즉효성이 있는 방법일수록 휘발성도 크기 마련이다. 조직의 기세를 안정적으로 유지하려면 '상덕(上德)'이라는 자연스러운 기세가 중요하며, 그 기세를 끌어올리기 위해서는 '하덕(下德)'이 밑받침되어야 한다.

이때 '하덕'으로서 지속적인 힘을 발휘하는 것은 바로 '형태'다. 제10계에서 소개한 셈코의 사례를 떠올려 보자. 셈코는 이제 목적, 비전, 경영 이념, 리더십, 심지어 위기의식 없이도 스스로 구심력을 만들어 내는 조직이 되었다. 셈코는 사업 전개가 매우 역동적이기 때문에, 현재 시점에서 미래 모습을 그리려 하지 않는다. 그러나 강한 기업 문화와 '세믈러이즘'이라 불리는 셀프 매니지먼트형 경영의 형태가 구심력을 만들어 낸다. 리카르도 세믈러는 다음과 같이 말했다.

"타인이 의사결정을 쉽게 내릴 수 있는 환경을 조성하는 것이 내 역할이다. 성공의 비결은, 내가 그 성공의 주인공이 되지 않는 데 있다."[4]

이러한 '형태'야말로 노자가 이상으로 삼은 매니지먼트 방식이다. 그곳에서는 '지도자는 아무것도 하지 않는 것'이 최선의 전략이다.

| 주 |

1 참고로, 정확히 말하면 원심력은 관성력으로, 진자에 타고 있는 사람이 느끼는 가짜 힘이다. 진자 운동을 외부에서 보는 입장(정지계)에서는 원심력이 존재하지 않는다. 다만, 여기서는 진자 운동을 하는 조직 구성원의 입장(회전체계)에서 논의하므로 원심력이라는 용어를 사용하는 것이 허용될 것이다. 진자 운동은 노자 사상의 이해를 돕기 위한 비유이므로, 역학적 정확성은 염두에 두지 않았음을 양해 바란다.

2 역학적으로는 진자 속도를 v, 줄의 길이를 L이라 하면 구심력과 원심력은 mv^2/L이 된다. v가 증가하면 필연적으로 구심력도 커지므로, 역학적으로는 이 표현이 정확하지 않지만, 조직에 적용하기 위한 비유이니 이해해 주기 바란다. 굳이 역학적으로 해석한다면, v가 너무 커져서 추(重)가 날아가 버려 구심력, 원심력이 모두 0이 된 상황일 수 있다.

3 『손자』에서의 노자 영향에 대해서는, 예를 들어 가나야 오사무 역주 『손자』 이와나미문고, 2000년, 15쪽, 17쪽 참조.

4 세믈러 앞서 인용한 책, 14쪽.

| 사활 문제 2 |

조직을 어떻게 재생시킬 것인가?

다음 포드의 비즈니스 사례를 읽고, 위기에 빠진 기업이 실적을 회복하기 위해서는 무엇을 해야 할지 생각해 보자.

미국의 자동차 제조업체 포드(Ford) 모터 컴퍼니는 2000년대 초중반에 걸쳐 북미 시장에서 실적이 악화되고 있었다. 특히, 트럭과 SUV 등 대형 차량의 판매가 부진했고, 연비가 떨어지는 차종이 많았기 때문에 소비자의 수요 변화에 대응하지 못했다. 경쟁 심화와 원자재 가격 상승도 영향을 미쳐, 2005년 결산에서는 수십억 달러의 손실을 기록하며 재정 위기에 직면했다.

포드는 2006년 1월, 대규모 구조 조정을 단행했다. 이 구조 조정 계획은 '전진 계획(Way Forward)'라 불렸으며, 주요 내용은 다음과 같았다.

- **공장 폐쇄 및 생산 능력 축소** – 총 14개 공장의 폐쇄 및 축소

- **인력 감축** – 북미 인력의 30% 이상 감축, 조기 퇴직 패키지 제공
- **브랜드 정리** – 재규어, 랜드로버, 애스턴 마틴 매각, 포드·링컨·머큐리에 집중
- **모델 라인 재검토** – 수익성이 낮은 차종 생산 종료, 수요가 높은 크로스오버 SUV 및 하이브리드 차량에 집중
- **글로벌 제품 전략 도입** – 전 세계 제품 라인을 통일하여 각 지역에서 동일 차종을 판매함으로써 개발 비용 및 생산 비용 절감
- **재무 기반 강화** – 자산 매각 및 신규 자금 조달

이러한 구조 조정책을 통해 포드는 점차 비용 구조를 개선하고 재무 상태를 안정시킬 수 있었다. 그러나 그 효과는 즉시 나타나지 않았으며, 2006년 실적은 오히려 더 악화되었다. 같은 해 포드는 127억 달러의 적자를 기록하였고, 이는 포드 역사상 최대의 손실이었다. 매출은 전년 대비 약 9% 감소했고, 포드의 북미 시장 점유율은 2005년 18%에서 2006년에는 16%로 하락했다.

포드가 실적을 반전시키기 위해서는 무엇을 해야 할까?

과잉 상태를 최적의 수준으로 되돌린다

포드는 실적 악화를 계기로 '수비적 태세'로 전환하였다. 수비적 태

세란 기존 사업이나 자산을 축소하는 등, 규모를 줄이고 사업을 선택과 집중하는 것을 의미한다. 실적이 악화되었다는 것은, 진자의 운동으로 비유하면 진자가 이미 활력을 잃고, 경우에 따라서는 역행하고 있는 단계에 해당한다. 이때는 과잉의 역효과가 발생한다. 따라서 모든 것이 과잉 상태에 있으므로, 그것을 최적 수준으로 되돌릴 필요가 있다. 즉 규모 축소를 해야 하며, 이는 바람직한 방향과는 반대 방향으로 나아가는 것을 뜻한다. 그 위에서 시기가 도래하길 기다리는 '인내의 경영'이 요구된다.

그런 의미에서 보자면 포드가 취한 대응에는 아무런 문제가 없었다. 2006년의 실적 악화는 지금까지의 부정적인 영향의 결과이며, 새로운 대책으로 인해 실적이 추가로 악화된 것은 아니다. 물론 구조 조정 비용 등이 추가 부담이 되었겠지만, 그것으로 인한 수익 압박은 비난받아야 할 일이 아닐 것이다. 규모 축소의 효과는 먼저 비용 절감의 형태로 나타난다. 그 결과, 실적은 시간이 지남에 따라 개선될 것으로 기대된다. 하지만 진자를 다시 전진시키기 위해서는, 이제 '공격적 경영'으로 전환해 갈 필요가 있다.

수비에서 공격으로 전환하기 위한 조건

포드는 2006년 9월, 앨런 멀럴리가 CEO로 취임하면서 새로운 공세로 전환하게 되었다. 그것이 바로 'One Ford'라 불리는 계획이었다. 이는 '전진 계획'을 통해 정리된 브랜드와 제품 라인업을 축으로 삼아, 그 경쟁력을 다시 끌어올리기 위한 것이었다. 이 계획의 주요 목표는 포드의 글로벌 제품 개발, 제조, 마케팅의 효율을 극대화하고, 일관성 있는 강력한 브랜드를 구축하는 데 있었다. 주요 내용은 다음과 같다.

- **글로벌 제품 포트폴리오의 통일** – 포드는 국가마다 다른 모델을 전개하고 있었지만, 'One Ford' 하에서는 전 세계에서 공통된 플랫폼을 사용하는 데 중점을 두었다. 구체적으로는 포드 포커스나 포드 피에스타 같은 모델들이 전 세계에서 같은 기본 설계로 판매되도록 한 것이다.
- **효율적인 제조 프로세스** – 제품을 글로벌하게 통일함에 따라, 제조 프로세스의 표준화를 추진했다. 공통된 플랫폼과 부품을 사용함으로써, 생산 라인의 유연성과 효율을 높이고 생산 비용을 절감했다.
- **강력한 브랜드 구축** – 브랜드 이미지를 통일하고, 광고 및 마케팅 활동도 글로벌하게 일원화하여, 일관된 브랜드 메시지를 전달했다.
- **자원의 효율적 배분** – 자금이나 인재 등 자원을 효율적으로 배분하여, 가장 성장이 기대되는 시장이나 제품에 투자했다.

- **고객 지향 강화** – 소비자로부터의 피드백을 적극적으로 수집하고, 그것을 제품 개발과 개선에 반영하는 구조를 구축했다. 특히 연비 성능과 환경 성능을 중시한 모델 개발을 추진했다.

이것은 단순히 사업 규모를 줄인 것이 아니라, 축소된 범위 안에서 오히려 공세로 전환한 사례였다. 즉 후퇴한 자리에서 내재된 활력을 끌어올리고, 그 에너지를 기반으로 새로운 진자 운동을 시작한 것이다. '원포드(One Ford)' 전략을 통해 포드는 비용 절감과 효율 개선을 이루었고, 2008년 가을의 리먼 사태 이후의 글로벌 불황 속에서도 정부의 구제 조치 없이 2009년에 자력으로 흑자 전환에 성공했다.

포드는 수세에서 곧바로 공세로 전환했으며, 그것이 가능했던 이유는 철저한 구조 조정과 축소 전략을 실행했기 때문이다. 이는 진자가 역방향으로 크게 흔들려야 다시 앞으로 나아갈 수 있는 원리와도 같다.

즉, '역방향으로 나아감으로써 압축된 자원의 잠재력을 끌어올려 새로운 공격적 경영으로 전환할 수 있었던 것'이다.

다만 이 반격은 어디까지나 방어적인 성격이 강했고, 적극적인 확장보다는 '방어적 공격'에 가까웠다. 실제로 실행된 전략은 기존의 낭비와 중복을 제거하고, 글로벌 차원에서 브랜드, 차종, 생산 체계를 통일하며, 수익성 높은 차종에 집중하는 것이었다. 새로운 시장 개척이나 과감한 시도는 최소화되었고, 불필요한 모험은 철저히 배제되었다.

뛰어난 리더는 목표하는 방향과 반대편으로 간다

이로부터 실적이 악화된 것이 과잉의 역효과에 기인한 것이라면 다음 두 단계를 실행할 필요가 있다는 것을 알 수 있다.

❶ 일단 후퇴하여 잠재적 기세를 끌어올린다
❷ 충분한 잠재적 기세가 축적되었을 때 반전 공격에 나선다

먼저 ①의 준비가 있어야 다음 단계인 방어적 공격으로서의 ② 반전 공격에 나설 수 있다. 이것은 점프 동작과 유사하다. 처음에는 무릎 관절을 굽혀서 무게 중심을 낮춘다. 이것이 ①에 해당한다. 그 후, 하체의 근력을 순간적으로 사용하여 지면을 밀어내면서 수직 방향으로의 추진력이 생긴다. 이는 굴절로 인해 얻어진 잠재적 에너지에 해당하며, 위로 뛰어오르는 점프가 ②에 해당한다. 이를 통해 '한 걸음 물러나 두 걸음 나아간다'는 것이 가능해진다. 결코 '세 걸음 나아갔다가 두 걸음 물러나는' 것이 아니다.

포드의 경우, 단순한 ① 수비(후퇴)만으로는 안 되고, 즉시 ② 방

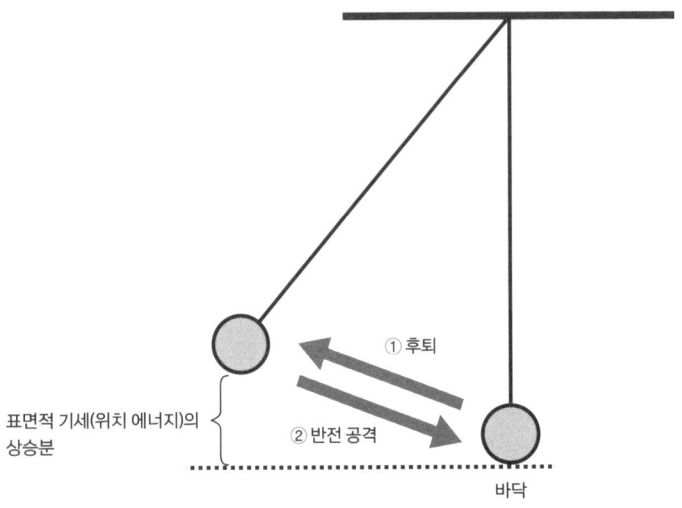

어적 공격이 따르지 않았다면 실적 회복은 어려웠을 것이다. 자동차 산업은 주기적인 모델 체인지가 필수적이며, 기술 발전 흐름에 뒤처지면 곧바로 신차의 매력도가 떨어지고 브랜드 경쟁력이 약화될 수 있기 때문이다. 이는 자동차 산업 특유의 빈번한 모델 체인지, 품질·성능·기술에 대한 고객의 민감도, 브랜드 파워의 중요성과 깊이 관련되어 있다.

산업에 따라서는, 이 '인내 경영' 기간을 길게 가져가며 잠재적 기세를 끌어올리고, 동시에 외부 환경이 호전되기를 기다리는 전략을 택하기도 한다.

그러나 ①의 후퇴가 잠재적 기세를 끌어올리지 못한다면, 그런 구조 조정은 효과가 없다. 예를 들어, 이미 활력을 잃어버린 기존 주력 사업은 무리해서 지키면서, 오히려 수익성과 성장성이 높은 신사업을 정리해 버리는 잘못된 '선택과 집중' 전략은 결코 성공할 수 없다. 이것은 진자 운동, 곧 제3계·제4계에서 설명한 '고요한 과정의 순환 운동'의 원리에 반하는 행위이다.

더 나쁜 경우는, 실적이 악화된 상황에서 이를 만회하려 무리한 전략을 택해 규모나 매출을 억지로 끌어올리려 하는 것이다. 만약 실적 악화가 일시적인 외부 요인 때문이라면 그런 대응이 정당화될 수도 있다. 하지만 구조적인 문제라면, 그건 단순한 반등이 아니라 도박에 가깝다.

그와 반대로, 노자가 말하는 뛰어난 리더는 상황을 반전시키기 위해 '목표한 방향과 반대쪽으로 움직인다'고 한다.

| 사활 문제 3 |

어떻게 성장을 지속할 것인가?

다음 쿼크의 비즈니스 사례를 읽고, 기업이 실적 악화를 방지하려면 어떻게 해야 했는지 생각해 보자.

1981년 팀 길이 설립한 쿼크(Quark)는 초기에 다양한 소프트웨어를 개발하다가, 1987년 쿼크익스프레스(QuarkXPress)라는 제품이 큰 인기를 얻으면서 데스크톱 퍼블리싱(DTP) 분야에 집중하며 급성장했다. 1998년에는 시장 점유율이 90%에 이를 정도였고, 이 성공에 힘입어 1990년대 후반~2000년대 초, 쿼크는 다음과 같은 새로운 시도를 했다.

- **제품 개발** – 웹 퍼블리싱 인터넷의 보급에 따라 웹 콘텐츠 제작 도구로서의 제품을 개발했다.
- **멀티미디어 시장 진출** – 인터랙티브 미디어와 전자출판 수요가 증가함에 따라, 이들 시장에도 진출을 시도했다.

- **기업 인수** – 새로운 시장에 진출하기 위해 ALAP, 글루온, 모바일 IQ, 인비전 리서치 코퍼레이션, 도큐레이터드 등을 인수하여 신기술 확보와 시장 점유율 확대를 도모했다.

그러나 이러한 새로운 시도들은 성공하지 못했다. 우선, 웹 퍼블리싱이나 멀티미디어 제품은 시장에서 경쟁력을 발휘하지 못했고, 사용자들의 관심을 끌지도 못했다. 또한 기존의 DTP 시장에서는 사용자 지원을 소홀히 했기 때문에 사용자들의 불만이 커져 갔다.

결정적인 전환점은 1999년 어도비가 '어도비 인디자인(Adobe InDesign)'을 출시하면서 찾아왔다. 당시까지만 해도 쿼크익스프레스는 여전히 시장의 절대 강자로 군림하고 있었으며, 약 90%에 달하는 점유율을 자랑했다. 그러나 2003년부터 인디자인이 점차 보급되기 시작하면서 쿼크익스프레스의 점유율은 60% 수준으로 떨어졌고, 2006년에는 50% 이하로 하락했다. 2010년 이후로는 점유율이 20% 이하로 추락하며 시장 주도권을 상실하게 되었다.

반면, 어도비 인디자인은 꾸준히 점유율을 확대하며 DTP 시장에서 압도적인 우위를 확보했고, 결국 60% 이상의 점유율을 차지하게 되었다.

쿼크가 이러한 실적 악화를 막기 위해서는 무엇을 해야 했을까?

승리의 공식에 따른다

이번 사례는 쿼크가 성장의 내적 필연성, 즉 '승리의 공식'을 이해하지 못하고, 그와 무관한 투자와 오히려 공식에 반하는 강화를 추진한 것이 실패의 원인임을 보여준다. 구체적으로 다음과 같은 실패 요인을 지적할 수 있다.

- **시장 니즈의 과소평가** – 웹 퍼블리싱이나 멀티미디어 시장의 기술 혁신과 사용자 요구를 충분히 이해하지 못해, 적절한 제품을 제공하지 못했다.
- **사용자 지원 부족** – 기존 쿼크익스프레스 사용자에 대한 지원을 소홀히 하여 고객 만족도가 저하되었고, 이로 인해 사용자가 다른 제품(특히 어도비 인디자인)으로 이탈했다.
- **경쟁사에 대한 늑장 대응** – 어도비 인디자인이 시장에 등장했을 때 신속하게 대응하지 못해, 시장 점유율을 급격히 잃었다.
- **인수 실패** – 여러 기업 인수는 충분한 수익을 내지 못하고, 자원만 낭비하는 결과가 되었다.

제3계에서 언급한 '고요한 과정'을 떠올려 보자. 이 과정은 진자의 운동처럼 순환하며, 순행과 역행으로 구성된다. 일정한 규칙성을 지니기 때문에 성장 초기 단계를 지나면 순행(성장)과 역행(후퇴)

을 비교적 쉽게 구분할 수 있다. 고요한 과정은 '승리의 공식'에 따라 전개되므로, 그 논리적 특성을 정확히 이해할 수 있다.

비즈니스가 순조로울 때야말로, 그 승리의 공식을 명확히 파악해 두어야 한다.

쿼크의 경우, DTP 시장에서 성공할 수 있었던 배경에는 다음과 같은 승리의 공식이 있었다.

- **고도의 기능과 사용 편의성** – 쿼크익스프레스는 복잡한 디자인도 손쉽게 구현할 수 있도록 매우 유연한 레이아웃 기능을 제공했다. 특히 인쇄물 제작에 필수적인 다양한 전문 기능을 갖추고 있었으며, 직관적인 인터페이스와 다기능 툴셋 덕분에 디자이너와 출판업자들에게 사용하기 쉬운 소프트웨어로 평가받았다.
- **전문가 대상의 특화** – 쿼크익스프레스는 전문 디자이너와 출판업자를 주요 타깃으로 삼아, 업계 표준 도구로 자리매김할 수 있는 기능을 집중적으로 개발했다. 이러한 특화 전략은 많은 전문가 사용자들의 지지를 얻는 데 결정적인 역할을 했다.
- **시장 선점의 이익** – 1987년 출시된 쿼크익스프레스는 경쟁자가 거의 없던 시기에 시장에 진입함으로써, DTP 시장의 사실상 표준 도구로 자리잡았다. 초기 시장을 선점한 덕분에 큰 점유율을

확보할 수 있었다.

그러나 쿼크가 추진한 사업 다각화와 그에 따른 기업 인수는 오히려 자원의 분산을 초래했고, 승리의 공식이 지닌 논리적 필연성을 약화시켰다. 특히 사용자 지원이나 기술적 우위를 유지하기 위한 투자가 부족해지는 결과로 이어졌다.

예를 들어, 어도비 인디자인은 포토샵, 일러스트레이터 등 자사의 다른 소프트웨어와의 통합이 매끄러워 디자이너들에게 매우 매력적인 도구였다. 게다가 쿼크익스프레스보다 유연하고 강력한 레이아웃 기능, 향상된 타이포그래피, XML 기반 콘텐츠 관리 등 혁신적인 기능을 다수 갖추고 있어 뚜렷한 기술적 우위를 보였다.

어도비는 또한 강력한 지원 체계와 광범위한 사용자 커뮤니티를 구축하여, 사용자가 소프트웨어를 쉽게 학습하고 활용할 수 있는 환경을 제공했다. 교육기관 및 트레이닝 프로그램을 통해 인디자인의 사용법을 확산시키며, 차세대 디자이너와 출판업자들의 호응을 이끌어냈다.

결과적으로, 쿼크는 '질 수밖에 없는 싸움'을 벌이게 된 셈이다. 쿼크가 승리의 공식에 부합하는 영역에 집중투자 했다면 문제가 없었을 것이다. 그러나 무관한 분야에 무리하게 손을 댄 것이 실패의 원인이 되었고, 이로 인해 회사의 기세는 점차 꺾이기 시작했다.

플랫폼을 구축한다

시세(時勢)를 이끄는 데 특히 중요한 요소는, 앞서 여러 차례 언급했던 '형태(形)'다. 산과 강으로 비유하자면, 그것은 경사의 기울기이며, 『손자병법』에서는 병력의 구성과 진형, 전술 배치가 바로 형태에 해당한다.[1] 기업의 경우에는 이것이 곧 '플랫폼'이 된다(제3계, 제5계 참조).

플랫폼이란 자발적인 행동이 일어나는 장(場)을 설정하는 것이다.

퀴크가 성장 동력을 잃게 된 주요 원인 중 하나는 바로 이 플랫폼 구축에 실패했기 때문이다. 다만 플랫폼이라는 말은 추상적이어서 다소 막연하게 느껴질 수 있다. 비즈니스 영역에서 자주 활용되는 대표적인 플랫폼 유형은 다음 세 가지로 정리할 수 있다.

- **고객 기반 강화 플랫폼** – 고객 기반을 확장하고, 고객 충성도와 생애 고객 가치를 극대화한다.
- **운영 효율화 플랫폼** – 자동화와 프로세스 최적화를 통해 운영 비용을 절감하고 생산성을 향상시킨다.
- **수익원 확대 플랫폼** – 새로운 수익 모델을 도입하여 수익원을 다양화하고 경제적 안정성을 강화한다.

고객 기반 강화 플랫폼에는 페이스북이나 인스타그램 같은 온라인 플랫폼이 있다. 기업은 이들을 통해 다양한 고객과 직접 소통하며, 참여를 유도하는 캠페인이나 광고를 효과적으로 전개할 수 있다. 세일즈포스(Salesforce)와 같은 CRM 툴을 활용하면 고객 데이터를 통합 관리하고, 맞춤형 마케팅 전략을 실행하는 것도 가능하다. 온라인 플랫폼 외에도 강력한 브랜드나 핵심 제품과 보완 제품의 조합도 이 범주에 포함된다.

운영 효율화 플랫폼으로는 구글 클라우드(Google Cloud)처럼 유연한 리소스 확장이 가능하고 IT 운영 비용을 절감할 수 있는 클라우드 인프라가 있다. 또 재피어(Zapier)처럼 다양한 애플리케이션 간의 워크플로우를 자동화해, 반복적이고 수작업이 필요한 업무를 줄임으로써 생산성을 크게 높일 수 있다.

수익원 확대 플랫폼의 대표적 사례는 애플스토어다. 개발자는 앱을 판매하고 수익을 얻으며, 애플은 판매 수수료로 수익을 창출한다. 이는 수익 구조의 다각화와 디지털 시장 확장에 기여한다. 어도비의 구독형 비즈니스 모델도 이 유형에 속하는 구체적 예시다.

물론, 하나의 플랫폼이 여러 기능을 동시에 수행하기도 한다. 예를 들어, 프랜차이즈 시스템은 고객 기반을 넓히는 동시에 수익원을 확장하는 플랫폼이기도 하다. 또한 아날로그와 디지털을 결합한 형태로도 구축이 가능하다.

이처럼 잘 설계된 플랫폼은 기업이 '기세'를 얻는 기반이 된다. 이는 제8계에서 정의한 '레버리지'와 직결된다.

레버리지는 제8계에서 언급했듯이 '인풋 × 레버리지 = 아웃풋'으로 정의된다. 동일한 인풋으로도 2배, 3배의 결과를 만들어 내는 것이 레버리지의 힘이며, 이는 플랫폼과 운영·업무 루틴을 통해 실현된다(제10계 참조).

결국, 앞서 소개한 세 가지 플랫폼은 고객 기반 강화, 오퍼레이션 효율화, 수익원 확대라는 형태로 각각의 레버리지를 제공한다. 그리고 이 레버리지야말로, 제1계와 제2계에서 강조한 '무(無)의 효력'(여백의 효력 + 유약함의 효력)을 실질적으로 구현하는 방식이다.

루틴을 설정한다

이제 다시 쿼크의 사례로 돌아가 보자. 쿼크가 DTP(데스크톱 퍼블리싱) 시장에서 구축한 플랫폼은 '고객 기반 강화 플랫폼'에 해당한다. 쿼크익스프레스는 DTP 시장의 사실상 표준 툴로 자리 잡으며, 대규모 고객층을 확보하고 높은 고객 충성도를 이끌어냈다. 이를 통해 쿼크는 시장에서의 경쟁력을 유지하고, 새로운 고객층에도 효과적으로 접근할 수 있었다.

이후 쿼크는 다각화 전략의 일환으로 멀티미디어 시장에 진출하며, '수익원 확대 플랫폼'을 구축하려 했다. 그러나 멀티미디어 시장의 수요와 경쟁 환경을 충분히 이해하지 못한 채 전략을 수립하면서, 해당 시도는 성과를 거두지 못했다.

특히, DTP 시장에서 성공을 거둔 쿼크익스프레스의 기술과 제품은 멀티미디어 시장의 요구와는 괴리가 있었고, 강력한 브랜드 이미지 역시 이질적인 시장에서는 오히려 매력적으로 작용하지 못했다. 그 결과, 수익원 확대 플랫폼 전략은 실패로 귀결되었다.

한편, 어도비가 DTP 시장에 진입한 이후 쿼크는 기존 고객과의 관계를 유지하고 새로운 고객을 끌어들이기 위한 고객 관여 전략(engagement strategy) 측면에서 한계를 드러냈다. 사용자 피드백을 제대로 반영하지 못했고, 제품 업데이트와 개선이 지연되면서 고객 만족도는 빠르게 하락했다.

반면 어도비는 포토샵, 일러스트레이터 등 자사 디자인 툴과의 연동이 가능한 인디자인(InDesign)을 출시하며, 기존 고객 기반을 활용해 효과적으로 시장에 진입했다. 직관적인 사용자 인터페이스와 풍부한 기능은 디자이너와 출판 전문가들의 지지를 끌어냈고, 구독형 모델(Creative Cloud)을 도입해 정기적인 수익을 창출하는 동시에 지속적인 업데이트와 신속한 고객 대응을 통해 시장 점유율을 빠르게 확대할 수 있었다.

이처럼 어도비는 고객 기반 강화 플랫폼과 수익원 확대 플랫폼을 모두 효과적으로 구축하는 데 성공했다. 그 결과, 쿼크가 보유하던 고객 기반 강화 플랫폼의 레버리지는 점차 약화될 수밖에 없었다.

플랫폼이 레버리지를 창출할 수 있는 이유는 그 안에서 보완 효과, 네트워크 효과, 집적 효과, 규모의 경제 등 외부성(수확 체증 메커니즘)이 작동하기 때문이다. 예를 들어, 네트워크 효과는 구글과 바이두(검색), 아마존과 알리바바(e커머스), 버라이즌과 AT&T(모바일), 비자와 마스터카드(신용카드) 등에서 관찰된다. 보완 효과의 사례로는 미쉐린 타이어와 미쉐린 가이드, 질레트 면도기와 교체용 칼날, 애플 기기와 iTunes 등을 들 수 있다. 이처럼 핵심 제품과 보완 제품이 하나의 플랫폼 안에서 서로의 경쟁력을 강화하는 구조가 형성된다.

하지만 플랫폼을 구축하는 것만으로는 충분하지 않다. 제10계에서 살펴보았듯이, 플랫폼은 '여백의 효력'을 제공하는 기반이 되어야 한다. 여기에 더해, 상황에 따라 유연하게 대응하고 무형의 가능성을 실현하는 '유약함의 효력'이 반드시 뒷받침되어야 한다. 이러한 임기응변의 행동을 가능하게 하려면, 제10계에서 논의한 바와 같이 운영 규칙과 업무 절차에 해당하는 루틴이 설정되어 있어야 한다.

쿼크는 이러한 임기응변적 대응에 실패했다. 그 원인을 공개된 정보만으로 단정하긴 어렵지만, 하나는 신사업에 자원을 과도하게 전환한 점, 또 다른 하나는 루틴의 부재였을 가능성이 있다. 만약 고객 관계 유지나 제품 업데이트와 관련된 루틴이 철저히 실행되고 있었다면, 어도비의 진입에 더 효과적으로 대응할 수 있었을지도 모른다. 루틴이 없었다 하더라도, 조직 내부의 임기응변적 행동을 이끌어내는 셀프 매니지먼트 체계가 갖추어져 있었더라면 결과는 달라졌을 것이다.

이 사례로부터 알 수 있는 중요한 교훈은 다음과 같다.

유능한 리더는 조직의 기세와 레버리지를 만들어 내는 플랫폼 구축과 루틴의 진화에 집중한다.

탁월한 리더는 이른바 '디자이너'이지 단순한 실행자가 아니다. 형태의 설계만 제대로 이루어지면, 이후에는 산꼭대기에서 공을 굴리듯 자연스럽게 기세와 레버리지가 작동하게 된다. 이 단계에 이르면, '뛰어난 리더는 아무것도 하지 않는다.'

특히, 레버리지를 저해하는 불필요한 일은 하지 않는다.

유능한 리더는 힘을 뺀다

쿼크 실패와 같은 불필요한 일을 하지 않고, 경쟁사와 고객에 신속히 대응해 위기를 극복한 사례로는 2008년 리먼 브라더스 사태로 인한 세계적 불황을 맞은 사우스웨스트 항공의 대응을 들 수 있다. 당시는 경제위기로 인해 많은 항공사의 실적이 악화되었고, 운항편

감축이나 비용 절감의 압박을 받게 되었다. 사우스웨스트 항공도 예외는 아니어서, 35년 동안 흑자를 유지하던 이 회사는 2008년에 5,600만 달러의 큰 적자를 기록하게 되었다.

그러나 이 회사의 대응은 여타 항공사와는 달랐다. 탑승객 수가 감소하는 상황에서도 사우스웨스트는 새로운 노선을 계속 개설했다. 특히, 다른 항공사들이 철수하거나 감편한 시장에 주목하고 이를 기회로 받아들였다. 예를 들어, 덴버 국제공항발 노선을 증편하여, 2006년에는 13개 목적지에 서비스를 제공하던 것을 2008년에는 34개 목적지까지 확대했다.

또한 고객 서비스의 질을 낮추지 않으면서도 운임 체계를 낮고 단순하게 유지했다. 예를 들어, 추가 요금 없이 수하물 두 개를 무료로 맡길 수 있는 서비스는 타 항공사와의 차별화 요소가 되었다. 이 결과, 2009년에는 9,900만 달러의 흑자를 기록하며 실적이 급속히 회복되었다.

사우스웨스트 항공의 대응은 앞서 언급한 포드의 '한 걸음 물러나 두 걸음 나아가는' 방식과는 대조적이다. 그러나 그 내용을 살펴보면, 회사의 승리 공식에 부합한 것이었다. 우선, 이 회사의 플랫폼은 운영 효율화 플랫폼이며, 이를 뒷받침하는 승리 공식은 다음과 같다.

- 단일 기종(보잉 737) 운용으로 유지보수 비용 및 조종사 훈련 비

용 절감
- 동종 업계의 허브 앤 스포크 시스템*을 피하고, 직항 중심의 포인트 투 포인트 운항**을 통해 고객 편의성 향상
- 총 운항 시간의 단축에 따른 비용 절감

즉, 사우스웨스트는 시세의 내적 필연성, 즉 승리의 공식을 이해하고 실행했을 뿐이다. 경쟁사들과의 차이는 이 승리 공식이 위기 상황에서도 얼마나 통용되는가 하는 점, 즉 진자 운동으로 말하자면 승리 공식의 시세와 그 잠재적 기세의 차이에 있다.

경쟁사의 경우, 고비용 구조로 이미 규모의 경제를 발휘하지 못하는 상황에 처해 있었다. 따라서 자산 축소와 인건비 절감에 나설 수밖에 없었다.

그에 반해, 사우스웨스트 항공의 '승리의 공식'은 여전히 경쟁력을 지니고 있었으며, 단지 리먼 사태라는 외부 충격으로 인해 일시적으로 시세가 약해졌을 뿐이다. 그렇기 때문에 일시적 충격에 흔들리지 않고, 승리의 공식을 끝까지 밀고 나가며 그 플랫폼의 레버

---

* 허브 앤 스포크 시스템 (Hub-and-Spoke System) : 하나 또는 소수의 중심 공항(허브)을 거점으로 삼고, 각 지역 공항(스포크)에서 이 허브를 통해 승객이나 화물을 연결하는 방식이다. 항공사 입장에서는 노선을 덜 만들고도 다양한 연결을 할 수 있지만, 환승 시간이 길어지고 허브 공항이 과밀이 될 수 있다.
** 포인트 투 포인트 운항 (Point-to-Point Operation) : 특정 허브를 거치지 않고, 출발지와 목적지를 직접 연결하는 운항 방식이다. 환승 없이 직접 목적지로 이동이 가능해 비용을 절감할 수 있지만 모든 도시 간 직접 노선을 다 운영하려면 많은 항공편이 필요하다.

리지를 극대화할 수 있었다. 다시 말해,

성장하고 있을 때는 불필요한 일을 하지 말고, 승리의 공식을 철저히 관철해야 한다.

'승리의 공식' 이외의 것에 대해서는 '유능한 리더는 힘을 빼고 손을 뗀다'는 것이다.

| 주 |

1 『손자병법』에서 말하는 '무형의 전략'이란, 이처럼 전체적인 '형(形)'이 주어진 상태에서의 구체적인 운용 형태를 가리킨다.

| 사활 문제 4 |

어떻게 신규 사업을 시작할 것인가?

다음 플리커의 비즈니스 사례를 읽고, 신규 사업의 성공 이유를 생각해 보자.

플리커(Flickr)는 사진 공유 플랫폼으로 잘 알려져 있으며, 2004년 캐서리나 페이크와 스튜어트 버터필드가 창업했다. 이들은 처음에 '게임 네버엔딩(Game Neverending)'이라는 온라인 게임을 개발했다. 이 게임의 기본 아이디어는 사용자가 가상 세계에서 다양한 모험을 즐길 수 있는 대규모 다중접속 온라인 롤플레잉 게임(MMORPG)이었다.

- **가상 세계** – 플레이어가 참여하는 광대한 가상 세계를 제공하고, 그 안에서 캐릭터를 조작해 모험과 탐험을 할 수 있도록 했다.
- **소셜 요소** – 플레이어들끼리 실시간으로 소통하고, 협력해 퀘스트(모험)를 해결하는 등 소셜 기능을 중시했다.

- **사용자 생성 콘텐츠** – 플레이어가 가상 아이템이나 지역을 만들어 공유할 수 있는 구조를 도입해, 커뮤니티가 콘텐츠를 확장할 수 있게 했다.

그러나 이 게임의 시제품 버전을 통해 테스트 마케팅을 실시한 결과, 사용자 반응은 그리 좋지 않았다. 결국 이 온라인 게임은 개발 도중에 중단되었고 시장에 출시되지는 않았다. 그런데 이 테스트 단계에서 게임 내에 탑재되었던 '사진 공유 기능'이 예상외로 큰 호응을 얻었다.

이 결과를 바탕으로 개발팀은 게임의 방향성을 수정하고, 사진 공유 플랫폼으로의 전환을 결단했다. 그렇게 탄생한 서비스가 바로 플리커였다. 이후 플리커는 사진 애호가와 전문 사진가를 위한 커뮤니티를 형성하고, 고품질 사진과 예술 작품의 공유에 중점을 둔 서비스를 제공하며, 고객 기반 강화 플랫폼으로 큰 성공을 거두었다. 2018년 스머그머그(SmugMug)에 인수된 이후에도 서비스는 계속 제공되고 있다.

플리커가 이처럼 성공할 수 있었던 요인은 무엇일까?

작은 실험을 통한 피벗의 반복

새로운 시도는 기존의 진자 운동 궤도를 따라가는 것이 아니라, 진자 운동 자체의 창조로 이어지는 것이다. 제8계에서 언급했듯이, 우선 그 새로운 시도의 잠재적 기세를 직관해야 하며, 비록 그것이 데이터로 증명되지 않더라도, 담당자는 근거 없는 확신을 가져야 한다. 그 확신 없이 단순히 분위기에 휩쓸려 적극적으로 나서는 것은 도박과 다를 바 없다. 잘될 수도 있겠지만 실패할 확률이 훨씬 크다.

신규 사업을 창출할 때는 아이디어의 잠재적 기세를 직관적으로 감지한 뒤, 그 가능성이 확인되면 신중하게 투자하고 언제든 '방향 전환(피벗pivot)'이 가능하도록 대비하는 것이 중요하다. 제8계에서 인용한 노자의 말, '성인은 언제나 작은 일부터 행하고, 끝내 큰일을 하지 않는다. 그래서 능히 그 큰일을 이룰 수 있다(도덕경 63장)'는 다음과 같이 해석할 수 있다.

"작은 실험을 통해 피벗을 거듭하고, 그 축적된 결과를 바탕으로 신규 사업을 일군다. 다만, 처음부터 대규모 투자는 하지 않는다."

이러한 피벗이라는 관점에서 플리커의 개발 과정을 되돌아보면, 다음과 같은 세 가지 피벗이 있었음을 확인할 수 있다.

- **피벗 1** – 게임을 개발하는 과정에서 진행한 테스트 마케팅을 통

해, 사용자들이 게임 그 자체보다 내부에 포함된 사진 공유 기능에 더 큰 관심을 보인다는 점이 드러났다. 이를 계기로 사진 공유에 초점을 맞추기로 결정하고, 플리커라는 독립적인 서비스로 새롭게 방향을 잡았다.

- **피벗 2 -** 초기에는 게임의 부가 기능으로 사진 공유를 제공했으나, 사용자 반응을 바탕으로 이를 아예 사진 공유에 특화된 서비스로 전환했다. 사진 업로드, 태그, 댓글 기능 등을 강화하여 사용자가 쉽게 사진을 관리하고 타인과 공유할 수 있도록 개선했고, 커뮤니티 형성의 기반도 함께 다졌다.

- **피벗 3 -** 이후에는 사용자가 자신의 사진을 상업적으로 활용할 수 있도록 크리에이티브 커먼즈 라이선스를 도입하고, 고해상도 사진 저장, 인화 주문 서비스 등을 추가함으로써 일반 사용자부터 전문 사진가에 이르기까지 폭넓은 계층을 포괄할 수 있는 플랫폼으로 진화했다.

이처럼 플리커는 소규모 실험을 반복하며 점진적으로 방향을 조정해 나갔고, 그 과정을 통해 서비스의 완성도를 높였다. 이는 곧 '항상 작은 일부터 시작하여 큰일을 이루는' 노자의 가르침을 실천한 사례다. 그 결과, 플리커는 마침내 '진정한 큰일'을 이룰 수 있었다.

단순한 아이디어에서 출발하라

덧붙여, 플리커의 개발 과정에서 확인할 수 있는 중요한 점은 기본적인 개발 아이디어가 매우 단순했다는 사실이다. 창업 초기에 있었던 아이디어는 '모험'이었다. 피벗1은 '사진 공유', 피벗2는 '사용 편의성과 커뮤니티 형성', 피벗3은 '전문가 기능과 다목적 활용'이었다.

노자의 '작은 일부터 행한다'는 말은 '단순한 아이디어에서 출발해야 한다'는 뜻으로도 해석할 수 있다.

다만, 플리커가 처음 가졌던 단순한 아이디어인 '모험'은 성공하지 못했다. 아이디어가 단순하고 직관적이었다 하더라도, 그것이 성공을 보장하지는 않는다. 단순함은 성공을 위한 필요조건이지, 충분조건은 아니다. 그렇기 때문에 피벗이 필요한 것이다.

그러나 많은 개발자와 엔지니어들은 단순화보다는 복잡화, 고도화를 추구하는 경향이 있다. 그편이 더 보람 있고 자신의 역량을 마음껏 발휘할 수 있기 때문이다. 단순화는 그 반대이며, 특히 뛰어난 기술자에게는 매력적인 방향이 아닐 수도 있다.

하지만 애플 제품처럼, 세상의 혁신은 종종 단순화를 통해 실현되었다. 단순화는 반드시 기술적으로 미숙한 것이 아니며, 오히려 더 높은 기술적 요구를 충족시켜야 하는 경우가 많다. 예를 들어 아이폰의 경우, 홈 버튼을 없애기 위해 고도의 터치 제어 기술을 개발해야 했다.

따라서 단순화는 기술적 고도화 자체를 의미할 수도 있다. 이 점에서 노자의 가르침을 혁신이라는 관점에서 다시 표현하면 다음과 같이 정리할 수 있다.

혁신은 단순한 것에서 비롯된다.

철학자 칼 포퍼는 뛰어난 제자를 많이 양성한 것으로도 유명하다. 그는 철학 논문을 쓸 때 항상 "글을 명확하게 써야 한다. 결코 과장되거나 불필요하게 복잡한 표현을 써서는 안 된다"고 학생들에게 입이 닳도록 말했고, 당대에 학생이었던 철학자 조셉 아가시에게 그의 여덟 살짜리 딸을 언급하며, "틸다(딸)를 위해 써야 한다"고 말했다는 일화가 있다.[1]

그러니까 여덟 살짜리 딸도 이해할 수 있을 만한 '단순한 아이디어'야말로 창조의 원천이다. 수많은 혁신에서 공통적으로 발견되는 것은, 우리 주변의 단순한 아이디어나 니즈를 제품이나 서비스로 발전시켰다는 점이다.

애플이 매킨토시, 아이팟, 아이패드, 아이폰, 애플워치 등 획기적인 신제품 개발에 연속적으로 성공할 수 있었던 이유는, 단지 디자인이나 조작 방식, 여러 기능을 단순화하려는 방침이 있었기 때문이다. 기기를 단순하게 만들면 사용자의 자유도는 높아지고, 편의성도 향상된다. 스티브 잡스 역시 단순함을 찬미했던 인물이다.

탁월한 리더는 쉬운 일만 한다

스티브 잡스는 애플에 복귀한 후, 1998년 출시 예정이던 아이맥(iMac)의 TV 광고 메시지를 두고 깊이 고민했다. 디자인, 사용 편의성, 아름다움이라는 제품의 강점을 30초짜리 광고 안에 어떻게 효과적으로 담아낼 수 있을지 확신이 없었기 때문이다. 그는 크리에이티브 디렉터 리 크로우의 방으로 가 조언을 구했다.

그러자 크로우는 책상 위에 있던 종이를 둥글게 말아 여러 개의 공을 만든 뒤, 그것들을 한꺼번에 잡스에게 던졌다. 잡스는 그 공들을 제대로 받지 못했다. 당황한 그가 "지금 뭐 하는 거야?"라고 묻자, 크로우는 다시 "스티브"라고 부른 뒤 종이공 하나만을 던졌고, 잡스는 이번에는 정확히 그것을 받아냈다. 그제야 크로우는 말했다.

"이게 바로 좋은 광고입니다."

이후 iMac은 유명한 슬로건 'Think different(다르게 생각하라)'와 함께 광고되었고, 큰 성공을 거두었다. 이 광고에는 디자인이나 사용 편의성, 아름다움에 대한 설명이 전혀 담기지 않았다. 오직 영상과 음악, 그리고 화면에 떠오르는 한 문장 - Think different - 만이 메시지를 전달했다. 이것저것 많은 정보를 담으려는 광고는 효과적이지 않다. 좋은 광고란 단 하나의 메시지를 선명하고 간결하게 전달하는 것이다. 아이맥의 경우, 그 메시지는 'Think different'였다. 이는 IBM의 사훈 'THINK'를 의식한 문구이기도 했다.

이런 '단순함의 효용'은 광고에만 국한되지 않는다. 어쩌면 혁신이란 삶을 단순화하는 데 있는지도 모른다. 인간은 본능적으로 복잡한 것을 피하고 단순한 것을 선호한다. 뇌과학적으로도 복잡한 정보는 처리와 기억을 어렵게 만드는 반면, 단순한 정보는 부담 없이 받아들여지고 쉽게 기억된다. 여기에 감정을 자극하는 요소가 더해지면 기억의 지속력은 더욱 높아진다.[2] 즉 단순한 메시지는 뛰어난 인지 처리 효과와 회상 효과를 불러일으킨다.

결과적으로 단순한 제품, 서비스, 비즈니스 모델은 소비자에게 강력하게 어필할 수밖에 없다. 이는 제8계에서 강조했던 바와 같이, 노자의 '탁월한 리더는 쉬운 일만 한다'는 통찰과도 통한다.

| 주 |

1 윌리엄 바틀리 저, 오가와라 마코토 역, 『포퍼 철학의 도전』, 미라이샤, 1986년, 14쪽.

2 이중 부호화 이론(double coding theory)에 따르면, 장기 기억에는 언어 기억과 이미지 기억이 있으며, 이미지 기억 쪽이 회상 효과가 높다고 여겨진다. 감정을 동반한 기억은 이미지로 저장되기 쉬운 것으로 간주된다.

| 사활 문제 5 |

어떻게 자율적으로 움직이는 조직을 만들 것인가?

다음 이케아의 비즈니스 사례를 통해, 기업이 글로벌 시장에서 유연하게 사업을 전개할 수 있는 방안에 대해 생각해 보자.

세계적인 가구 제조·소매업체인 이케아(IKEA)의 성공은 그 독창적인 비즈니스 모델과 운영 방식에 크게 기인한다.

- **모듈화된 제품 설계** – 이케아의 제품은 기본적인 모듈을 조합함으로써 다양한 변형을 제공할 수 있도록 설계되어 있다.
- **플랫팩(Flat Pack) 시스템** – 이케아는 가구를 배송에 유리한 평평한 상태로 판매하고, 고객이 직접 조립하는 방식을 채택하고 있다.
- **데이터 기반의 의사결정** – 고객 구매 패턴과 시장 조사 데이터를 바탕으로 수요를 예측하고 재고를 관리한다.

이처럼 독자적인 구조를 갖춘 이케아는, 각 지역의 고객 니즈를 신속하게 반영하며 지속적인 제품 개발을 이어가고 있다. 예를 들어, 일본 시장에서는 다다미 바닥과 벽장 문화에 맞춘 제품을 출시하고 있으며, 쇼룸 레이아웃도 주기적으로 변경해 새로운 라이프스타일을 제안하는 등 고객 경험 향상에 힘쓰고 있다.

이케아가 이처럼 고객 니즈에 신속하고 유연하게 대응할 수 있었던 배경에는 무엇이 있었을까?

플랫폼에 토핑을 더하다

제2계에서 지적한 유약함의 효력은 구체적으로 유연하고 임기응변적인 행동을 의미했다. 지금까지 이러한 임기응변적 행동을 가능하게 하는 조건으로 플랫폼이나 루틴이라는 '형태'에 대해 이야기했다. 그러나 이와 같은 구조가 주어졌다고 해도, 여전히 임기응변적 행동이 가능한지 의문이 들 수도 있다. 플랫폼이나 루틴 외에 임기응변적 행동을 촉진하려면 또 어떤 조건이 필요할까. 물론 상황에 따라 달라지겠지만, 다양한 상황에 공통되는 조건을 도출할 수는 없을까?

이케아 사례가 시사하는 바는 임기응변적 행동이라고 해서 모든 것이 완전히 새로울 필요는 없다는 점이다. 대부분의 경우, 그것은 상황에 대한 '패턴화된 반응'이며, 이러한 반응들의 '조합'이다.

이 조합을 가능하게 하는 것이 제품 개발로 보면 모듈화된 제품 설계다. 글로벌하게 표준화된 '모듈'을 기반으로 각국의 실정에 맞게 '조합'함으로써 지속적인 제품 개발이 가능해진다. 표준화된 모듈이 없다면 이와 같은 대응은 불가능했을 것이다.

단순한 모듈을 넘어, '조합 패턴'이 존재하는데, 이것이 바로 제품 플랫폼이다. 이 플랫폼에 수요에 맞는 모듈을 추가함으로써 유연한 제품 개발이 가능해진다. 나아가 표준 모듈을 활용해 글로벌 효율성까지 동시에 달성할 수 있다. 즉 이 회사의 임기응변적인 행동은 '플랫폼에 토핑을 더하는 것'이라 할 수 있다. 다양성은 '토핑'을 바꾸는 것에서 비롯된다.

또한, 이케아가 각 지역의 문화나 행사에 맞춰 마케팅 캠페인을 전개할 수 있는 것도 같은 논리에 기반한다. 각 매장의 기본 설계는 전 세계적으로 표준화되어 있으며, 이는 일종의 플랫폼 역할을 한다. 여기에 층별 레이아웃이나 진열 방식 같은 토핑을 더해, 각국의 실정에 맞게 조정할 수 있는 구조다. 예를 들어, 일본 시장에서는 골든위크에 맞춘 특별 프로모션을 실시하고, 스웨덴에서는 하지제*와 관련된 캠페인을 진행하며, 매장의 상품 구성도 이에 맞춰 변경한다.

이와 더불어, 데이터 기반 의사결정은 각 시장의 상황에 맞는 빠

---

* 하지제(Midsummer Festival) : 북유럽 특히 스웨덴에서 여름철 하지를 기념하는 전통 축제. 북반구에서 낮이 가장 긴 날인 6월 21일경의 하지 즈음에 열린다.

른 판단을 가능하게 하고, 플랫팩(flat-pack) 시스템은 유연한 공급망 관리를 통해 매장별 맞춤형 상품 진열과 운영을 지원한다.

요컨대, 제품, 매장, 물류 등에서 이미 플랫폼이 확립되어 있기 때문에 '여백의 효력'이 발휘될 수 있다. 그 기반 위에 각국 실정에 맞는 토핑을 더함으로써, 상황에 맞게 유연하게 대응하는 '유약함의 효력'이 실현되는 것이다. 이러한 임기응변적 대응이 가능한 이유는, 플랫폼의 존재와 더불어 토핑으로 사용할 수 있는 표준 모듈이 이미 준비되어 있고, 이를 필요에 따라 조합하거나 선택할 수 있기 때문이다.

결국 이 '플랫폼에 토핑을 더하는 방식'이야말로 이케아의 글로벌 성공을 가능하게 한 승리의 공식이라 할 수 있다.

행운은 준비된 마음에 깃든다

과거 일본 대학의 미식축구 리그의 결승전에서 여러 차례 우승한 강팀의 전직 헤드 코치에게 들은 이야기다. 그는 경기에서 임기응변적인 대응은 매일의 훈련이 만들어 낸 산물이라고 강조했다. 다시 말해, 몇 가지 상황을 가정하고, 그에 맞는 움직임과 패턴을 반복 연습함으로써, 그 패턴을 몸에 익히면 상황 판단에 따라 효과적이고 신속한 움직임을 할 수 있다는 것이다. 즉 임기응변이라 하더라도 그것은 즉흥적으로 새로운 것을 하는 것이 아니라, 이미 준비해 둔 패턴 중에서 적절한 것을 골라 실행하는 것에 지나지 않는다. 따라서 '승리의 공식을 상황에 맞게 준비하고, 그것을 실행함으로써 임기응변적 대응이 가능해지는 것'이다. 다시 말해 핵심은 몸이 기억하게 만드는 일상의 준비에 있는 셈이다.

재즈의 즉흥연주도 원곡의 코드 진행을 아는 것뿐만 아니라, 음악 이론상 전개 가능한 코드 패턴을 미리 익혀 두어야 한다. 그것은 결코 완전한 애드리브가 아니라, 준비된 패턴들의 조합일 뿐이다. 그러므로 임기응변을 가능하게 하는 것은 역시 플랫폼과 루틴의 결합이며, 그 밖에 새로운 조건이 따로 있는 것이 아니다. 다만 이때 말하는 루틴이란 '승리의 방정식'이며, 그것을 사전에 철저히 준비해 두는 것이 핵심이 된다.

파스퇴르의 유명한 말에 따르면, '행운은 준비된 마음에 깃든다.'

이러한 상황에 맞춘 임기응변적 행동은 윗선의 명령이 있으면 오히려 어렵게 된다. 상사의 결재가 떨어질 때까지 아무것도 할 수 없다면, 그것은 기회를 포착하는 것을 방해하고 변화에 대응할 타이밍을 지연시킨다. 현장에서의 임기응변적 행동을 촉진하는 조직, 즉 매니지먼트 플랫폼에 해당하는 것이 바로 셀프 매니지먼트형 경영이다.

이 점을 밸브 코퍼레이션(Valve Corporation)의 사례를 통해 살펴보자. 밸브사는 1996년에 설립된 미국의 게임 개발사로, '하프라이프', '포털', '도타2' 등의 인기 게임으로 잘 알려져 있다. 이 회사의 독특함은 그 혁신적인 조직 구조에 있다.

밸브 코퍼레이션은 계층이나 직함이 존재하지 않는 '플랫 아키텍처(flat architecture)'라 불리는 조직 구조로 되어 있다. 이 조직에서는 관리자나 상사가 존재하지 않으며, 모든 직원이 자신의 프로젝트를 자유롭게 선택하고 팀을 구성할 수 있다. 또는 새로운 프로젝트를 스스로 시작하고, 그 비전이나 방향성을 자율적으로 설정한 뒤, 필요에 따라 다른 팀원을 모집할 수도 있다. 이 회사는 이처럼 '자기 조직화된 팀'들로 구성되어 있으며, 프로젝트 중심으로 업무가 진행된다.

여기서 프로젝트와 팀을 구분해 둘 필요가 있다. 프로젝트는 특정 목표나 성과를 달성하기 위해 일시적으로 구성되는 집단으로, 업무상의 미션이라고 바꿔 말하는 것이 더 이해하기 쉬울 수도 있다. 이에 반해 팀은 특정 프로젝트에 참여하는 직원들의 집단을 가리킨다. 대부분의 경우 프로젝트와 팀은 일치하지만, 프로젝트가 종료된 후에도 같은 팀이 새로운 프로젝트에 참여하기도 한다. 일본 기업을 예로 들면, 부서가 팀에 해당하고, 그 부서 내에서 여러 프로젝트를 수행하며, 경우에 따라서는 여러 부서 또는 일부 부서의 구성원만이 관여하는 프로젝트도 존재한다. 그러므로 일단 이 둘을 구분하는 것이 이해에 도움이 될 것이다.

각 팀은 프로젝트에 필요한 기술과 지식을 갖춘 구성원들로 이루어져 있으며, 프로젝트 목표 달성을 향해 협력한다. 팀 내의 의사결정은 매우 분산화되어 있다. 팀 구성원은 자신이 맡은 과업에 책임을 지며, 그 과업에 관련된 의사결정은 담당자에게 위임된다. 팀 전체에 관련된 의사결정은 합의(consensus)에 따라 이뤄진다. 팀원들은 각자의 의견이나 제안을 말하고, 토론을 통해 합의 형성을 도모한다. 합의 도출이 어려울 경우에는 프로젝트 리더나 해당 사안에 가장 정통한 구성원이 결정을 내리기도 한다. 그러나 밸브 코퍼레이션에서는 합의 형성이 중시되며, 최종적인 합의를 향해 가능한 모든 노력을 기울이는 것이 기업 문화로 자리 잡고 있다. 팀 내의 의사결정이나 프로젝트 진행 상황은 전사적으로 공유된다.

　밸브사의 프로젝트 리더는 명령권이나 관리 권한을 가지고 있지 않다. 리더의 주요 역할은 팀 내에서의 역할 분담과 작업 조정, 혹은 팀 내에 갈등이 발생했을 경우의 중재 역할이다. 또한 팀의 성과나 진행 상황을 정기적으로 평가하고, 팀 구성원에게 피드백을 제공한다. 이는 구성원의 자율성과 책임을 존중하는 방식이며, 강제나 명령은 전혀 없다.

　팀원들의 성과 평가 또한 독자적인 방식으로 이루어진다. 직원의 자기 관리가 기본이며, 상사가 없으므로 성과 평가는 주로 팀 내 피드백과 대화를 기반으로 이루어진다. 구체적으로는 360도 피드백과 직원이 프로젝트나 과업에 대해 스스로 설정한 목표의 달성 정도나 기여도가 평가의 중요한 지표가 된다. 또한 팀 전체의 목표 달성이나 성공에 대한 기여도 역시 성과 평가의 대상이 된다.

탁월한 리더는 조직을 통제하려는 욕망을 내려놓는다

그러나 이처럼 자율적인 프로젝트 기반 조직에서는 조직 전체 차원에서 업무 누락이나 공백이 발생하고, 업무 수행이 비효율적으로 이루어질 가능성을 완전히 배제할 수는 없다. 이에 대해서는 주로 팀의 유연성을 통해 대응한다. 즉 자기 조직화된 팀은 필요에 따라 역할과 책임을 유동적으로 조정하며, 이를 통해 발생할 수 있는 업무의 공백이나 중복을 메운다. 따라서 각 구성원은 한 사람이 여러 역할을 맡아야 할 수도 있다. 이는 바로 제10계에서 논한 '부드러움과 강함의 왕복운동'으로 이해할 수 있을 것이다.

이처럼 셀프 매니지먼트를 극한까지 실현한 밸브 코퍼레이션에서는 구성원 개개인의 자율성이 실질적으로 작동한다. 직원들은 상황을 스스로 관찰하고, 정세를 판단하여 빠르게 행동에 나선다. 누군가 결정하고 명령을 내리는 상사가 존재하지 않기 때문이다. 그 결과, 시장의 변화나 사용자 피드백을 실시간으로 파악해, 이에 기반해 새로운 게임을 개발하거나 기존 게임을 유연하게 업데이트하는 일이 가능해진다.

밸브의 각 프로젝트는 당연히 일정한 계획과 목표를 갖고 있다.

그러나 그 세부 내용은 전적으로 해당 팀 구성원에게 위임된다. 구성원들은 자율적으로 계획을 수립하고, 필요에 따라 이를 수정하며 실행한다. 즉 관찰한 것에 반응하며 유동적으로 움직이는 것이다. 이러한 임기응변적 대응 능력은 셀프 매니지먼트 조직이 원활히 작동하기 위한 핵심 조건이다. 다시 말해,

　　명령이 없기에 임기응변적인 행동이 요구된다.

　이처럼 셀프 매니지먼트를 기본으로 하는 조직에서 최고 경영진의 역할은 무엇일까? 그것은 일종의 프로젝트 리더와 같다. 다만 그 리더십의 범위가 특정 프로젝트가 아닌, 조직 전체로 확장되었을 뿐이다. 최고 경영진은 조직의 목표와 미션을 설정하고, 여러 팀과 프로젝트 간의 조정과 조율을 맡으며, 전체적인 효율성과 방향성을 관리한다. 또한 전사적 성과를 정기적으로 점검하고, 각 팀과 구성원에게 피드백을 제공하는 역할도 수행한다.

　이들은 조직 전체의 방향을 결정할 권한은 갖고 있지만, 개별 구성원의 업무에 직접 개입하거나 명령을 내릴 수는 없다. 최고 경영진은 조직을 직접 통제하기보다는, 통제권을 내려놓고 구성원 개개인의 셀프 매니지먼트를 신뢰한다. 바로 이 점이 임기응변적 대응, 다시 말해 '유약함의 효력'을 가능하게 하는 핵심이다.

　결국, 뛰어난 리더는 조직을 통제하려는 욕망을 내려놓는다.

나가는 말

노자의 사상을 설명할 때 흔히 '무위자연(無爲自然)'이라는 표현이 사용된다. 하지만 『도덕경』에는 무위자연이라는 말이 등장하지 않는다. 『장자』에서도 마찬가지이며, 노장사상을 곧장 무위자연으로 이해하는 것은 다소 오해의 소지가 있다. 흥미로운 점은 무위자연이라는 표현이 확인되는 가장 이른 문헌 중 하나가 오히려 유가 사상의 『순자』라는 사실이다. 그마저도 노장사상을 비판하기 위한 부정적인 문맥에서 등장한다.

굳이 '무위자연'에 가까운 표현을 꼽자면, 제1계에서 언급한 '도는 자연을 본받는다(道法自然)'가 적절할 것이다. 이 책에서는 '스스로 그러하다'는 뜻의 '자연(自然)'을 '기세'로 해석했다. 도(道)에서 비롯된 고요한 과정은 그 자체의 기세에 따라 전개되며, 도는 그 흐름에 개입하지 않는다. 지시하거나 통제하지 않고, 흐름을 따르는 것이다. 이것이 '도는 자연을 본받는다'는 말의 의미이며, 경영의 관점에서 보자면 이는 자율형(셀프 매니지먼트) 경영을 뜻한다.

노자 사상의 핵심 중 하나인 역설적 표현, 즉 패러독스는 이 자연의 기세가 전개되는 과정, 즉 고요하게 움직이는 순행(順行)의 시기에는 그 기세를 활용하고, 궤도에서 이탈하지 않도록 주의하라는 의미를 담고 있다. 기본적으로는 그 흐름에 올라타기만 하면 된다. 이 상태를 '때에 순응함(時順)'이라 표현할 수 있다.

하지만 진자처럼 기세가 반전되는 순간이 오면, 무리하게 거스르기보다는 조용히 물러나, 다시 흐름이 순행으로 바뀔 때까지 기다려야 한다. 이것은 '때를 익힘(時熟)'의 태도다.

기세가 완전히 멈추는 시점에는 새로운 움직임을 모색해야 한다. 그 방식은 거대한 바위를 밀어 올리는 것이 아니라, 아주 미세한 징후를 감지하고 그것을 서서히 키워가는 것이다. 이를 위해서는 특정한 방향에 대한 집착 없이 유연하고 열린 마음이 필요하다. 이처럼 상황에 맞게 유연하게 대처하는 태도를 '때에 따라 노닌다(時游)'라고 표현할 수 있다.

고요한 과정에서는 이처럼 단계마다 '시순(時順) — 때에 순응함', '시숙(時熟) — 때를 익힘', '시유(時游) — 때에 따라 노님'이라는 서로 다른 태도가 요구된다. 이 모든 태도에 공통된 특징은 고통이나 고난이 아니라, 쉬운 것을 긍정한다는 데 있다. 쉬운 일, 작은 일부터 시작하고 과소의 효과를 노린다.

셀프 매니지먼트형 리더에게 필요한 것은 거대한 바위를 산 정상으로 밀어 올리는 영웅적인 행동이 아니다. 오히려 가까운 곳에서 벌어지는 일들을 받아들이고, 거기에 조용히 반응하는 것이다. 형태(구조)의 구축은 한다. 그러나 형태가 완성되면, 그다음에는 굳이 덧붙이지 않는 것, 즉 '아무것도 하지 않음'의 지혜가 중요하다.

감사의 말

저는 경제학, 경영학, 심리학을 아우르는 학제적 연구를 지향하는 연구자이며, 중국 사상이나 노자에 대한 전문 연구자는 아닙니다. 따라서 이 책은 노자에 대한 학술적인 연구서라기보다, 일반 독자들의 폭넓은 관심을 이끌어내어 세간에 묻혀 있던 노자의 지혜를 소개하고, 그 가르침의 일부라도 우리의 일과 삶에 적용해 보기를 바라는 마음으로 집필한 책입니다.

비록 전문 연구자는 아니지만, 저는 개인적으로 중국 사상, 특히 노자와 양명학에 대해 꾸준히 깊은 관심을 가져왔습니다. 운 좋게도 지금까지 이 분야에서 뛰어난 여러 선생님에게 직접 가르침을 받을 기회를 누릴 수 있었습니다. 그중에는 이미 작고하신 분들도 많아 이 자리에서 성함을 하나하나 언급하지는 않지만, 이 기회를 빌려 깊은 감사의 마음을 전합니다.

또한 이 책과 직접적인 관련은 없지만, 저는 양명학과 유교 전반에 대해서 후쿠오카조가쿠인대학교 난바 유키오 명예교수와 수십 차례에 걸쳐 스터디 모임을 이어오며 많은 배움을 얻었습니다. 특히 양명학은 현재 잘못 해석되거나 오해되는 경우가 많아, 그 본래 의미를 제대로 전달하고 현실에 적용하는 일이 중요하다는 점을 새삼 느끼고 있습니다. 노자의 사상은 창조와 파괴가 순환하는 역동적인 모델이라면, 논어와 양명학은 일정한 질서 속의 순환을 강조한 모델이라 할 수 있습니다. 서로 대립하는 것이 아니라 조화를 이룰 수 있는 두 흐름입니다. 언젠가 논어와 양명학을 주제로 한 책도 집필하고 싶지만, 현실적으로 출판 기획이 쉽게 성사되지 않는 점은 아쉬운 부분입니다.

그리고 몇 년 전 쳇 리처즈의 저서 『OODA LOOP(원서명 : Certain to Win)』를 번역할 기회가 찾아왔습니다. OODA 루프(Observe, Orient, Decide, Act)는 미국 공군의 존 보이드(John Boyd)가 군사 이론인 기동 전략의 핵심을 이론적으로 정립한 것으로, 보이드의 오랜 동료인 쳇 리처즈는 존 보이드의 이론과 OODA 루프를 체계적으로 정리했습니다. 그 책과 저자와의 실제 교류를 통해 노자와 손자, 그리고 존 보이드의 기동 전략 및 OODA 루프가 하나의 흐름 속에 있다는 사실을 확인하게 되었습니다. 이 책이 노자를 손자의 '형세론'이라는 관점에서 해석하게 된 계기도 바로 이 경험에서 비롯되었습니다. 노자의 사상이 현대의 군사 전략은 물론 기업 경영에서도 실제로 적용되고 있다는 점은 매우 인상 깊은 발견이었습니다. 아쉽게도 본문에서는 OODA 루프 이야기를 꺼내면 내용이 산만해질 수 있어 언급을 삼갔지만, 셀프 매니지먼트형 경영을 실천하려면 PDCA(Plan, Do, Check, Act)가 아니라 OODA의 적용이 필수적이라는 점을 여기서 강조하고 싶습니다.

또한 현대경영학연구소(RIAM)에서 개최한 노자 윤독회와 웹 경영학 강좌 WATNEY '전략으로서의 노자를 배우다―도에 따른 전략적 결단이란'에서는, 매회 참가자 여러분들이 활발한 토론을 해주신 덕분에 저 역시 많은 것을 배웠습니다.

더불어 '들어가는 말'에서 언급한 바와 같이, 본서 초고를 읽고 귀중한 피드백을 보내준 고베대학교 MBA 재학생(또는 졸업생)인 이마이 사치코, 오기쿠보 데루아키, 가쓰 에이타, 가나야 류타로, 사토 미스즈, 야부우치 요시마사 씨에게도 깊이 감사드립니다. 또, 책의 일부 장에 대해 의견을 들려준 수십 명의 MBA 학생들에게도 이 자리를 빌려 감사의 마음을 전합니다. 물론, 이 책의 내용에 대한 모든 책임은 전적으로 저에게 있습니다.

하라다 쓰토무

전략으로서의 노자

초판 1쇄 인쇄 2025년 10월 15일
초판 1쇄 발행 2025년 10월 25일

지은이 | 하라다 쓰토무
옮긴이 | 오시연

발행인 | 정상우
편집인 | 주정림
디자인 | 석운디자인
펴낸곳 | (주)라이팅하우스
출판신고 | 제2022-000174호(2012년 5월 23일)
주소 | 경기도 고양시 덕양구 으뜸로 110 오피스동 1401호
주문전화 | 070-7542-8070 팩스 | 0505-116-8965
이메일 | book@writinghouse.co.kr
홈페이지 | www.writinghouse.co.kr

한국어출판권 ⓒ 라이팅하우스, 2025
ISBN 979-11-93081-18-1 (03320)

- 이 책은 저작권법에 따라 보호받는 저작물이므로 무단 전재와 복제를 금지하며, 이 책 내용의 전부 또는 일부를 이용하려면 반드시 저작권자와 (주)라이팅하우스의 서면 동의를 받아야 합니다.
- 라이팅하우스는 독자 여러분의 원고 투고를 기다리고 있습니다. 출판하고 싶은 원고가 있으신 분은 book@writinghouse.co.kr로 기획 의도와 간단한 개요를 연락처와 함께 보내 주시기 바랍니다.
- 파손된 책은 구입하신 서점에서 교환해 드리며 책값은 뒤표지에 있습니다.